NOTE DE L'ÉDITEUR

Dans le chapitre IV du présent ouvrage, l'auteur reprend de larges passages de ses propres carnets de déportation rédigés en 1946 et publiés par la FNDIRP (Fédération nationale des Déportés et Internés, Résistants et Patriotes) en 1998 sous le titre *Toute une vie de résistance* (et réédités en 2007). Le livre *Toute une vie de résistance* est disponible sur le site de l'association www.fndirp.asso.fr et à l'adresse fndirp@fndirp.asso.fr.

À ma famille, mes enfants, petits-enfants,
arrière-petits-enfants et arrière-arrière-petit-enfant,
à qui j'ai voulu transmettre mes valeurs.

À Yves Lescure, directeur de la Fondation
pour la mémoire de la déportation,
dont j'apprécie le travail et plus encore
la chaleur humaine.

À l'Amicale de Ravensbrück,
à mes amis déportés.

PROLOGUE

La vie est belle

Je voudrais vous raconter l'histoire d'une jeune femme de quatre-vingt-douze ans. Bien sûr, entre la gamine qui est entrée dans la Résistance à dix-sept ans et la personne qui écrit ces lignes, il s'est écoulé une longue vie. Physiquement, je suis une personne différente, presque étrangère au feu follet qui pédalait sur les routes de Bretagne avec des messages planqués dans sa ceinture ou dans ses cours. Mais je ne peux m'empêcher de penser qu'en mon for intérieur je suis restée la même, intacte. Mes choix, mes engagements, mes révoltes sont identiques. Quand j'écoute les informations sur ma petite radio à piles, dans ma maison d'Antony, je suis gagnée par les mêmes sentiments. Je réagis pareillement aux événements. Quand mon corps me trahit, mon esprit, lui, reste fidèle. J'ai l'idée que mon existence a été une trajectoire, une ligne tendue au travers des années.

Je suis un peu comme le granit des côtes de mon île de Bréhat. J'ai été façonnée par un lent mouvement, à la fois invisible et puissant. Je suis une génération au milieu d'autres générations. Mes grands-parents, mes parents ont contribué à ma formation. Ils m'ont faite en partie telle que je suis comme mes descendants me doivent en partie d'être ce qu'ils sont. Je suis une étape de cette chaîne humaine. Il y a en moi, je le sens, un noyau solide, fondamental, un réseau de données essentielles, un continuum dont j'ai hérité et que je veux transmettre. Cette matrice s'adapte aux époques, les interprète. La vision du monde dans lequel je vis, mon action sur les événements résultent de ma personnalité, du milieu, du contexte qui s'imposent à moi et en même temps découlent de cette permanence. Ainsi je passe et tout à la fois je dure. J'ai laissé quelques marques pour le futur : des êtres vivants issus de mon couple, des écrits, des prises de position, des engagements pour les droits de l'homme.

Pourquoi si tard ce récit de toute une vie, de près d'un siècle ? Parce que je l'estime utile et peut-être même nécessaire. Je vois aujourd'hui des choses qui ne me plaisent pas, qui nourrissent mon inquiétude, des réminiscences de ce contre quoi j'ai résisté toute ma vie.

Voilà soixante-dix ans que le nazisme a été renversé, les camps de concentration libérés. Avec ma mère, j'ai survécu à Ravensbrück et Mauthausen. Mon père est mort à Buchenwald. Le 22 avril 1945, j'ai cessé d'être un numéro pour redevenir Marijo. J'ai vécu ensuite une vie heureuse, une vie de femme, une vie de mère, une vie professionnelle, une vie d'engagement. Survivante, je suis devenue une « re-vivante », d'autant plus attachée aux beautés du monde et à la chaleur des relations humaines.

Mais, de cette époque où m'a été déniée mon humanité, je garde en moi une défiance et une révolte que je souhaite transmettre. Défiance envers les idéologies extrémistes, totalitaires. Révolte contre les atteintes aux droits de l'homme, contre les injustices faites aux plus faibles, contre tous ceux qui prétendent contester que les hommes sont égaux en droit. J'ai vu où cela pouvait mener.

L'entrée au Panthéon en ce printemps 2015 de deux de mes camarades de Ravensbrück, de deux amies, Germaine Tillion et Geneviève de Gaulle, est une excellente chose. Elles représenteront désormais dans cette crypte toutes nos compagnes de la Résistance, dont le rôle a été si souvent minoré. Elles seront, comme Jean Moulin, accompagnées d'un cortège d'ombres, celles qui ne sont pas revenues.

Mais il ne faut pas que cette cérémonie soit une manière de fermer la page, de sceller un socle définitif sur ce que nous avons traversé. Il faut au contraire que ce soit l'occasion de raviver à jamais le souvenir de ce qu'elles ont fait, de leurs luttes qui furent également les miennes et celles de milliers d'autres.

Alors, c'est pour garder toujours vive la flamme de la mémoire que je parle aujourd'hui quand on m'en fait la demande. Je suis une survivante des camps et des années, une des dernières à pouvoir raconter. Je fatigue parfois. Quand le téléphone sonne dans mon pavillon de banlieue, j'hésite à décrocher, presque certaine qu'il s'agit là d'une nouvelle sollicitation. Je prends finalement la communication, ouvre mon agenda et coche une nouvelle date. Je le fais parce qu'il le faut. Parce que l'oubli, l'ignorance, l'éradication du passé sont le terreau des totalitarismes. Pour qu'on ne puisse pas de nouveau dire sans mentir qu'*on ne savait pas*. Alors, encore et encore, jusqu'à mon dernier souffle, je dois raconter, comme une dernière manière de résister. Et aux jeunes gens à qui je m'adresse, j'ai toujours la même conclusion : la vie est belle.

I

LE TEMPS DES HÉROÏNES

Mes deux grands-pères avaient des prénoms de dictateurs. J'ai pourtant hérité de Joseph Wilborts et Adolphe Saint-Martin des valeurs qu'en général ne prisent pas les tyrans. De l'un, le goût de la liberté et de la beauté. De l'autre, le respect de la dignité humaine et la force de l'engagement moral. Je ne les ai jamais connus, pourtant. Joseph est mort en 1911, Adolphe en 1915, huit ans avant ma naissance. Mais ma famille évoquait leur image. Adrien, mon père, décrivait Joseph, son père, comme un libre penseur, un républicain, admirateur de Gambetta, porteur de la culture flamande, artiste aussi, une marque des Wilborts. Ma grand-mère Marie-Louise parlait de son époux, Adolphe, comme du médecin profondément dévoué à ses malades. Il a été à l'origine de la vocation de plusieurs de ses descendants. Marie-Louise, profondément croyante et pratiquante, a aussi eu une grande influence auprès de mes sœurs et moi, car elle a vécu à nos côtés jusqu'à quatre-vingt-un ans.

Au-delà de ces caractéristiques marquantes des deux personnages, j'ai appris leur histoire, nourrie d'événements qui ont laissé des traces dans leur personnalité et celle de leurs descendants.

« Jeff », diminutif de Joseph, était originaire d'Anvers, issu d'une vieille famille qui avait donné une longue lignée de marchands hanséatiques et de peintres flamands, encore aujourd'hui exposés dans certains musées de Belgique. Le garçon a été vaguement élevé par une grande sœur qui était sa tutrice. Il a en fait poussé tout seul, en affranchi des conventions. Il avait une vocation d'écrivain. À vingt ans, il a troussé des pièces en français, des comédies en vers, légères sur le fond, un peu emphatiques sur la forme. *Un premier mensonge* (1851) ou *Salons et coulisses* (1855) ont été joués sur les scènes locales, notamment au théâtre royal de la Monnaie, à Bruxelles.

À vingt-six ans, il a débarqué à Paris, là où seul en ce temps pouvait se décider une carrière littéraire. Il a francisé son nom de plume en passant la frontière. Il est devenu Joseph Vilbort, journaliste, écrivain et grand voyageur. Il s'est promené de l'Afrique du Nord à l'Europe de l'Est. De ses pérégrinations, outre des articles pour *Le Siècle* ou *Le Globe*, il ramenait matière à des histoires plus ou moins romancées, comme le dit ce titre : *En Kabylie : Voyage d'une Parisienne au Djurdjura*. Il s'attachait à une figure féminine, ce qui était rare alors. Moins *glamour*, il a également publié des biographies de Cavour ou Bismarck.

Quand il n'écrivait pas, Joseph Wilborts menait une vie privée assez éloignée des canons de son temps. Avec quelques amis, des intellectuels parisiens, il avait acheté une superbe villa à Pausilippe, près de Naples, sur une colline dominant la baie. Lors d'un séjour touristique avec ma mère et ma sœur Nellie à Sorrente, mon père nous a emmenées visiter cette villa vendue depuis longtemps. Jeff a participé aux fouilles du site de Pompéi mais les séjours italiens ne semblaient pas entièrement voués aux plaisirs de l'esprit. À l'image de certaines fresques du site antique, la joyeuse bande était de mœurs assez libérales. Joseph Wilborts était marié mais n'a pas eu d'enfant de cette union. Sa femme a pourtant mis au monde une petite fille, née des œuvres d'un autre, un médecin. Mon grand-père n'a pas semblé se formaliser outre mesure de cette entorse à la fidélité conjugale et à l'amitié. Lui-même n'était pas exempt de tout reproche. Il fréquentait alors à Paris une jeune modiste d'origine luxembourgeoise, Marguerite Meyer, qu'il avait « installée », comme on disait à l'époque, dans un petit appartement. Le couple illégitime a eu un garçon, mon père, Adrien, né en 1885. Mais, malgré son apparent libéralisme, Joseph Wilborts a attendu des années, jusqu'à la mort de sa première femme en réalité, pour reconnaître ce fils et se marier avec sa mère. Cette légitimation tardive a durablement marqué mon père. Quand j'étais enfant, mes sœurs me parlaient de ce « secret de famille » qu'on me révélerait quand je serais assez grande. En fait, j'ai découvert cette histoire peu à peu, sans en être choquée. Marguerite Meyer, « Mamé » de son surnom, est morte quand j'avais trois ans. Cette femme effacée est restée comme une vague silhouette, une ombre furtive dans ma mémoire. Un regret aussi.

Joseph Wilborts a publié en 1864 un livre, *Les Héroïnes, nouvelles polonaises*, que j'ai relu de nombreuses fois. J'avais douze ans quand j'ai déniché dans la bibliothèque familiale ce trésor. Je me souviens du remuement, de la fébrilité que ce bouquin a provoqués en moi. Je suivais avec passion, avec sans doute ce qui était déjà de l'identification, l'histoire de ces femmes polonaises qui s'insurgèrent au milieu du XIXe siècle contre l'occupation par la Russie tsariste. Elles s'appelaient Halka ou Veneda, ces héroïnes de mon grand-père qui sont devenues aussitôt les miennes. À Ravensbrück, quand je rencontrerai pour la première fois des prisonnières polonaises, c'est à ces figures littéraires que je penserai d'abord. Nina Ywenska ou Ella Priasecka, vous étiez pour moi les descendantes des partisanes qu'avait magnifiées mon aïeul. Je retrouverai en vous ce même courage.

Je feuillette à nouveau le livre. Son introduction me fait aujourd'hui sourire : « À vous, qui savez lutter et souffrir pour la plus juste et la plus sainte des causes. [...] À vous, jeunes filles qui donnez au pays votre amour virginal... » Bien sûr, ces lignes me paraissent désormais un peu désuètes. Mais elles avaient offert des modèles de comportement à la future résistante à l'occupant allemand.

Face aux Wilborts, les Saint-Martin tenaient une place non moins importante du fait de la présence de ma grand-mère Marie-Louise, que nous appelions « Bonne » (comme bonne-maman).

Adolphe Saint-Martin était le fils cadet d'un paysan normand, mort prématurément des suites d'une morsure de cheval. Comme le voulait alors la tradition dans ces campagnes, l'aîné a hérité de la ferme et laissé son frère sans le sou. Mais Adolphe était un brillant élève. Il a obtenu une petite bourse et a pu s'inscrire en faculté de médecine à Paris. Il vivait chichement dans une chambre de bonne, économisant sur tout, même la bougie, bûchant sans relâche ses examens.

Son tuteur était notaire à Bayeux. Adolphe se rendait dans cette famille durant les vacances. Les Lebrun avaient une fille unique, Marie-Louise, jeune fille élevée dans la tradition de l'Église et les obligations des jeunes filles biens nées d'une petite ville de Province. Elle a reçu, comme il se devait, son instruction chez les sœurs. Elle en est sortie, comme il était d'usage, avec une parfaite connaissance de toutes les tâches d'une maîtresse de maison accomplie.

Marie-Louise Lebrun et Adolphe Saint-Martin sont tombés amoureux. Quand ce dernier a achevé ses études et s'est montré en mesure de subvenir aux besoins du couple, il a épousé sa fiancée et l'a emmenée à Paris. Le couple a eu le grand chagrin de perdre son premier bébé, le petit Georges, à dix-huit mois. Puis Suzanne, ma mère, est née en 1890. Saint-Martin n'a pas tardé à se tailler une belle et riche clientèle dans les beaux quartiers. Mais, devenu un prospère médecin, Adolphe n'a jamais oublié ses origines paysannes et ses années de vaches maigres. Elles ont influé sur son caractère, sur son absence de concession sur les principes et la justice. Ma grand-mère me décrivait le bonheur de leur couple, traversé de quelques crises de jalousie d'Adolphe.

Désespérée par le décès de son cher époux, Marie-Louise a ensuite cherché le secours de la religion. J'essaye en vain de me la figurer en jeune fille, se promenant en belle toilette dans les rues de Paris. Je ne peux faire abstraction de la grand-mère que j'ai toujours connue, éternelle veuve dans le noir du deuil. Pour toute coquetterie, elle arborait autour du cou une croix et un galon de dentelle immaculée qui se perdait dans ses cheveux bouclés, tout aussi blancs. Très pieuse, très moraliste, elle s'occupait des pauvres, multipliait les œuvres. Cette catholique fervente, *confite en dévotion*, comme devait se moquer Joseph Wilborts, avait une forte personnalité qui a profondément marqué mes premières années. Mon père s'agaçait un peu de son influence sur nous.

Sa religion reposait sur l'esprit de sacrifice, sur l'idée de la rédemption, ailleurs, plus tard. À Pâques 1931 ou 1932 – je n'avais pas dix ans en tout cas –, ma grand-mère m'a ainsi décrit par le menu le calvaire du Christ, le chemin de croix, les clous dans la main, la lance plantée dans le flanc. La description de ce martyre m'a énormément touchée. Jésus était cet humble qui acceptait de souffrir et mourir pour les autres. Pendant la guerre, il deviendra à mes yeux le premier des torturés, le premier des fusillés, s'immolant pour un monde meilleur. En prison, puis en camp, je fabriquerai une croix avec des bouts de rien. Cette présence me sera une aide. En revanche, la pompe religieuse m'a toujours déplu. J'ai accompagné ma mère et ma grand-mère le dimanche à l'église jusqu'à ma communion. Quand j'avais treize ou quatorze ans, ma grand-mère m'a poussée à la cathédrale de Saint-Brieuc pour assister à un grand office, plein d'orgues et de solennités, d'encens et de myrrhe, qui m'a laissée de marbre. Au grand désespoir de Marie-

Louise qui a glissé à sa voisine : « Je crois qu'elle n'est pas impressionnée par cette cérémonie. »

La religion dans ses ornements ne m'intéressait pas, en effet. Mais, alors que j'étais élève en terminale, j'ai été saisie quand j'ai assisté à Tréguier au pèlerinage des rogations. Enfermé dans une châsse, le crâne de saint Yves, patron de la Bretagne, était conduit en procession dans les champs pour bénir les récoltes. La foule était traversée d'un souffle primitif qui me touchait. J'étais en recherche de cette chose, plus forte, plus profonde, qui oscillait entre la spiritualité et le mysticisme. Cette foi dépouillée m'a aidée à tenir pendant la guerre mais je l'ai perdue ensuite dans des circonstances que je décrirai, pour devenir agnostique et opposée aux ors du Vatican.

Mon père avait avec la religion une fréquentation distanciée, contrariée, bien dans la lignée des Wilborts. Il était en revanche empreint de ce qu'on appellerait aujourd'hui un christianisme social, avec l'idée du partage et du bonheur sur terre. Le dolorisme de Marie-Louise l'agaçait. « L'Église catholique apprend plus aux gens à mourir qu'à vivre », pestait-il. Les sujets de dispute ne manquaient pas entre le gendre et la belle-mère, quand nous venions rendre visite à cette dernière. Je me souviens encore du grand appartement où elle vivait, dans le XVIe arrondissement, sur une portion de l'avenue Henri-Martin qui est devenue aujourd'hui l'avenue Georges-Mandel. Les fenêtres donnaient sur l'écrin du Trocadéro.

Mais mon vrai royaume d'enfance était ailleurs. Il s'appelait Bréhat. Je dois à mon grand-père Adolphe cette rencontre décisive avec cette île et avec la

Bretagne. Jeune homme, il avait effectué là son service militaire. Il était tombé sous le charme tellurique de cette terre. Il a emmené sa nouvelle épouse en vacances dans ce qui était encore le département des Côtes-du-Nord, aujourd'hui les Côtes-d'Armor. Marie-Louise a partagé son coup de cœur pour ce lieu de granit et de bruyère, pour ces landes sauvages où les arbres se tassent, accrochent leurs racines à même le roc, afin de ne pas être emportés par les tempêtes. Après deux étés passés en pension de famille, définitivement conquis par les paysages et plus encore par les gens, le couple Saint-Martin a décidé d'acquérir un terrain sur une hauteur battue par les vents. Il y a fait construire en 1900 une grande villa de style normand, baptisée *Ker Avel*, « la maison du vent » en breton. Contrairement à l'architecture locale, râblée et sombre, taillée pour lutter contre les intempéries hivernales, c'était une grande bâtisse à étages, claire, aérienne, faites pour les beaux jours. Marie-Louise, qui avait suivi des cours d'horticulture au jardin du Luxembourg, avait créé un verger où poussaient en abondance des pommes et des poires.

Que de jours heureux j'ai passés là-bas ! J'y séjournais la plupart des vacances de Pâques et chaque été. Accompagnés de ma grand-mère, nous prenions à Paris le train de nuit qui nous menait à Guingamp. De là, les yeux pleins de sommeil, nous embarquions au petit matin sur un teuf-teuf, comme on en voit sur les gravures du XIXe siècle. On accédait aux compartiments directement du quai, sans passer par un couloir. La locomotive nous traînait poussivement dans ses volutes de vapeur jusqu'à Paimpol, en suivant les méandres magnifiques du Trieux. Vers la gare de Trégonneau-Squiffiec, Marie-Louise sortait invariablement un thermos de chocolat et un quatre-quarts. C'est ma madeleine de Proust, le signe intangible que nous arrivions, la cloche du début des vacances, les prémices de jeux endiablés dans le jardin de Bréhat. De Paimpol, nous prenions ensuite un car jusqu'à l'embarcadère de l'Arcouest. Nous arrivions enfin à *Ker Avel*. Nos parents nous rejoignaient ensuite. Bréhat était notre refuge familial, le trait d'union des générations. Suzanne y avait entraîné Adrien et leurs enfants comme j'y ai entraîné ensuite mon mari et les miens.

La villa possédait une dépendance, achetée par ma grand-mère pour laisser de la place à sa famille nombreuse. Quand *Ker Avel* a été vendue, au milieu des années soixante, j'ai gardé cette annexe et l'ai agrandie. C'est la tanière où je me réfugie encore aujourd'hui, dès que je le peux, au milieu des meubles flamands que j'ai hérités des Wilborts. À quatre-vingt-dix ans passés, je ne me lasse toujours pas de Bréhat. Je suis aspirée par cette île dont la magie a bercé ma jeunesse et me poursuivra jusqu'au bout. C'est là que je souhaite être enterrée, auprès de ma famille, dans le cimetière près de la mer.

Lydia nous accompagnait en vacances à Bréhat. Je ne peux dissocier l'image de ma grand-mère de celle que j'ai toujours vue dans ses pas. Elle était officiellement la gouvernante de Marie-Louise. Mais elle était plutôt sa confidente, son amie. Elle était originaire du nord de l'Italie, s'appelait de son nom de famille Durand car elle était issue d'une famille de protestants français qui avaient fui les persécutions religieuses de l'autre côté des Alpes.

Les deux femmes avaient peu ou prou le même âge. Lydia était pour ma mère une seconde maman. Elle lui a appris sa langue. Je lui dois également mes premiers mots d'italien et un autre surnom que nous, ses petits-enfants, avions donné affectueusement à Marie-Louise : « Nonna » (grand-mère). Quand Adrien et Suzanne commencèrent à se fréquenter, Lydia fut chargée de jouer les chaperonnes. Il faut avouer qu'elle a trahi en cette seule circonstance la confiance qu'avait placée en elle ma grand-mère. Sitôt tourné l'angle de la maison, elle laissait les deux tourtereaux s'envoler librement.

Adrien était alors étudiant en médecine. Il achevait son internat. C'était un costaud qui arborait une fine moustache qu'il entretenait avec coquetterie. Suzanne était une belle femme blonde, grande pour son temps tout comme son fiancé, avec de beaux yeux vert clair. Saint-Martin était le médecin des Wilborts. Les deux familles se rencontraient dans des réceptions parisiennes. C'est ainsi que Suzanne et Adrien se sont liés.

Le mariage de mes parents a été célébré en 1910, alors que mon père entamait une spécialisation en pédiatrie. Les Wilborts et les Saint-Martin s'unirent ainsi. L'émancipation des mœurs rencontrait la plus parfaite rigidité morale. La licence se heurtait à l'interdit. Mes parents me raconteront avec amusement l'affrontement entre l'athée Joseph et la pieuse Marie-Louise. Un an après les noces de leurs enfants, quand Joseph est tombé gravement malade, Marie-Louise a fait venir à son chevet un prêtre que le mécréant a mis ses dernières forces à expulser de la chambre...

De mon père, je garde le souvenir d'un homme d'une grande douceur que traversaient parfois des bourrasques de colère, brusques crises qu'il réprimait aussitôt. Il avait une âme d'artiste, aimait la peinture, maintenant ainsi la tradition des Wilborts. Plutôt qu'en blouse blanche, stéthoscope autour du cou, je le revois devant son chevalet, mélangeant les tubes de sa boîte de peinture, fixant sur la toile le décor et les lumières de Bréhat. Aux beaux jours, il se posait dans la campagne ou sur le bord de mer. Par temps de pluie, il se réfugiait dans le grenier de *Ker Avel* qu'il avait aménagé en atelier. Il aimait que je m'installe à ses côtés. Je tentais de l'imiter. Il me conseillait. J'avais hérité ce don des Wilborts et j'ai conservé quelques petits tableaux que j'ai faits à cette époque. Les tableaux de mon père, eux, ornent toujours les murs de mon salon. Ils meublent plus encore ma mémoire. Autant que les paysages, à chaque fois que je les regarde, je vois celui qui les a peints.

Ma mère était une femme en avance sur les idées de son temps. Elle adhérait à ce qu'on n'appelait pas encore, ou à peine, le féminisme. Elle a par exemple réclamé très tôt le droit de vote des femmes qui ne sera accordé, on le sait, qu'en 1944. Elle a toujours voulu travailler. C'est elle qui gérait la maisonnée. Elle m'a transmis en héritage cette idée que les femmes avaient le droit à l'égalité. Qu'elles avaient une destinée autre que celle d'enfanter, de materner et de servir docilement leur mari, seigneur et maître.

Ma mère m'est toujours restée comme un modèle de battante. Elle était dotée d'une incroyable force de caractère, vissée à un courage hors norme et un patriotisme fervent. Elle le prouvera en 1940, quand elle bravera tous les dangers pour monter un petit réseau de résistance.

Mais cette détermination, elle l'avait déjà démontrée en août 1914. Après la déclaration de guerre, Suzanne, qui avait suivi un début de formation médicale dans le cabinet de son père, s'est engagée comme infirmière. Elle a confié sa première fille, Annie, qui avait deux ans à peine, à Marie-Louise. Un témoignage d'indépendance pour cette jeune mère. J'ai retrouvé un laissez-passer accordé à Suzanne Wilborts, signé à Vitry-le-François. On la voit en photo, avec sa coiffe d'infirmière, belle mais les traits tirés. Elle se dépensait sans compter.

Au premier coup de fusil, Adrien a rejoint le front comme médecin militaire. Il soignait jusqu'à l'épuisement les hommes meurtris qu'on lui apportait à pleines civières, badigeonnait, cautérisait, pansait la chair à canon. Il a traité les premiers soldats intoxiqués à l'ypérite, le gaz moutarde. Malheureusement, il s'est retrouvé à son tour imprégné par le poison. Les yeux et les poumons lui brûlaient. Il a fini par déclencher une pleurésie qui l'a cloué sur un lit d'hôpital, à Gondrecourt, dans la Meuse. Ma mère l'a appris et est accourue à son chevet. Mes parents nous ont souvent raconté la suite, à la table familiale, plus comme une histoire d'amour que comme un haut fait martial. Les Allemands ont déclenché une offensive dans la région. L'armée française se repliait. Adrien était intransportable. Suzanne a décidé de rester à ses côtés. Heures d'angoisse tandis que le front se rapprochait, que les poilus faisant retraite passaient sous les fenêtres de l'hôpital, en fredonnant le chœur des esclaves du *Nabucco* de Verdi. Une contre-offensive a *in extremis* évité à mes parents d'être faits prisonniers. Mon père a été retiré du front, envoyé en convalescence en Bretagne, à Saint-Quay-Portrieux. À peine rétabli, il a demandé à retourner vers les lignes, en 1917. Il a reçu plusieurs distinctions pour sa bravoure et a été gratifié de la Légion d'honneur. Il avait même récolté un insigne asiatique, je ne sais plus lequel, car il avait soigné des hommes venant d'Indochine. Il gardait fièrement ses médailles bien en vue dans une vitrine. Quand les Allemands viendront l'arrêter en 1942, il passera autour de son cou la croix de commandeur de la Légion d'honneur avant de les suivre.

Dans l'année 1918, juste avant la fin de la guerre, ma mère a été envoyée à l'arrière pour soigner les gueules cassées. Elle n'a pu longtemps côtoyer ces visages mutilés. Elle a demandé à être retirée de ce service, d'autant qu'elle était enceinte. Elle a gardé de ce bref passage des visions d'horreur qu'elle nous confiait à demi-mot, avant de se murer dans le silence. Que cette femme exceptionnelle n'ait pu supporter cela nous troublait plus que tout. De cette période, mes parents garderont la haine des Allemands, qu'ils n'appelaient jamais que les Boches. Mon père, ma mère plus encore, auront toujours à leur égard un présupposé de barbarie qui hâtera leur entrée en résistance.

Ma sœur Nellie est née en 1919 dans un pays tout juste redevenu en paix. Débutait alors une période faste pour notre famille. Mon père a ouvert un cabinet de pédiatre dans le XVIᵉ arrondissement. Il s'est installé dans un bel immeuble avec ascenseur, dans la prestigieuse chaussée de la Muette, près du bois de Boulogne et de la petite gare de Passy. Le logement au troisième étage se partageait entre le cabinet de mon père et les appartements privés. Adrien Wilborts est devenu un praticien réputé, médicalement d'avant-garde. Dans cet entre-deux-guerres, il avait commencé la rédaction d'un précis de pédiatrie, *Le Nourrisson*, où il développait ses idées novatrices. Il achevait le manuscrit quand les Allemands envahirent le pays en 1940. Ma mère le publia en 1947, quand il a été évident qu'il ne reviendrait pas de Buchenwald.

Très régulièrement, il se rendait également à la Goutte de lait, un dispensaire médical situé à Belleville. Il y donnait des consultations gratuites. Une photo le montre au milieu des bébés qu'il soignait. L'endroit était géré par le docteur Variot, un ami qui avait aussi une maison de vacances à Bréhat. Ce bénévolat était conforme à la fibre sociale de mon père. En même temps, il adhérait comme beaucoup d'anciens combattants aux Croix-de-Feu, avec l'idée que la France avait besoin d'un sursaut moral. Il s'en détachera quand le mouvement se rapprochera des ligues d'extrême droite.

Ma mère assurait le secrétariat du cabinet, en même temps qu'elle élevait ses trois filles. Car une petite dernière était entre-temps arrivée, le 31 mai

1923. Mes parents m'ont appelée Yvonne, en hommage au saint patron de la Bretagne. L'officier d'état civil m'a donc enregistrée ainsi et c'est toujours ce qui figure sur ma carte d'identité. Mais je n'ai en fait jamais porté ce prénom. Mon entourage m'a toujours appelée d'un diminutif, Yvette. Ma marraine, une cousine flamande, Mme Van Emerick, tenait, elle, à ce que je m'appelle Marie-José, en souvenir d'une reine belge. C'est devenu mon second prénom officiel. Pendant ma captivité à Ravensbrück puis après la guerre, ce second prénom s'est imposé et me suit depuis, le plus souvent sous son diminutif, Marijo.

De l'évanescence des premières années, n'émerge qu'un moment. Souvenir dramatique pour les miens, vague jeu pour moi dont je ne saisissais pas les règles si ce n'est un agrément : il me valait toute la sollicitude de ma mère. Durant l'hiver 1927, Nellie et moi avons été opérées des végétations. À l'époque déjà, c'était une opération banale. Mais, pour des raisons inconnues, ma sœur et moi avons déclenché une mastoïdite, une grave infection située au niveau de l'os temporal. Je souffrais pour ma part terriblement de l'oreille droite. L'inflammation ne cessait de grossir malgré les traitements. Je fis plusieurs allers-retours à la clinique du professeur Toupet. Ce praticien était un ami de mes parents et mon parrain. Mais la situation s'aggravait de jour en jour. La fièvre était en passe de nous emporter toutes les deux. Tandis que Nellie, terrassée par une forte température, était dans le cirage, je demeurais étonnamment lucide. J'avais quatre ans et je me sentais glisser avec une acuité parfaite vers un monde inconnu. Je résistais à la tentation de me laisser aller. J'enregistrais chaque événement qui se produisait en moi. Si je m'attarde sur cette particularité, c'est que je crois qu'elle m'a sauvée des années plus tard. Dans le camp de concentration, je vis trop de mes camarades partir sans réagir, sans se défendre. Trop lasses pour espérer encore, elles glissaient dans une torpeur délétère. Jamais je n'ai succombé à cet abandon, ce refus de lutter qui vous enlève la vie, avant même que vous ne mouriez vraiment.

Mon état devenant critique, le professeur Toupet a décidé une opération de la dernière chance. Elle consistait à m'ouvrir au niveau du cou afin de lier la veine jugulaire et d'éviter l'extension de l'infection. Le chirurgien n'a pas caché les risques.

— L'opération peut avoir des conséquences au niveau du cerveau. Yvette peut être diminuée.

— Qu'importe ! Sauvez-la, a répondu ma mère.

Il me reste quelques flashs des instants qui ont précédé l'opération. Je revois le chirurgien avec sa petite lampe sur le front. Au retour dans ma chambre, je m'entends réciter une comptine avec ma mère, tandis qu'elle me bougeait les doigts de pied l'un après l'autre :

> « *Le premier va à la chasse*
> *Le deuxième tue le gibier*
> *Le troisième le plume*
> *Le quatrième le fait cuire*
> *Le tout petit le mange.* »

Ma mère faisait alors semblant de me dévorer le peton.

Ma mère m'a raconté qu'après l'opération, je suis restée plusieurs heures dans un état critique. La température ne cessait de baisser, tandis que mon pouls ralentissait. Au petit matin, elle a bien cru me perdre. Je mourais. Mais j'ai fini par me réveiller dans la chambre d'hôpital. Maman était à côté de moi. Je me suis aussitôt plainte d'avoir faim. J'ai exigé de la cervelle et de la crème à la vanille. Tout heureuse de cette résurrection, ma mère a envoyé quelqu'un chercher ce menu, né d'on ne sait quelle lubie. J'étais guérie. Mais j'ai gardé de cette maladie, non des séquelles neurologiques comme le craignait mon parrain, mais des marques physiques. J'ai perdu une bonne partie de l'audition de l'oreille droite. J'ai également gardé une longue cicatrice filant du cou jusqu'au lobe. Après la guerre, les gens qui la voyaient m'ont souvent demandé si c'était là une blessure due à mon activité dans la Résistance...

Longue convalescence avec ma sœur qui se remettait à son tour. Cette période me reste comme un grand moment de joie tandis que je sentais la vie qui revenait en moi, qui palpitait à tout rompre. À Pâques, mes parents nous ont emmenées en voiture dans le Midi. Nous avons été hébergés dans un petit hôtel au Trayas, une commune du Var située sur une pointe face à la Méditerranée. Nous nous promenions sur la grève sauvage où des bouts de verre cassé avaient été roulés par la mer et mettaient des notes de couleur sur la plage. Dans le même hôtel résidait un violoniste alors reconnu, Sinsheimer, dont le fils était également en convalescence. Le père a demandé une consultation à Adrien car son petit garçon faisait pipi au lit. De cette anecdote est née une véritable amitié entre les deux hommes. Nos parents nous avaient initiées, Nellie et moi, au violon et au piano. J'y montrais de médiocres dispositions mais ma sœur, elle, était douée. Sinsheimer a accepté de devenir son professeur à Paris et l'artisan de la carrière musicale qu'elle entamera, carrière prometteuse, hélas ! interrompue par les événements. Bientôt, des petits concerts de musique de chambre ont été donnés dans notre salon.

Si j'étais ainsi dépourvue de talent musical, je ne tardais pas à démontrer de meilleures dispositions pour les études. Comme je n'étais pas tout à fait rétablie de ma mastoïdite à la rentrée de septembre 1928, j'ai fait à cinq ans mes débuts scolaires à la maison. Je récupérais les cours d'une petite école privée située rue du Ranelagh où ma mère m'avait inscrite. Je me suis très vite rendu compte que j'adorais apprendre. Tant et si bien que lorsque j'intégrai officiellement l'école, le 1ᵉʳ janvier suivant, j'étais en avance sur les autres élèves. L'école du Ranelagh avait des méthodes pédagogiques qui rompaient avec ce radotage qui tenait encore lieu d'enseignement. De mon expérience personnelle, de mes travaux postérieurs, je tirerai la certitude que développer l'intérêt chez l'enfant, l'éveiller à l'apprentissage est essentiel à sa réussite. Une évidence ? Pas si sûr, à entendre aujourd'hui certains pédagogues qui ne songent qu'à faire rentrer les connaissances plus qu'à stimuler le goût d'apprendre.

Mon père tenait à ce que ses filles fassent de la gymnastique. Pendant la Première Guerre, il avait rencontré sur le front un jeune soldat, un certain

Fournier, qui se destinait à être professeur de sport. Le futur pédiatre aimait discuter avec lui du développement du corps de l'enfant. Après l'armistice de 1918, il a aidé Fournier à poursuivre dans sa vocation. Celui-ci passait à la maison pour tester des mouvements innovants sur mes sœurs et moi, en particulier des exercices respiratoires. Il nous a également fait pratiquer la gymnastique acrobatique. L'été, M. Fournier nous accompagnait à Bréhat et entraînait d'autres jeunes, sur la plage. Grâce à lui, adolescente, j'étais capable de faire un grand écart ou un saut périlleux. Lorsqu'il faisait beau, nous allions sur les pelouses du Ranelagh, après la classe. J'ai gardé une photo, où je suis courbée en deux vers l'arrière, mes mains touchant le sol, position qui témoigne de ma souplesse. Un jour que je jouais ainsi l'élastique, un homme a accosté ma mère, se présentant comme un des responsables du théâtre du Châtelet. Il se proposait de m'embaucher.

Ma sœur aînée, Annie, était restée très proche de ma grand-mère qui l'avait élevée dans ses premières années. Nonna lui avait communiqué sa ferveur religieuse. Annie se sentait la vocation. Ce prosélytisme occasionnait des discussions orageuses entre Marie-Louise et Adrien. Ma grand-mère soutenait le projet d'Annie. Mon père s'y opposait. Il accusait sa belle-mère de faire du bourrage de crâne. L'incompréhension a atteint son paroxysme en 1930. Après avoir passé son bac, Annie a décidé à dix-huit ans d'entrer au couvent. Elle suivait en cela son modèle, sainte Thérèse de l'Enfant-Jésus, qui avait rejoint le Carmel à quinze ans. Elle est partie, sans même prévenir mes parents, bien que mineure selon la loi. Cela reste une rare mais terrible crise familiale. J'avais alors sept ans et je garde l'image de mon père furieux et de ma mère assise en larmes dans la salle de bains.

— Pourquoi maman pleure-t-elle ? ai-je demandé à Nellie.

— Annie est partie au couvent comme si elle allait chercher son pain, m'a répondu ma sœur.

Adrien est parti rechercher sa fille. Il a été convenu qu'Annie attendrait sa majorité. Papa espérait qu'elle revienne à d'autres sentiments. Mais sa détermination n'a pas faibli. Elle est finalement devenue sœur du Saint-Esprit à Saint-Brieuc. Elle a également suivi une formation d'infirmière, sans doute pour apaiser un peu le courroux d'Adrien. Mais mon père a mal vécu cette décision. Alors qu'elle était encore dans son noviciat, Annie a été victime d'une crise d'appendicite. Mon père a été appelé à son chevet. Il a découvert cette congrégation qui faisait un très strict vœu de pauvreté. Il est resté choqué du dépouillement dans lequel vivrait désormais sa fille. Ma grand-mère, elle, était ravie. Elle a vendu son domicile parisien et s'est installée dans un appartement à Saint-Brieuc, afin d'être plus près de la religieuse. Dès lors, elle n'a plus guère quitté la Bretagne.

Si mon père s'était ainsi fâché contre ma sœur Annie, c'est qu'il rêvait de petits-enfants. Il a reporté sur mon autre sœur cet espoir. Un leitmotiv a commencé à animer les conversations entre mes parents : « Il faut marier Nellie. » Pour mon père, cela devenait une obsession. Il la traitait comme une jeune femme, lui offrait des parfums. Ma sœur était une personne au physique attirant. À quatorze ans, elle en paraissait dix-huit. Elle était grande, près de 1,70 mètre, brune, très bien faite. À Paris, elle fréquentait les fils des collègues de mon père. Nellie a même été invitée au bal des débutantes de l'Élysée. Un peu jalouse, je l'ai vue s'éclipser ce soir-là dans une magnifique robe. Mais, déjouant les projets paternels, elle montrait assez peu d'empressement à se marier. Elle préférait goûter sa liberté, sortait en bande à Bréhat, fréquentait sans lendemain les garçons.

Moi, j'étais encore une gamine, petite et blonde, plutôt fluette. Aux yeux de mon père, j'étais le fils qu'il n'avait pu avoir. Mes airs de garçon manqué y concouraient. Une photo me représente à l'époque assise sur un rocher de Bréhat, les cheveux en désordre, le regard espiègle, mes formes naissantes dissimulées dans un pantalon et une chemise trop larges. « La petite, c'est les études », concluait Adrien, fier de mes aptitudes. Même si j'enviais sa beauté, si j'étais jalouse de son aisance, de la lumière qu'elle allumait dans le regard des hommes, je n'étais finalement pas mécontente d'échapper au sort de Nellie. J'étais depuis longtemps revenue de la bibliothèque rose et des charmants romans de la comtesse de Ségur. L'idée que mon avenir dépendrait de mon mariage et du nombre d'enfants que j'aurais ne me tentait nullement. Je voyais mon destin autrement qu'en femme au foyer.

Je n'avais qu'une idée en tête : « Je veux faire quelque chose de ma vie. » Je ne manquais pas de modèles. C'était des femmes d'action, toujours. J'ai déjà parlé de l'influence qu'a eue sur moi le livre de mon grand-père, *Les Héroïnes*. Une autre lecture a été pour moi capitale : *La Guerre des femmes*, d'Antoine Redier. L'ouvrage est paru dans les années vingt. Il décrivait le combat clandestin de Louise de Bettignies et de plusieurs Lilloises en zone occupée pendant la Première Guerre mondiale. Louise de Bettignies est morte en captivité. L'infirmière anglaise Edith Cawell a été fusillée ainsi que la Belge Gabrielle Petit. J'admirais leur sacrifice. Un film a été tiré en 1937 de cette histoire, *Sœurs d'armes*. J'ai couru le voir quand il est passé au cinéma de Saint-Brieuc. Une des héroïnes, Marie-Léonie Vanhoutte, a tenu une conférence après le film. J'ai été profondément touchée de la force que dégageait cette femme. Je voulais être du même métal. Vers cette époque, je trouvais également une source d'inspiration dans l'aviatrice Hélène Boucher. Je me voyais comme elle, casquée de cuir, d'épaisses lunettes sur les yeux. Je volais, jouais les intrépides dans les airs, battais des records, quitte à mourir en plein vol, aux manettes d'un Caudron, comme elle, en 1934, à vingt-six ans à peine. Une telle vie, même de météorite, une telle fulgurance, voilà qui semblait répondre à mon vœu. « Faire quelque chose de ma vie », me répétais-je, jusqu'à l'obsession.

Je ne savais pas encore que les circonstances m'en donneraient l'occasion plus vite que je ne l'espérais mais aussi plus cruellement que je ne le pensais. L'Europe était en ébullition mais j'étais encore trop jeune pour voir ce qui se tramait. Mon père éprouvait une certaine sympathie pour le régime de Mussolini, du moins à ses débuts. À Pâques 1932, nous avons voyagé en Italie. Nous avons visité Naples, Sorrente,

Pompéi, sur les traces de mon grand-père Joseph. Deux ans plus tard, nous nous sommes rendus en Sicile, à Agrigente et Taormina. Ma mère traduisait les discours, les journaux. La fascination de mon père pour le Duce s'est singulièrement émoussée au contact de la réalité du fascisme. Elle s'est définitivement évanouie quand Mussolini s'est allié à Hitler.

J'étais trop jeune pour comprendre cela. À Naples, défilaient des enfants en uniforme fasciste. Je trouvais cette mascarade plus ridicule qu'inquiétante. À Paris et Bréhat, j'entendais bien les conversations, les débats qui faisaient s'opposer une nouvelle fois mon père et ma grand-mère. Papa avait très tôt senti ce que signifiait la montée du nazisme, avant même la prise du pouvoir par Hitler. Sa détestation viscérale de l'Allemagne ajoutait à cette prescience. Ma grand-mère était, elle, une fervente pacifiste. Elle soutenait ainsi Aristide Briand, malgré sa réputation d'anticalotin, approuvait le rapprochement avec l'Allemagne. Lors de l'enterrement de cet homme politique, en mars 1932, le cortège est passé près de son appartement du Trocadéro. La famille était sur le balcon quand un nouveau différend a opposé Marie-Louise et son gendre. Elle défendait le mort. Papa tempêtait. « Ton saint Briand n'a-t-il pas vu que l'Allemagne réarme ? L'Allemagne veut la guerre », disait-il. Marie-Louise voulait encore croire que les choses s'arrangeraient, que les hommes de bonne volonté l'emporteraient. J'avais huit ans et j'assistais à cette conversation orageuse. Dans leurs jambes, j'essayais de réfléchir. Comme souvent alors, j'étais plutôt pour ma grand-mère. L'année suivante, nous étions

41

à table quand la TSF a annoncé qu'Hitler entrait au Reichstag. Mon père a alors été conforté dans son opinion. « Hitler, ce sera la guerre », a-t-il lancé, en se levant de sa chaise.

Mais ces périls mortels qu'annonçait papa étaient pour moi occultés par une autre crainte le concernant. Vers cette époque, son état de santé a empiré. Ses poumons abîmés par l'ypérite ne le laissaient plus une seconde tranquille. Il était sans cesse sujet à des essoufflements. Il ne pouvait plus grimper un étage d'une seule traite. Le moindre effort le laissait effondré, plié en deux de douleur. Il souffrait en outre de ses yeux qui lui brûlaient. Durant l'hiver 1935, la situation s'est encore aggravée : mon père a déclaré la tuberculose. Il a perdu en outre presque toute acuité visuelle. La moindre lumière lui devenait intolérable. Il devait se confiner dans sa chambre. Il a ainsi passé plusieurs mois dans l'obscurité. Ne pouvant plus travailler ou peindre, pour tromper le temps, il a décidé d'apprendre la guitare. Mais, plongé dans le noir, il ne tirait qu'un abominable crincrin de l'instrument, entrecoupé de crises de toux qui nous remuaient tous.

Malgré les soins prodigués, son état ne s'est guère amélioré. Il avait su très vite qu'il ne pourrait plus vivre normalement. Dès l'automne 1935, il avait donc été décidé de quitter Paris et de nous installer définitivement à Bréhat dont l'air lui conviendrait mieux. À Pâques 1936, à cinquante ans à peine, il a fermé son cabinet et pris sa retraite. Renoncer à sa passion de la médecine était une décision douloureuse. Cette nouvelle a été pour moi un crève-cœur. J'aimais Bréhat, bien sûr. Mais l'idée de quitter Paris, mes habitudes et mes amis m'était insupportable. Mes parents ont mis en vente l'appartement de la chaussée de la Muette. Des visiteurs se présentaient. Je me cachais dans la penderie pour ne pas les croiser. J'entendais ma mère décrire les pièces à ces inconnus, ces envahisseurs. « Ici, c'est le salon, ici, la salle à manger. » J'étouffais mes sanglots dans les robes et les manteaux. J'ai dû me séparer d'objets, de meubles auxquels j'étais attachée.

Pour la première fois, je suis arrivée à Bréhat au bord des larmes. *Ker Avel* était un vaste chantier, en vue de notre installation définitive. On y posait le chauffage central pour l'hiver. J'errais l'âme en peine, tandis que s'affairaient les artisans. Je consignais ma douleur dans un journal intime que je dissimulais dans une boîte à secrets. La famille fréquentait à Bréhat Edmond Haraucourt. C'était un écrivain reconnu de son temps. Romancier, dramaturge, il était l'auteur du poème *Le Rondel de l'adieu*, dont le premier vers, demeuré célèbre, collait parfaitement à mon spleen du moment : « *Partir, c'est mourir un peu...* »

Nous étions à table en cette auguste compagnie quand ma mère a lancé fièrement : « Vous savez, notre petite aussi écrit. » J'ai alors compris que maman avait lu mon journal. J'étais furieuse de cette trahison. J'ai arrêté de consigner mes états d'âme, les gardant au fond de moi. J'ai alors fui la maison, préférant rester seule dehors. Mon père m'observait à la dérobée. Il était inquiet de mon état, culpabilisait sans doute d'être la cause de cet arrachement. Je me promenais dans l'île que je découvrais hors des vacances, sans sa colonie de petits Parisiens. Peu à peu, je me suis faite à leur absence. Au printemps, les clochettes bleues des jacinthes sauvages ont commencé à envahir la campagne. Je restais des heures assise dans l'herbe à contempler cette merveille. Comme tout enfant, je me suis remise à boire la vie. L'arrivée dans la maison d'une joyeuse compagnie, deux chats, a achevé de me remonter le moral.

Notre vie reprenait ainsi, dans ce vase clos insulaire. Nous découvrions la vie de Bréhat hors saison. J'ai appris à mieux connaître ceux qui vivaient là à longueur d'année. Nous n'étions plus de simples passagers de ce navire immobile. Ils nous reconnaissaient peu à peu comme des leurs. Mon père avait cessé toute activité. Il vivait de sa pension de guerre et de quelques rentes, bien insuffisantes à maintenir le niveau de vie que nous avions à Paris. À l'occasion, il soignait gratuitement les insulaires, recousait la main blessée d'un marin ou s'occupait des maladies des enfants. Mais sa propre santé ne cessait de se détériorer. Il souffrait maintenant d'œdème du poumon. Il fallait le saigner quand l'étouffement était trop fort. Il ne trouvait un apaisement que dans la peinture.

L'île était dépourvue d'accoucheuse. Seule une matrone aidait les parturientes. Avec ses connaissances médicales, ma mère a assisté à un accouchement, puis à un autre jusqu'à devenir la sage-femme de l'île. Elle a ainsi aidé à naître une centaine de petits Bréhatins. Elle est devenue « mam goz », grand-mère en breton. Le suivi se faisait à la maison. Les bébés étaient pesés, auscultés, soignés, nourris. *Ker Avel* devenait une nurserie. Je ne savais pas que ces gestes que je voyais faire, je devrais les répéter dans des conditions autrement dramatiques et désespérantes, à Ravensbrück.

Contrairement à moi, Nellie ne s'est jamais vraiment remise du déménagement. C'était déjà une jeune fille. Elle avait vécu comme un effondrement de perdre tous ses amis parisiens. Elle ressentait plus durement aussi le déclassement social. Mon père gardait l'idée de la marier. Renouant avec des collègues, il l'a introduite dans la petite société de Saint-Brieuc. Mais au bal, elle faisait tapisserie au milieu de ces jeunes qu'elle ne connaissait pas, se sentait en décalage, comparait ce milieu avec celui qu'elle fréquentait à Paris. Je me souviens de son attitude renfermée un jour que nous avons été invitées au mariage de la fille du pédiatre de la ville. Désemparée, elle a raté son bac et a débuté une formation d'infirmière à Saint-Brieuc.

Moi, je m'habituais à ma vie d'herbe folle, de gamine de la campagne. Je faisais du bateau, de longues balades à vélo, je me promenais sur la grève. Je peinais simplement à me plier aux contraintes d'une scolarité normale. Mon année avait été tronquée par le déménagement. Une vilaine coqueluche m'avait en outre privée du dernier trimestre scolaire, après notre arrivée à Bréhat. J'ai pourtant été inscrite au lycée de Saint-Brieuc à la rentrée 1936, directement dans la classe supérieure, en troisième. Une grosse erreur. Mes résultats ont été catastrophiques. Je ne parvenais ni à suivre ni à m'adapter à un milieu différent. Au bout d'un mois, mes parents se sont résolus à me rapatrier dans l'île. J'ai alors suivi des cours par correspondance. Je ne tardai pas à rattraper le niveau. Une autre tentative deux ans après au lycée

privé Saint-Pierre, à Saint-Brieuc, a pareillement viré
à l'échec, après trois mois à peine. Je me débrouillais
mais ne parvenais pas à me faire au moule scolaire,
au climat général d'une institution aux règles strictes,
qui vous faisait pratiquer la gymnastique en jupe.
J'avais en outre une vilaine écriture. Mes gribouillis
faisaient enrager ceux qui devaient les déchiffrer.
« Faites des efforts, pour nos morts », m'a un jour
supplié une enseignante désespérée. À Noël 1938,
nouveau retour à la maison où j'ai repris des cours
par correspondance, y montrant à nouveau les
meilleures dispositions.

De 1936 à 1938, j'ai également traversé une profonde mutation physique. La gamine à l'âge ingrat,
véritable chrysalide, s'est transformée en jolie jeune
fille. L'été 1938, à quinze ans, j'ai été invitée à mon
premier bal, organisé à l'occasion du mariage d'une
connaissance. Ma mère m'avait acheté pour l'occasion
une belle robe, longue, rose. À la rentrée suivante, par
une amie de Nellie, j'ai été conviée à un autre bal où
j'ai également eu du succès. Mais la jeune fille n'a
dansé qu'un seul été. La menace redoutée par mon
père se réalisait. Les bruits de bottes approchaient.

En septembre 1939, la guerre était déclarée. À la
rentrée, cet événement a apporté à ma mère, qui ne
savait dans quelle école me mettre, un providentiel
secours. Basé à Paris, le cours privé Martinet s'est rap-
pelé le temps où la Grosse Bertha bombardait Paris,
lors de la précédente guerre. Il s'est donc en partie
replié à Tréguier, s'installant dans une aile d'une école
tenue par les religieuses. Ma mère m'a inscrite, à tout
hasard. Les enseignants prônaient des méthodes

modernes qui me plaisaient. En raison de la guerre, l'école était en outre devenue mixte, ce qui était également novateur pour l'époque. J'ai ainsi renoué avec une scolarité correcte. J'étais brillante à l'écrit mais bloquée à l'oral. Appelée au tableau, je paniquais. Mon cerveau partait en quenouille et je bafouillais. Je revenais à ma place un peu humiliée.

J'étais pensionnaire. Je me suis retrouvée dans un dortoir spartiate, sans eau courante. Nous nous lavions avec une cuvette et un broc d'eau. Le weekend, je rentrais à Bréhat. Je partais à vélo vers l'embarcadère de l'Arcouest avec un camarade et je prenais la petite vedette qui faisait la traversée et nous laissait à l'un ou l'autre point du quai en fonction de la marée. Quand la mer était trop mauvaise, l'hiver, je dormais chez des amis à Paimpol.

Je préparais mon premier bac. J'avais reçu ma convocation pour le jour de l'examen à Lannion, quand survint l'offensive allemande. Jusque-là, je ne m'étais guère intéressée aux soubresauts de l'actualité. À ma décharge, ils arrivaient en échos assourdis dans mon île comme toutes les actualités auparavant. Le Front populaire, la guerre d'Espagne, puis les volontés expansionnistes d'Hitler m'avaient ainsi semblé appartenir à un autre univers. Je ne savais pas comment j'allais bientôt me retrouver plongée au cœur de la monstruosité nazie. Je n'étais qu'une jeune fille en fleur, une gamine insouciante qui s'apprêtait à fêter ses dix-sept ans quand la Wehrmacht a lancé ses chars à travers les Ardennes. Nellie est partie à Saint-Quay-Portrieux où elle s'est engagée comme infirmière, suivant ainsi l'exemple de Suzanne en 1914.

Adrien suivait l'offensive dans la presse. Il pestait contre le roi des Belges, Léopold III. Il avait laissé passer l'armée allemande quand son père Albert Ier avait su galvaniser son peuple en 1914. Son sang flamand bouillonnait. « Le lâche, le traître ! » hurlait-il, en traçant une croix rageuse sur sa photo dans le journal. Quand l'armée française s'est effondrée à son tour, il est resté tétanisé, incrédule. Il errait, le regard perdu, rongé par la honte autant que par la maladie. La débâcle et l'exode amenaient jusqu'en Bretagne des cortèges de voitures avec des matelas sur le toit. Les fuyards racontaient comment ils avaient été mitraillés en chemin par les avions. Je me souviens notamment d'un couple du Nord venu avec ses douze enfants se réfugier à Paimpol. Des gens circulaient en tous sens, affolés.

Le 17 juin, j'étais en classe à Tréguier quand la radio a diffusé le discours de Pétain. Voix qui chevrote des mots de capitulation. « C'est le cœur serré que je vous dis qu'il faut cesser le combat. » Choc dans la classe. On entendait les pleurs. Il n'était plus question du bac. Les professeurs nous ont renvoyés à la maison, tandis que la rumeur disait la Wehrmacht à nos portes. J'ai repris mon vélo pour l'embarcadère de Bréhat. L'île était également pleine de réfugiés. Mon père s'était ressaisi et avait improvisé un dispensaire pour les accueillir. La maison fut bientôt pleine. Dans l'annexe, nous avons hébergé une famille qui venait de Belgique.

En 1914, la branche flamande de la famille avait vécu l'occupation. Elle avait dissimulé sous un plancher son argent afin de le protéger du pillage des occupants. Suivant leur exemple, mes parents se sont préparés. Ils ont enterré les objets précieux et nos économies, qui avaient la forme de quatre-vingt-dix louis d'or. Nellie et moi avons caché le revolver d'ordonnance de mon père dans un morceau de pneu, pendu en haut d'un arbre. Avec une réelle prémonition, papa a également ménagé une niche discrète dans une chambre, où il a planqué la radio derrière un panneau de bois. C'est de cette cache que nous écouterons bientôt les émissions clandestines de la BBC. Puis nous avons attendu l'arrivée des Allemands.

II

LA BANDE À SIDONIE

Quand je me rends dans les écoles, quand je raconte un peu ma vie, non pour ce qu'elle vaut mais pour ce qu'elle peut dire, des élèves me demandent à quelle date je suis entrée en résistance. Je suis incapable de leur répondre, évidemment. Comme si on prenait du jour au lendemain une carte d'adhérent à l'action clandestine...

La Résistance a été un climat avant de devenir un combat. Des gens se regardent, lisent quelque chose dans les yeux de l'autre, décèle une révolte. Ils se hument, se flairent comme des animaux en cage. Ils se parlent, expriment leur honte, leur dégoût, leur colère. La situation est insupportable, l'Occupation infamante. Ils ramassent leur courage. Il faut agir. Mais avec qui, où, comment ? Tout cela est encore vague, mouvant, informel, désordonné. Qui peut fédérer ces bonnes volontés ? Les contacts se nouent progressivement, par capillarité. Truc parle de Machin qui connaît peut-être un moyen... Cela s'agglomère, devient un groupe, un réseau et bientôt une armée des ombres. Pour moi, comme pour tant d'autres, cela s'est fait ainsi, mon entrée en résistance, par un glisse-ment presque insensible. Mon éducation, ce bain amniotique dans lequel j'évoluais et que j'ai déjà décrit, m'y prédisposait sans doute. L'attitude exem-plaire de ma mère a également favorisé mon engage-ment. J'ai lutté contre l'occupant par devoir, comme quelque chose de nécessaire, de normal même. Je n'ai jamais eu le sentiment d'être une héroïne. À peine avais-je conscience de ma hardiesse. Car, qu'est-ce que le courage à dix-sept ans ? On meurt facilement à cet âge-là. Sait-on seulement ce qu'est la mort, d'ailleurs ? Et puis, j'avais une occasion unique d'exaucer mon vœu le plus cher : faire quelque chose de ma vie, comme Halka, Louise de Bettignies ou Hélène Boucher.

En ce mois de juin 1940, je n'en suis pas là. Je démarre seulement le processus, la maturation. Comme toute la France, je me réveille dans la stupeur de la défaite, si rapide qu'elle m'a laissée abêtie. Les Allemands débarquent à Bréhat. Ils se rendent à la mairie, réquisitionnent les maisons. Ils poussent les habitants dans une pièce ou une annexe, prennent leurs aises dans le reste du logis. *Ker Avel* est épargnée, sans doute parce que sa situation sur une hauteur la rend vulnérable aux attaques des avions. Et puis, elle est occupée par un tuberculeux, et les Allemands redoutent la contagion. La famille de réfugiés belges occupe toujours l'annexe.

Les Bréhatins commencent à ressortir de chez eux, timidement, à renifler cette France qui se ressemble mais n'est plus pareille, qui n'est plus même la France. Ces uniformes vert-de-gris... Ils feront désormais partie du quotidien puisque c'est ainsi, puisque le pays a perdu. Il faut s'y habituer mais ne surtout pas s'y résoudre. La Wehrmacht s'installe en force dans cette île qui fait face à l'Angleterre. Sur la plage, des soldats allemands se baignent. Ils sont nus, sans se soucier de ce que peut penser la population. Ce sont nos nouveaux maîtres. L'Occupation commence.

Je vois pour la première fois ces ennemis, tant décrits par mes parents. Ils sont donc là, chez nous, ces « Boches » dont la férocité nous faisait frissonner dans les récits familiaux de 1914-1918. Papa avait bien raison de se méfier d'eux, ces belliqueux voisins pensions-nous alors. La suite lui donnait raison. Ils sont revenus, ils sont là. Ils souillent la terre de France, avec leurs grosses bottes qu'ils aiment faire claquer. Ils semblent pourtant plus policés que la soldatesque qu'on nous représentait à la veillée. Ils font même tout pour avoir l'air « corrects », selon l'expression aujourd'hui consacrée pour évoquer ces premiers temps de leur conquête. Qu'importe ! Je ne m'y fie pas, moi, à ces uhlans. Leurs bonnes manières ne sont à mes yeux qu'un vernis de civilisation, qu'une comédie. Un Boche reste un Boche, aujourd'hui comme hier. Comme beaucoup de Français, j'oscille entre la haine à l'égard de ce vainqueur et l'humiliation d'être du côté des vaincus.

Quelques jours plus tard, je reviens sur le continent. Je fais des courses à Paimpol. Les Allemands sont partout. Ils mettent leurs sales pattes sur le paysage. Les premiers panneaux écrits en lettres gothiques apparaissent. Les premières affiches aussi, qui donnent des consignes à la population. Une voiture passe en trombe, pleine de militaires. Les passagers ont décoré le véhicule des bérets à pompons des marins français. Les Bretons qui assistent à la provocation sont humiliés. Un officier allemand arrête le convoi et exige des soldats qu'ils retirent ces douteux ornements. Mais trop tard ! La mascarade m'a ulcérée comme elle a ulcéré tous ceux qui y ont assisté. Quel mépris ! Comment va-t-on pouvoir vivre sous la domination de gens qui se moquent ainsi de nous ?

En retournant à l'embarcadère de l'Arcouest, je passe devant *Le Barbu*. Cet hôtel-restaurant est une fameuse adresse de la région où nous allions déjeuner dans les grandes occasions avec mes parents. Des officiers allemands sont attablés. Ils mangent des huîtres chaudes et boivent du sirop de cassis. Là, je comprends encore mieux que ce sont des barbares qui valent d'être combattus sans pitié !

Comme la plupart de mes compatriotes, je n'ai pas entendu l'appel du général de Gaulle, le 18 juin. Mais la rumeur se répand qu'un homme poursuit le combat, depuis l'Angleterre. Mes parents qui commencent à écouter la BBC capteront dans un crachotement ses exhortations à ne pas rendre les armes, à ne pas abandonner l'honneur, à ne pas accepter la servitude. Cet homme ne leur dit rien mais ses mots portent. Ils représentent l'espérance. Ils tonnent dans le silence humilié, ordonnent de redresser la tête. Au moins refuse-t-il la défaite, cet inconnu. C'est donc par ce quidam qu'il conviendra de passer. On ne sait même pas à quoi il ressemble. On ne l'a jamais vu en photo. Jusqu'à mon retour de Ravensbrück, en 1945, je n'en saurai guère plus sur ce personnage. Mais nous luttons pour la même cause et cela me suffit. J'ai déjà cette idée fixe : je veux me battre contre l'occupant, pour recouvrer notre liberté volée.

Sur la côte, la rumeur dit que les premiers candidats embarquent pour l'Angleterre. Ils bravent les ordres de Pétain et le blocus allemand. Les hommes de l'île de Sein ont rejoint Londres parmi les premiers. À Paimpol, une partie des élèves de l'école d'hydrographie a traversé la Manche dès la fin juin. D'autres les suivent. Il y a ceux qui veulent poursuivre la lutte et ceux qui veulent seulement fuir. Ces derniers sont les plus nombreux.

La famille n'est pas exempte des conciliabules sur l'attitude à tenir. Mon père ne se remet toujours pas de la débandade de l'armée française. Dans son désespoir, au fond du gouffre, il veut croire en Pétain. Le vainqueur de Verdun ne peut faillir… « C'est un lâche, un défaitiste ! » tranche ma mère.

Passé le moment d'abattement, elle est redevenue telle qu'en elle-même, ma maman, pugnace, intransigeante, patriote jusqu'au bout des ongles. Je partage son avis : Pétain est une honte. Pour nous, il n'est pas question de partir. Mon père est trop faible physiquement. Il faut se battre ici, sous une forme ou sous une autre. Ma mère commence à s'approcher de gens qui, comme elle, refusent de rester les bras ballants. Des conciliabules se nouent.

Moi, j'ai toujours mon premier bac à passer. Fin août, je suis convoquée à Lannion pour les épreuves. Il fait très chaud dans la salle d'examen. Les fenêtres sont ouvertes. Je suis concentrée sur ma feuille, absorbée par l'exercice. Soudain le silence est rompu. De la musique. Les têtes se lèvent des copies. La clique allemande joue dans la cour à côté.

Je suis reçue à mon examen.

En septembre 1940, je rentre en terminale à Tréguier. Les locaux sont en partie occupés par la troupe. Il n'y a plus assez de places dans l'internat, qui est réservé aux petits. Je suis hébergée chez l'habitant, dans une grande maison, celle du comte de G. Cet aristocrate désargenté arrondit ses fins de mois en louant trois chambres à neuf élèves. Je me retrouve avec une réfugiée venue du Nord et une fille du pays. Le comte porte des pantalons de chasse et des guêtres. Il affiche des airs de hobereau. Pas méchant, juste totalement décalé. Sa femme est dépressive. Elle passe le plus clair de son temps couchée. Leur fille doit s'occuper de tout. Elle prépare nos repas. Le soir, nous faisons des jeux pour nous divertir. Je m'y montre particulièrement dynamique, ce qui amuse le comte :

— La Wilborts, c'est une petite femme qui pète le feu, s'exclame-t-il.

J'ai dix-sept ans. J'ai envie de profiter de la vie, de la mordre à pleines dents. Quand je n'étudie pas, je sors avec des camarades de classe. Nous faisons du patin à roulettes. Nous nous baignons dans la rivière. Premiers émois aussi. Un camarade me fait passer qu'il est amoureux de moi. Je fais passer que la réciproque n'est pas vraie. Je fais un malheureux. Mais je ne ressens rien pour lui. Il n'en est pas de même avec B. Il vient en vacances à Bréhat. Nous y faisons du bateau ensemble. Il est grand, plein d'attentions, de manières. Pour le moment, il y a entre lui et moi une part d'indéfini, entre une belle amitié et quelque chose d'autre. Une affinité nourrie dans le romantisme de Bréhat, où la lande du Nord évoque les *Hauts de Hurlevent*. Comment définir ce qui se bouscule dans mon cœur ?

B. est d'excellente famille. Sa mère est une fervente pétainiste, lui pas du tout. Bravant la colère maternelle, B. et son frère rejoindront de Gaulle au début de 1942, ils traverseront la France et l'Espagne. Ils s'engageront dans les Forces navales françaises libres. Il n'a appris mon rôle dans la Résistance qu'après mon arrestation.

Dix-sept ans : c'est un âge entre deux. L'adolescence en sa complexité. Je suis devenue une jeune fille mais, avec mes camarades, nous faisons des blagues de potache. Nous nous amusons à renverser d'une fenêtre des bassines remplies sur les passants. Les premiers actes de résistance sont de la même eau, entre jeu et défi. Comme les autres filles, je porte des habits tricolores, coordonnant en bleu-blanc-rouge la jupe, le chemisier, la ceinture ou le foulard. La radio de Londres avait lancé une campagne : tracer à la craie sur les murs des V surmontés d'une croix de Lorraine. Nous suivons le mot d'ordre. Un officier de la *Kommandantur* nous soupçonne : les jeunes, évidemment. Il vient se plaindre au lycée. Il menace de représailles. Nous sommes sermonnés par la direction. Ce sont les premiers petits gestes, ridicules et touchants, comme un rite de formation à l'action clandestine. Beaucoup de mes camarades en resteront là.

Comme la mère de B., le comte en pince pour Vichy, mais avec une distance prudente, de bon aloi. L'aumônier du lycée n'a pas cette noble retenue. C'est un pétainiste convaincu, militant. Il s'échine à nous expliquer comment la devise « Travail, Famille, Patrie » est directement inspirée de la parole de Dieu. Il choisit les extraits des Évangiles qui abondent dans son sens. Nous, ses ouailles, ne mordons pas à cette propagande. Moi, moins que les autres. Je l'ai déjà dit, le Christ, tel que je le vois depuis ma petite enfance, tel que je me le représente, immolé sur sa croix, ne pouvait être qu'un résistant, en aucun cas un collabo.

Mon passage à l'acte se prépare ainsi, entre insouciance et prise de conscience. Sur son île, puis sur le continent, ma mère est plus avancée dans la besogne. Elle multiplie les contacts, jette les bases d'un groupe. Une rencontre décisive facilite cette esquisse. Le frère Clair-Marie, de son vrai nom Jean-Baptiste Legeay, est enseignant des écoles chrétiennes. Cet ancien combattant de 1914-1918 était à Nantes en juin 1940. Il organisait déjà des départs vers l'Angleterre. Cet activisme a été repéré par les Allemands. Il est devenu suspect, surveillé. À la rentrée de septembre, il a été muté par prudence dans le nord de la Bretagne. Il est devenu le directeur de l'école du Roscoat, à Pléhédel. Nullement échaudé, il poursuit là son travail clandestin. Ma mère et lui mettent bientôt en commun les bonnes volontés sous une même bannière.

Alors que les premiers résistants prenaient des noms et prénoms de guerre assez rebattus (Roger, Robert, Henri, etc.), Suzanne Wilborts a choisi d'emblée un pseudo moins courant : Sidonie Gibbons. Des aïeuls, du côté de la branche Lebrun, portaient ce nom peu banal. Se constitue ainsi progressivement autour d'elle ce qui va devenir la « bande à Sidonie ».

C'est le temps des premières actions. La priorité est d'embarquer vers l'Angleterre les soldats britanniques qui n'ont pu fuir à Dunkerque. Il faut également exfiltrer les aviateurs anglais qui ont été abattus. Il en erre plusieurs dans la campagne bretonne, cachés dans les fermes. Il faut les rassembler et trouver des bateaux de pêche qui, les nuits sans lune, tentent de déjouer les rondes des gardes-côtes et la traque de la *Kriegsmarine*. La surveillance étant devenue trop serrée, le passage direct devient hasardeux. On improvise d'autres filières, plus compliquées. Des braves gens comme Jeanne Perrot ou M. Carpentier leur trouvent des planques dans la région. Le groupe récupère des cartes d'identité, subtilisées dans les mairies grâce à des complicités. À Paimpol, la femme d'un photographe de la ville, Marguerite Torty, tire les portraits des fuyards qui sont ensuite collés sur les papiers dérobés. Dans ces débuts cahoteux, nous manquons encore une fois d'imagination pour les faux patronymes. Nos premiers évadés s'appellent souvent Martin ! Nous commençons à confier à ceux que nous exfiltrons des renseignements sur les défenses côtières afin qu'ils les remettent à Londres.

La côte a été déclarée zone interdite. Des autorisations spéciales sont nécessaires pour circuler, réservées aux habitants du littoral. Comme je dois me rendre régulièrement de la maison de Bréhat au lycée de Tréguier, je dispose depuis 1940 d'un *Ausweis* signé par la *Kommandantur* de Paimpol. Grâce à ce sésame, j'ai toute liberté de manœuvre. Je joue donc les messagères à bicyclette.

Comment décrire ces balbutiements ? Tout est nouveau, largement improvisé, intrépide, voire téméraire ou suicidaire. Au printemps 1941, par exemple, une camarade de classe, Léonie Balam, me prend à part. Je sais que ses parents, des charcutiers de La Roche-Derrien, nous sont favorables. Léonie me dit que deux Anglais sont cachés dans une ferme de la commune. Le paysan les fait passer pour des journaliers mais redoute de plus en plus d'être repéré. Je préviens ma mère qui décide de prendre en charge les fugitifs. Elle me confie la responsabilité de l'un d'eux. Il s'appelle Harry Pool. C'est un rouquin au type anglais très marqué. Il parle quelques mots de français mais avec un accent qui ne peut tromper sur son origine. Nous partons tous les deux vers l'embarcadère de l'Arcouest. Nous passons devant la guérite de la sentinelle. Elle vérifie vaguement nos papiers. Harry descend son vélo dans le bateau puis la sentinelle m'aide à descendre le mien. À Bréhat, nous cachons quelques jours Harry Pool dans la dépendance et nous lui confions des informations intéressantes. Mais aucun bateau ne peut passer vers l'Angleterre car les contrôles ont été durcis. Il faut le ramener sur le continent. Comment ? Il y a sur l'île un petit couvent de religieuses. Une sœur âgée et malade doit être transférée. Harry Pool se fait passer pour un des brancardiers. La sœur et le capitaine du bateau sont au courant de son identité réelle. Les Allemands laissent passer le brancard sans contrôle. Jean-Baptiste Legeay le prend en charge sur le littoral, le conduit à Nantes mais là encore, impossible de franchir les mailles de la surveillance. Finalement l'Anglais rejoindra l'Angleterre avec nos renseignements, au bout d'un improbable périple de plusieurs mois qui le mènera jusqu'en Suisse.

En convoyant Harry Pool, j'ai raté deux jours de lycée. Dans le cadre de mes activités, il m'était déjà arrivé de manquer la classe. J'invoquais alors la tempête qui avait bloqué au port la navette de Bréhat. Mais cette fois, le temps était radieux... Je suis convoquée chez la directrice qui m'interroge sur les raisons de mon absence.

— Où étiez-vous ?

— Mademoiselle, je ne peux pas vous le dire.

Elle se fâche, veut absolument des explications.

— Il s'agit de la vie d'un homme.

Elle aurait pu se méprendre sur ma réponse, y voir une aventure amoureuse à une époque où les jeunes filles ne sortaient que vêtues avec un chapeau et des bas, sous étroite surveillance. Mais j'avais la réputation d'une fille sérieuse. Elle devine autre chose.

— Je comprends, mais je veux voir vos parents.

La directrice m'a ensuite renvoyée vers ma classe en couvrant mon action.

Mes premières entreprises se font à l'insu de mon père. Sa santé continue de se dégrader. Maman et moi ne voulons pas l'inquiéter. Il découvre mon activité par hasard. Un jour, ma mère me donne rendez-vous chez *Barbu*. Je dois lui remettre des documents. Mon père insiste pour l'accompagner.

— Tu vas prendre un verre là-bas ? Je t'accompagne.

63

Suzanne est un peu gênée mais ne peut refuser. Mes parents sont attablés quand Adrien me voit arriver à vélo. Je devrais être en classe. Mon père m'interroge :

— Que fais-tu là à te promener à vélo, quelques jours avant le bac ?

— Tais-toi, je t'expliquerai, intervient ma mère.

Quand il apprend mes activités, mon père est d'abord réticent. Il a peur pour moi, évidemment. Il m'enverra ensuite une petite lettre d'encouragement, remplie d'un humour qui était sans doute le pudique masque de son angoisse. À cette époque, Adrien est bien revenu de ses illusions sur Pétain. Il ne tardera pas à s'engager à son tour aux côtés de ma mère, autant que ses forces le lui permettront. Il offrira notamment ses talents de dessinateur, établissant des croquis des défenses allemandes ou recopiant les plans qu'on nous remettait.

Ma sœur Annie, qui est infirmière à l'hôpital de Ploërmel, est également au courant de nos activités tout comme ma grand-mère. À l'occasion, Marie-Louise prête son appartement de Saint-Brieuc. Il sert de boîte aux lettres où ma mère dépose les documents que je récupère ensuite, les fois où je ne vais pas jusqu'à Bréhat.

Nellie, elle, connaît une trajectoire bien différente dans ces années de l'Occupation. Lorsqu'elle était infirmière à Saint-Quay, elle a soigné un jeune soldat, Paul Roussel. Elle le connaît. C'est un gars de Saint-Brieuc. Son père a monté avant la guerre une entreprise de chauffage central, avec un associé, Maurice Poge. Après la mort du père de Paul, sa mère s'est remariée avec Poge.

La bande à Sidonie

Paul a un physique assez quelconque, quand Nellie – je l'ai déjà décrite –, est une belle jeune fille. Fait prisonnier, il est envoyé en Allemagne dans un stalag. Il s'en évade, revient en France caché dans un train de charbon. Il rejoint la zone libre, se cache à Marseille où habite sa sœur. Paul écrit des lettres charmantes et fougueuses à Nellie, missives qui rompent pour elle la monotonie des jours. De là-bas, il la supplie en phrases magnifiques de le rejoindre. Est-ce tocade, tentation de l'aventure ou l'effet magnétique des mots ? Elle décide de faire le voyage vers cet homme qui jusque-là ne lui avait pas fait impression. Munie d'un faux laissez-passer qui la présente comme une fleuriste qui va s'approvisionner dans le Midi, elle franchit la ligne de démarcation. Elle nous apprendra son mariage, en 1942, peu avant notre arrestation. Quand les Américains débarqueront en Algérie et que les Allemands envahiront la zone non occupée, en novembre de la même année, Paul et Nellie partiront en Afrique du Nord. Lui, s'engagera dans la France libre et dans l'armée de Leclerc, attendant avec fébrilité le débarquement en métropole. Elle, mettra là-bas au monde son premier enfant.

En Bretagne, pendant ce temps, la bande à Sidonie s'étoffe. Elle a des antennes dans toutes les communes. Parmi ses agents, citons Marie-Germaine Labbé, à Tréguier, M. Morvan et Maurice Poge (le futur beau-père de Nellie), à Saint-Brieuc, Raymond Devos à Lannion, Guy Hélary à Perros-Guirec, Jeanne Perrot, à Paimpol. Les volontaires sont là mais les moyens manquent cruellement et plus encore les directives. À tous ceux qui partent vers l'Angleterre, ma mère ou Jean-Baptiste Legeay font passer des lettres réclamant de l'aide aux services de renseignements français[1] ou à leur équivalent britannique, l'Intelligence Service. Peu importe la nationalité, qu'on vienne à notre rescousse ! Maman apprend qu'une sympathisante doit, avec son enfant, rejoindre un port de l'Afrique du Nord où est basé son mari, un marin de la Royale. Le territoire est encore sous le contrôle de Vichy à l'époque mais, de là, il est plus facile de contacter Londres. Ma mère revient à la maison avec un jouet, un canard en peluche rose et vert, monté sur quatre roues. Elle défait les coutures, glisse à l'intérieur un message, recoud. La mère et son enfant passent la ligne de démarcation, le gamin traînant son canard transformé en pigeon voyageur.

Je ne sais si c'est grâce à ce stratagème ou par un autre biais mais Londres finit par nous prendre au sérieux. On nous envoie au printemps 1941 un agent, baptisé Saint-Jacques, de son vrai nom Maurice Duclos[2]. Il embarque à Plymouth et arrive une nuit à Bréhat. Il reste plusieurs jours à réorganiser le réseau, à nous conseiller. La « bande à Sidonie » est affiliée au groupe Georges France 31, une structure qui est également implantée dans d'autres régions françaises. Une partie, autour de Jean-Baptiste Legeay, poursuit la filière des évasions. Une autre s'occupe du

---

1. Ils deviendront en 1942 le Bureau central de renseignement et d'action (BCRA), dirigé par Passy.
2. C'est un ancien activiste d'extrême droite, membre de la Cagoule, qui s'est rallié à de Gaulle en juin 1940. Il fut un des premiers agents de Passy.

renseignement. La Résistance de la côte se retrouve placée sous la direction d'un chef de réseau basé à Rennes, Louis Turban, un ingénieur de la SNCF, que ma mère et moi avons rencontré à cette époque.

Au mois de juin 1941, je passe mon deuxième bac. Je suis admissible après l'écrit. L'oral se passe à Saint-Brieuc. Pour l'épreuve de philosophie, sont étalés sur une table des petits papiers pliés, où sont écrits les sujets. J'en saisis un au hasard, l'ouvre. Je lis le thème : la liberté. Je m'y attelle avec enthousiasme.

J'obtiens mon bac avec mention.

L'été suivant prend la forme de vacances sportives. Je porte des messages à un membre du réseau ou à un autre, multiplie les kilomètres, reviens éreintée à la maison. La mode était alors aux larges ceintures colorées et élastiques. Bien pratiques pour dissimuler les documents. Parfois, des soldats me hèlent quand je pédale et que ma jupe se lève sous l'effet du vent : « Ah, là, là, mademoiselle ! Belles jambes ! » Cela me rend furieuse. Je les foudroie du regard. Mais finalement tant mieux. Qu'ils s'occupent de mes jambes et qu'ils me laissent faire ce que j'ai à faire !

Tout cela, ces allées et venues permanentes, d'un village à l'autre, d'une maison à l'autre, ne va pas sans quelques sueurs froides, tout de même. Un jour, je transporte des plans que m'avait remis à Tréguier Marie-Germaine Labbé, que nous appelons « Bébé ». Je dois les porter à Bréhat, agrafés sous ma ceinture. Je rencontre en chemin un camarade de terminale, Michel Étrillard. Il sait que je suis en mission. Il se propose de m'accompagner. Je ne peux refuser. Nous roulons côte à côte en discutant. Deux Feldgendarmes plantés sur le bord de la route nous interpellent et nous font descendre de vélo. Ils nous parlent en allemand. Nous ne comprenons rien à ce qu'il veut nous dire. L'un des hommes s'énerve et menace alors : « *Kommandantur !* » Je blêmis. S'ils m'emmènent et me fouillent, je suis cuite. Nous comprenons finalement les gestes qu'ils nous font. Il est interdit de rouler côte à côte sur la route. Il faut circuler l'un derrière l'autre. Un gendarme sort un petit carnet de contravention. Je paye l'amende, soulagée.

Une autre fois, j'ai rendez-vous chez Françoise Allain, une institutrice qui habite au bout d'une longue côte, au lieu-dit Les Quatre-Vents. Lieu bien mal dit ce jour-là, d'ailleurs. Pas un souffle d'air. Une chaleur accablante. Pour me désaltérer, mon hôte n'a que du vin blanc à m'offrir. Je n'en ai jamais bu. Je repars, à moitié d'aplomb, le coup de pédale mal assuré. Heureusement, c'est en descente. Françoise Allain me voit repartir, un peu inquiète de mon état. Une anecdote dont nous reparlerons toutes les deux, à Ravensbrück.

Je n'ignore pas les dangers. Les avertissements que placardent les Allemands avec des *Achtung !* ont le mérite d'être clairs. Ils indiquent les règles du couvre-feu et les différentes catégories d'interdits, d'aide à l'ennemi et les représailles dont nous sommes menacées. Bientôt d'autres affiches annoncent des arrestations de « terroristes » et les premières condamnations à mort [1]. Je connais les risques que je prends. Mais la nécessité de l'engagement balaye les préventions.

---

1. À Lannion, le groupe de Roger Barbé, un jeune homme de vingt ans, recueille du renseignement depuis l'été 1940, notamment sur le chantier de l'aérodrome où il travaille. Après

Souvent, j'ignore la teneur des pièces que je transporte. Que valent tous ces renseignements glanés au péril de nos vies ? Certaines fois, ils s'avèrent précieux. À l'automne 1941, un étudiant qui se fait appeler dans la clandestinité Rivière (Claude Robinet de son vrai nom) contacte Jean-Baptiste Legeay. Il demande à rejoindre Londres. « En attendant qu'on te trouve un départ, trouve-nous des documents intéressants à emmener avec toi », lui demande le frère. Il existe justement un sémaphore sur la pointe de Bilfot qui pourrait intéresser les Alliés. Les Allemands surveillent ce lieu stratégique qu'ils ont fortifié et entouré de barbelés. Mais les gardes s'absentent pour prendre un café dans le village voisin de Plouézec. Rivière et un ami (Maurice Mazeran) profitent de la voie libre. Ils s'introduisent dans le sémaphore, dérobent des plans. Par effronterie, ils emportent un portrait d'Hitler qu'ils gardent quelque temps chez eux. Une imprudence qui aurait pu coûter cher et leur vaut d'être tancés par Legeay. Ils sont embarqués au plus tôt. Les plans arrivent dans les mains des Anglais. Sur la base de ces croquis, en novembre 1942, un commando anglais lancera contre le sémaphore un raid baptisé Fahrenheit.

La Libération semble bien loin, en cet été 1941. Partout l'Allemagne et ses alliés triomphent. Ils avancent sur tous les fronts, dans le Pacifique, dans le

---

une dénonciation, dix personnes sont arrêtées en décembre 1940. Roger Barbé est condamné à mort en avril 1941 et fusillé à Rennes en octobre 1941 (in *Histoire de la Résistance en Bretagne*, de Christian Bougeard).

Sahara. Hitler vient d'envahir l'Union soviétique. Mais la BBC annonce que la Grande-Bretagne continue de tenir. C'est la seule bonne nouvelle. Même en ces heures, je n'ai jamais perdu espoir en la victoire finale. De toute façon, je n'ai d'autre choix que d'agir. Je ne me vois pas vivre dans le monde que les nazis préparent. Insupportable, contraire à tout ce que je crois. Je dois donc combattre. Malgré l'accumulation des revers, nous voyons aussi que la France se réveille de son abrutissement de juin 1940. La Résistance s'étoffe de jour en jour, notamment ici en Bretagne. Nous parvient l'écho d'attentats commis ailleurs. Nous nous sentons moins seuls.

Mon bac en poche, je m'inscris en faculté de médecine à Rennes. Je loue une chambre au premier étage d'une maison, impasse Ferdinand. C'est une voie sans issue qui donne sur la rue du Vieux-Pont-de-Nantes. Le quartier est discret, parfait pour ce que je veux y faire. La famille qui m'héberge, les Hoyau, sont de braves gens. Ils m'aiment bien, m'invitent parfois à leur table, malgré les restrictions qui pèsent sur la vie quotidienne. Je reçois des visites dans ma chambre, principalement des hommes. Cela n'est pas sans éveiller les soupçons de ma logeuse. Je dois lui expliquer à demi-mot ce que je fais. Ma mère vient aussi la mettre dans la confidence. Elle décide de fermer les yeux mais ne veut surtout pas être mêlée à ce manège. Elle craint pour sa fille qui a douze ans. Son mari tient une entreprise de papier peint. Il est souvent absent. Il ne veut pas non plus entendre parler de ce qui se trame sous son toit. Mais leur silence complice m'est déjà précieux.

Régulièrement, je fais la navette entre la côte et Rennes. Mon *Ausweis* a été renouvelé. Je peux circuler entre le littoral breton et l'intérieur des terres. L'aubaine. Vélo, train, vélo. Je cache les documents que je transporte dans mes cours de physique et d'anatomie. Je les remets à Rennes à un homme que je connais sous les noms tantôt d'André Le Neveu, tantôt d'André Peulevey. Il a une vingtaine d'années, des yeux clairs, des traits fins. Nos rendez-vous ont lieu au *Café de l'Europe* ou au *Café de la Paix*. Je lui remets les plans. Ma mission s'arrête là.

Je ne sais rien ou presque de cet homme dont ma vie dépend largement. J'en apprendrai plus après la Libération, quand je le reverrai en Bretagne. De son vrai nom, il s'appelle Joseph Scheinmann. Sa vie est hors du commun. C'est un juif d'origine allemande, né en 1915 à Munich. Sa famille a émigré en France, fuyant la montée du nazisme. Il s'est engagé dans l'armée française en 1939 sous le nom d'André Peulevey. Après la défaite, il est devenu interprète des Allemands à la SNCF. Une parfaite couverture pour cacher son activité clandestine. Il se rend parfois à Londres pour rendre compte ou recevoir des instructions. Il est le second de Turban. Arrêté en même temps que lui, il a été déporté dans le camp alsacien du Natzweiler-Struthof puis de Dachau. Sous le nom de Peulevey, heureusement : les SS ont toujours ignoré son identité réelle. Après la guerre, il est parti vivre aux États-Unis. De là-bas, il m'a envoyé un manuscrit de sa propre histoire que j'ai conservé. Il a été publié en anglais sous le titre *Call Me André*.

Peulevey est donc mon contact privilégié. Mais, en cas d'urgence, les informations sont transmises à Londres par radio. Je reçois parfois à Rennes des lettres de ma mère. Elles me parlent de choses insignifiantes, me donnent des nouvelles de mon chat. Mais, entre les lignes, se trouvent des mots invisibles, écrits avec du jus de citron ou de l'hyposulfite de soude. Dans ma chambre, je dois chauffer doucement le papier pour que le message apparaisse.

Je file alors chez notre spécialiste, Louis Le Deuff, qui habite dans un vieil immeuble de la place Saint-Sauveur. Son métier est une parfaite couverture : il vend des radios et les dépanne ! Il approche la cinquantaine. C'est un petit « bretonneux », assez typé. Il a quatre enfants.

Récemment, à l'occasion d'une conférence, un digne vieillard est venu très ému à la rencontre de la femme âgée que je suis aujourd'hui. C'était Yves Le Deuff, le fils aîné de Louis. Il m'a raconté avec humour le ressentiment qu'il éprouvait à l'époque à mon encontre. Il avait quatorze ans. Il voulait participer au réseau. Son père s'y refusait. Il ne cessait de lui répéter qu'il était trop jeune. Yves prenait alors mon exemple pour dénoncer ce qu'il estimait une injustice. Pourquoi cette gamine et pas lui ? Au fond, j'étais à peine plus âgée.

Place Saint-Sauveur, une sage-femme habite la même adresse que Le Deuff. Des étudiants de l'université m'accompagnent parfois jusque devant la porte de l'immeuble. Ils s'étonnent de me voir entrer là, croyant que je me rends chez elle. Ces camarades ignorent bien évidemment mes activités. En 1946, j'ai ainsi reçu une lettre de l'un d'eux. J'en relis un passage :

Chère Yvette,

Je dois vous avouer que jamais je ne me suis douté de vos activités dans la Résistance. Il est vrai que je n'avais alors que dix-sept ans et ne m'occupais pas de politique. Bien souvent, je trouvais étonnant que vous alliez dans ces maisons plus ou moins sombres mais je n'y attachais aucune importance.

Un seul étudiant connaît alors mon engagement, Jean Livinec, qui était avec moi en fac de médecine. C'est un garçon de Perros-Guirec qui est engagé dans le même réseau. Il fournit notamment de précieux renseignements sur l'état des défenses sur la côte de granit rose. Nous faisons équipe lors de nos travaux pratiques. Nos camarades nous prêtent une idylle que lui et moi ne cherchons pas à démentir. Ces amours supposées secrètes sont une couverture idéale à nos véritables activités clandestines.

Je ne connaîtrai les noms de bien d'autres membres du réseau qu'au moment de notre arrestation ou à Ravensbrück. Et, pour certains comme Peulevey-Scheinmann, seulement après la guerre. Il en est ainsi de la famille Le Tac avec qui je dîne à Rennes au restaurant, au début de 1942. Ce soir-là autour de la table, se trouvent cinq personnes qui, dans moins d'un an, seront toutes arrêtées et bientôt déportées en camp de concentration. Il y a Joël et Yves Le Tac, deux frères, et sa compagne, Andrée Conte, que nous appellerons à Ravensbrück Nourson, je ne sais pourquoi. Il y a là une autre femme, Renée Louette, qui restera pour moi Rina, la camarade du block 32.

Lors de ce repas, je me doute que tous ces gens font partie du réseau mais sans en savoir plus. Là encore, je ne serai fixée que plus tard sur le rôle de chacun des convives. Les Le Tac par exemple ont une maison dans la baie de l'Aber-Wrac'h, dans le Finistère, par où circulent les documents que nous fournissons. Yvonne, la mère d'Yves et Joël, n'est pas présente ce jour-là mais est également active dans le réseau [1]. Dans les premiers jours de juin, Joël a rallié Londres. Il a été très rapidement parachuté en France où il organise les réseaux. Yvonne, son autre fils Yves, et Andrée Conte ont poursuivi le combat en Bretagne. Ils s'occupent des aviateurs abattus ou des agents comme Scheinmann qui veulent rejoindre Londres. Ils les conduisent en barque au large où les retrouve un bateau anglais.

Il y a dans les discussions du restaurant une inquiétude. L'étau se resserre autour de nous, nous le sentons bien. La police se rapproche. Georges France 31 connaît un premier coup dur quand le groupe de Jean-Baptiste Legeay est démantelé. Quinze hommes et femmes sont arrêtés, dans des souricières successives, à partir de novembre 1941. Nous les connaissons pour beaucoup. Il y a notamment Françoise Allain, celle qui m'avait offert le vin blanc aux Quatre-Vents. Leur procès se déroulera à Paris en juin

---

1. Elle sera déportée dans le même convoi que moi. Elle survivra à Ravensbrück, à Majdanek et à Auschwitz où elle sera libérée par l'Armée rouge en janvier 1945.

et juillet 1942, après mon arrestation. Six accusés, trois femmes et trois hommes, seront condamnés à mort. Après l'intervention des autorités religieuses, les Allemands promettront de les gracier. Mais les trois hommes (Jean-Baptiste Legeay, Georges Le Bonniec, André Marchais) seront finalement décapités à Cologne. Le Bonniec et Marchais seront conduits à l'échafaud en octobre 1942. Jean-Baptiste Legeay sera exécuté en février 1943, à l'âge de quarante-six ans. Selon l'aumônier allemand qui l'accompagnera vers le lieu du supplice, il criera : « Vive le Christ ! Vive la France ! » Trois autres membres du groupe, condamnés à la déportation – Jean L'Henoret, François Le Gac et Émile Tanguy –, disparaîtront dans les camps de concentration. Les autres hommes survivront.

Quant aux trois femmes condamnées à mort, elles seront épargnées. Avec quelques autres compagnes du réseau, elles seront envoyées en octobre 1942 vers l'Allemagne. Après un périple de prison en prison, elles arriveront à Ravensbrück où je les retrouverai. Je verrai mourir là-bas Marie de Saint-Laurent, Marie Cozannet et Alexandrine Tilly. Françoise Allain et Anne Leduc ont survécu et seront libérées avec moi.

Notre situation est donc précaire en cet hiver 1941-1942. Vers ce temps, nous subissons aussi les dissensions qui apparaissent entre le BCRA et l'Intelligence Service. Elles sont sans doute les conséquences des bisbilles entre de Gaulle et Churchill, dont à Rennes nous subissons ainsi le contrecoup. Il faut alors envoyer les plans par deux canaux, afin d'être certains qu'ils arrivent aux uns et aux autres. Cela multiplie évidemment les risques. Des émissaires se présentent tantôt de la part du BCRA, tantôt de la part de l'Intelligence Service, sans qu'il nous soit possible de vérifier auprès des uns ou des autres.

Le réseau doit se reconstituer, fusionner avec d'autres dont nous ne connaissons pas grand-chose. J'ai ainsi écho d'un groupe de jeunes que nous appelons entre nous « les Ibériques », sans plus d'informations sur leurs origines ou leurs activités.

À la sortie d'un cours, un de ces jeunes qui m'attendait sur le trottoir m'interpelle. Il m'explique qu'il est repéré et traqué. Il me demande de le cacher. Il a teint ses cheveux en roux. Il est tellement grimé que cela ne peut le rendre que suspect. Je l'emmène impasse Ferdinand et l'installe dans une chambre voisine de la mienne. Il y reste reclus trois jours avant de repartir. Finalement, André Lacaze sera arrêté en février 1942 et déporté. Devenu journaliste à *Paris-Match*, il écrira en 1978 *Le Tunnel*. Il y racontera ses souvenirs dans le *Kommando* de Mauthausen qui creusa dans des conditions effroyables un passage souterrain sous le col de Loibl, en Autriche.

Nous continuons ainsi de payer le tribut de la liberté. La répression s'accroît. Au début de 1942, Turban, Peulevey, les frères et les femmes Le Tac tombent dans des souricières, ainsi que Gaby Normand et Rina Louette. Nous recevons alors un avertissement de Londres. « Groupe entièrement repéré par l'ennemi, cessez tout travail. » Il s'ensuit un moment de flottement. Ma mère fait passer en retour le message suivant : « Avons depuis le début des hostilités fait le sacrifice de notre vie. Continuerons à travailler comme par le passé. » Examinée aujourd'hui à froid, cette obstination est une erreur stratégique, bien sûr, même si je pense que le réseau était largement infiltré, le dossier déjà bien épais chez l'ennemi et notre sort scellé d'avance. Mais ce message, cette volonté de continuer coûte que coûte, résume parfaitement notre état d'esprit. Moi-même, je suis prête à aller jusqu'au bout, à verser le prix du sang pour la libération des hommes, comme le Christ douloureux de ma grand-mère.

À cette époque, je me souviens m'être inscrite à une rencontre de la Jeunesse étudiante catholique. Le dernier jour, nous avons découvert l'*Hymne à la joie* dans une version où Joseph Folliet[1] avait mis des paroles sur la musique de Beethoven. L'avant-dernière strophe m'a particulièrement touchée.

> « *Joie énorme, joie terrible*
> *Du sacrifice total*
> *Toi qui domptes l'impossible*
> *Et maîtrises le fatal*
> *Joie sauvage, âpre et farouche*
> *Cavalière de la mort*
> *Nous soufflons à pleine bouche*
> *Dans l'ivoire de ton cor.* »

Je relis ces paroles et j'ai toujours une boule au fond de la gorge, comme alors, lorsque je les chantais. Soixante-dix ans après, ces mots m'évoquent toujours le sort de mes camarades arrêtés. Cette manière de lier la joie et le sacrifice, je la comprendrai et la vivrai plus encore, bientôt, en prison.

---

1. Résistant, il sera le fondateur de *Témoignage chrétien*.

Rétrospectivement, nous avons donc été imprudents mais nous étions novices dans l'action clandestine. Nous faisions œuvre de pionniers. Nous devions inventer les règles de la Résistance. Seules les communistes avaient des rudiments de savoir en ce domaine, une connaissance de la vie dans les catacombes, une organisation structurée et rodée. Ceux qui venaient comme nous d'autres horizons ont dû tout créer *ex nihilo*. Nous avons essuyé les plâtres. Les générations suivantes ont appris de nos erreurs. Elles ont été plus prudentes, plus cloisonnées, plus disciplinées. Mais, si nous étions aussi facilement prêts à tout risquer, c'est que nous savions que d'autres reprendraient le flambeau. Il y avait, chevillée en nous, chevillée en moi, la certitude que la lutte contre le nazisme et son armée d'occupation continuerait. Même si nous tombions, des hommes et des femmes prendraient notre place. Cela a été le cas. Le réseau Buckmaster a repris nos activités, à partir de 1943, avant d'être à son tour démantelé par les Allemands. D'autres sont venus ensuite.

De nouvelles têtes ne cessent ainsi d'apparaître, dont nous ne savons rien ou si peu. À Rennes, dès l'automne 1941, j'ai été contactée par un certain « Robert » (je n'ai jamais connu son vrai nom), un contact des gaullistes, alors que notre réseau relevait plutôt des Anglais. C'est un homme élégant, assez fort. C'est à lui que je dois d'avoir mangé pour la première fois des huîtres, dans un restaurant. La seule vue de leurs coquilles suffisait jusque-là à me soulever le cœur. Il les a commandées pour moi au serveur. Je n'ai pas osé le prévenir de mon aversion. Mais ma mine dépitée quand arrivent les coquillages l'alerte. Il m'apprend à surmonter mon dégoût. Je gobe la chair. J'en apprécie finalement le goût.

Au printemps, je me rends chez Le Deuff. Il m'ouvre la porte. Derrière lui, se trouve un petit homme que je ne connais pas. Sur le palier, Louis me fait signe de me taire. Il attend que son visiteur parte. Il m'explique que cet homme se fait appeler Georges.

— Il n'est pas sûr, me glisse-t-il.

Louis Le Deuff a-t-il des informations ou simplement un pressentiment ? Est-il inquiet de la vague d'arrestations en cours ? Se sent-il lui-même brûlé ? Il m'emmène dans le parc du Thabor, un grand jardin situé au cœur de la ville de Rennes. Il me désigne un massif de rhododendrons, m'explique que des armes sont enterrées dessous. Il déchire un billet de banque et m'en donne la moitié. Il remettra l'autre à une tierce personne que je ne connais pas. En reliant ces deux morceaux, nous pourrons établir la connexion sans lui.

À peine quelques jours plus tard, alors que je me rends place Saint-Sauveur, sa femme m'intercepte dans l'escalier.

— Filez vite, mon mari a été arrêté.

Je fais alors demi-tour et m'enfuis à vélo, un peu secouée de cette nouvelle.

Je reçois à quelque temps de là la visite d'un homme, impasse Ferdinand. Il se présente comme Roger Martin et le nouveau contact de Londres. Il a une trentaine d'années. Il est joyeux, affable. Il m'explique avoir déjà rencontré les principaux responsables du réseau, dont ma mère. Il me glisse également qu'il est un ami de Georges. Je lui fais alors part des réserves qu'avait émises Louis Le Deuff sur ce personnage. Roger Martin me rassure. « Georges est un type très sûr. »

Je me méfie tout de même. Ma mère aussi. Elle confie à Roger Martin des informations sur une base allemande. Quelques jours plus tard, elle est bombardée par la Royal Air Force. C'est donc que ce type est droit. Sidonie le reçoit sur la côte où il rencontre nos agents. Il vient même se reposer à Bréhat.

Roger Martin revient plusieurs fois chez moi afin de rechercher des plans. Après quelque temps, il me parle des armes du Thabor. Il insiste pour que je l'y conduise. Je refuse mais il se fait persuasif. « Ma petite, ceci est d'une extrême importance pour le réseau. Faites-le pour votre pays. » Je le mène sur place. Mais les armes ne sont plus là. Je reçois encore sa visite, en compagnie de Georges et d'un troisième homme qui se fait appeler Robert ou Bob. Je l'interroge sur sa pointe d'accent. Il me dit être un Canadien travaillant pour l'Intelligence Service.

Fin avril, ma mère et moi partons à Paris, afin de rencontrer des responsables du réseau. L'entrevue a lieu dans une chambre d'hôtel avec des hommes de style anglais, assez chics, qui se présentent comme des agents envoyés de Londres par de Gaulle. Ils nous parlent de nos activités. Nous leur remettons des plans. Nous ne nous rendons pas compte que le nœud coulant se resserre autour de notre cou [1].

---

1. Je saurai après la guerre à quel point notre réseau avait été gangrené par les agents doubles de l'Abwehr. Georges s'appelle Georges Kraft (abattu par la Résistance après la guerre). Roger

La bande à Sidonie

Le vendredi 22 mai au matin, je me suis levée tôt pour bûcher en prévision des examens. Ma logeuse et sa famille sont en visite chez des amis. Je suis seule à la maison, plongée dans mes livres. J'entends du bruit en bas de chez moi. Je regarde par la fenêtre et je vois une voiture noire, garée à l'entrée de la rue du Vieux-Pont-de-Nantes et barrant l'impasse Ferdinand. Je comprends immédiatement. On sonne à la porte d'entrée. J'ouvre. Deux Allemands entrent.

— Mademoiselle, vous êtes arrêtée.

— Pourquoi ?

— Vous ne le savez que trop bien !

Je m'habille et prends une valise avec un peu de linge, tandis que les Allemands se mettent à fouiller ma chambre. Je parviens à escamoter un papier, un simple tract qui pourrait cependant être compromettant. Je pense un moment à m'enfuir mais je ne connais pas encore leurs intentions et ce qu'ils savent de moi. Ma tentative d'esquive signerait ma culpabilité.

Je suis autorisée à laisser un mot à ma logeuse. Je le griffonne à la hâte et l'abandonne sur la table de la cuisine. « Suis arrêtée. Prévenir famille, amis de la faculté. » Je verrouille la porte d'entrée. Je glisse

---

Martin s'appelait Roger Diebold, dont je reparlerai plus tard. Parmi les hommes rencontrés à Paris, l'un s'était présenté comme le capitaine Jacques. Sans doute était-ce en fait George Wiegand, un capitaine de l'Abwehr. Il y avait également Charles Ortet, exécuté par la Résistance en 1943. Figuraient également des hommes retournés comme l'agent Harold Cole. Il y en avait bien d'autres encore, dont certains n'ont jamais été identifiés…

machinalement mes clés dans la boîte aux lettres. J'ai le sentiment que je ne reviendrai pas tout de suite.

Tandis que je monte dans la voiture, je suis lucide comme jamais. Je sens qu'un mur de fer coupe ma vie en deux, que cet instant aura un avant et un après parfaitement distincts. Comme si, l'esprit aiguisé, tous mes sens en éveil, je me retrouvais dans un sas qui me mène d'un monde dans un autre.

III

« VOUS SAVEZ
CE QUI VOUS ATTEND ? »

Prison de Rennes. À l'entrée, un officier allemand me confisque mes papiers et mon argent.

Je suis conduite dans la division des femmes, poussée sans ménagement dans une cellule. La porte se referme, j'ai envie de me précipiter contre elle, de la frapper de mes poings. Je tourne, tourne, tourne. J'éprouve de la rage, sans doute celle que ressent tout être enfermé. À quoi bon s'énerver ? Je tente de me calmer. Tu y es, Yvette. En entrant en résistance, tu avais accepté l'idée qu'on te jette un jour dans un tel endroit. Il faut maintenant que tu te battes pour en sortir. Je m'assois et j'essaye de réfléchir. J'ai une partie serrée à jouer. « Vous ne le savez que trop bien », a dit l'officier qui m'a arrêtée... Mais, eux, les Allemands, que peuvent-ils bien savoir de moi ? Ils ont dû prendre en filature un de mes contacts qui les a menés jusqu'à chez moi. Comment me défendre de leurs soupçons ? Jusqu'où mentir sans me trahir ? Comment protéger les autres ? Les questions se bousculent. Je suis tendue comme une corde de violon. À chaque fois qu'une personne marche dans le couloir, je m'attends à ce qu'elle vienne me chercher pour m'interroger. Les pas s'approchent, passent devant ma porte. Rien. Pour seule visite, la gardienne qui m'apporte un repas. Elle a changé de ton : elle sait désormais que je suis une prisonnière politique. Elle me confie à voix basse que son mari est aussi gardien, qu'elle et lui n'aiment pas ça, enfermer des braves gens plutôt que des malfrats. « Triste époque », soupire-t-elle. Elle m'informe que je dois être transférée demain matin. J'avale une bouchée que je recrache. Immangeable. Je laisse là la pitance. J'ai tort. Je ne dors pas de la nuit. Comment dormir ?

À six heures, la gardienne vient me chercher. Elle me glisse un petit colis que des amis de la fac lui ont confié. De la nourriture. Ce témoignage me fait un bien fou. Dehors, on sait que je suis ici. Papa, maman, ma famille, mes amis, sont au courant. Je me sens moins abandonnée. J'arrive dans le hall de la prison et c'est le choc. Mes parents sont là, Jean Livinec aussi. Nous sommes quatorze au total. Je reconnais certains visages : Marie-Germaine Labbé, Maurice Poge... D'autres têtes me sont inconnues. Mais je devine que ce sont des membres du réseau. Les autres sont aussi consternés que moi. « Nous avons été vendus », grogne l'un d'eux.

Les hommes sont enchaînés, les femmes laissées sans entraves. Nous sommes mis dans une voiture cellulaire et conduits à la gare. Les voyageurs nous regardent arriver dans le hall. Ils s'apitoient. « Des otages », dit un homme à sa voisine. Dans le wagon, étrangement, les gardiens nous permettent de parler. Maman me donne des détails. Elle et papa ont été arrêtés dans leur maison de Bréhat, à la même heure que moi. Ma mère a fait montre d'un incroyable sang-froid. Elle a demandé à se coiffer avant de partir. L'officier allemand a galamment accepté. Elle a pris son fer à friser. À l'époque, il était d'usage de vérifier la température en chauffant un papier. Ma mère a saisi avec une fausse négligence des plans. Elle les a brûlés avec son fer porté au rouge.

Durant le trajet, mon père est peu disert. Avec ses médailles accrochées sur la veste, on dirait un ancien combattant qui s'en irait à la revue. Je le trouve bien pâle. Se doute-t-il qu'il voit pour la dernière fois ces décors de Bretagne qu'il a peints avec tant de passion ?

En fin d'après-midi, le train arrive en gare d'Angers. Nous sommes emmenés à la prison qui est entièrement sous le contrôle des militaires allemands. Nouvelles formalités, couloirs qui résonnent, une porte en bois et un numéro : 31. Le bruit de trois verrous qui se ferment. Clac ! Clac ! Clac ! Ma cellule est propre, blanchie de frais. Plafond voûté, parquet clair : plutôt qu'un cachot, on dirait l'austère chambre d'un moine. Il n'y a pas d'eau courante, bien sûr. Le lendemain, un soldat m'apporte une cuvette et un seau d'eau. Je peux enfin me laver. Je suis confinée à l'isolement, simplement autorisée à faire une brève promenade dans la cour, seule. Tandis que je tourne en rond, me cognant aux murs, j'entends une femme qui fredonne en passant dans la rue, là, juste derrière. Étrange sensation. Sa voix émane de tout près et en même temps d'un autre monde. Elle est libre. Je ne le suis plus. Un mur nous sépare mais c'est plus qu'un mur. Je l'envie. À midi, on pose devant moi un bol de soupe. J'en avale une cuillerée et je regrette déjà la pâtée que j'avais snobée à la prison de Rennes. Ce brouet est bien pire. Là encore, j'ai tort de faire la difficile. Plus tard, j'aurais fait bombance d'un tel festin. Mais que sais-je alors de ce qui m'attend plus tard ?

Je suis photographiée, de face, de profil.

La fenêtre de ma cellule est située en hauteur. Je déplace la table, je hisse dessus la chaise. Je monte sur cet échafaudage, m'agrippe des deux mains au rebord. Je vois la division voisine où des têtes sont également à la fenêtre. J'échange quelques mots avec ces voisins. L'un d'eux me dit qu'il est condamné à mort. Je découvre avec bonheur que mon père est dans une cellule en face de la mienne. Nous parlons. Il me dit avoir faim. Notre conversation est surprise. Un gardien entre et m'injurie. Il m'emmène auprès du commandant allemand de la prison, que nous surnommerons bientôt entre nous le Caïd. Ce dernier me bouscule et me conseille de garder ma salive pour les interrogatoires. Il change aussitôt mon père de place, l'éloigne de l'autre côté de la galerie. Plus tard, je parviens à communiquer avec ma mère et Bébé, en traînant dans l'escalier au moment où nous nous croisons pour la promenade. Le gardien s'en aperçoit et nous tance : « Sales Françaises, grand filou ! » Je rencontre également dans les couloirs Maurice Poge. Il est amaigri, le regard vide. Il tente un pâle sourire qui ne fait pas illusion.

Les jours passent. J'en fais le décompte dans ma tête afin de ne pas me laisser aller. Ne pas perdre pied, surtout. Aujourd'hui, le 28 mai, aujourd'hui le

« *Vous savez ce qui vous attend ?* »

29 mai, aujourd'hui le 30 mai. Le 31 marque le jour de mes dix-neuf ans. Une journée comme les autres. Je m'occupe. Je parviens à ramener de promenade une plante que je mets dans ma cellule. Je l'entretiens quotidiennement, comme le Petit Prince faisait de son unique rose. Je fabrique une croix avec le bois du dossier de ma chaise. Je l'accroche au mur et je l'agrémente de tiges d'herbes placées en gerbe. Au-dessus, je grave « Honneur et Patrie ». Le gardien voit ça, râle pour le principe et finit par sortir en disant : « *Schön ! Schön !* »

Les jours défilent. Le 16 juin, je subis mon premier interrogatoire. Le Caïd me conduit au matin dans une pièce qui se trouve dans un demi-sous-sol. Il m'installe sur une chaise puis rejoint derrière une table deux autres hommes qui sont déjà assis. L'un est un militaire, l'autre un civil habillé de noir. Je cale mes mains sous mes cuisses pour les empêcher de trembler. Le civil prend une voix onctueuse, s'exprime dans un français impeccable.

— Mademoiselle, pourquoi êtes-vous arrêtée ?

Je prends la balle au bond.

— Oui, pourquoi suis-je ici ?

Le ton change aussitôt, se fait cassant.

— Ici, c'est moi qui interroge, pas vous !

Tandis que les deux officiers restent silencieux, le civil en noir semble être l'instructeur. Il mène l'interrogatoire. Il me montre les papiers posés sur la table. Ce sont les plans que ma mère et moi avons remis à Roger Martin. Il tente une explication :

— Votre chef a été arrêté et fusillé.

Je ne crois pas à sa fable : pourquoi ne l'ont-ils pas emprisonné et interrogé comme nous ? C'est donc lui le traître.

— Mademoiselle, nous avons tout ce qu'il faut pour vous condamner, poursuit l'instructeur. Je vous ai fait venir parce que je suis humain. Si vous dites la vérité, je ferai quelque chose pour vous sauver.

L'instinct de survie décuple mes facultés intellectuelles. Je nie farouchement. Je lui dis que j'ignore ce dont il m'accuse. Se succèdent brusques accès de colère, chantages affectifs et menaces. « Votre père est innocent. Si vous parlez, nous le relâcherons. » « Vous êtes perdue, vous feriez mieux d'avouer. » « Nous sommes généreux, nous voulons vous sauver. » Cette douche écossaise dure toute la matinée.

À l'heure du déjeuner, l'interrogatoire est suspendu une heure, le temps que ces messieurs se restaurent. Il reprend dans l'après-midi, jusqu'à 17 heures. À plusieurs reprises, le ton monte si haut que je pense qu'on va en venir aux coups. Mais, chaque fois, la colère retombe et les questions reprennent. Il me bouscule quand même, me gifle. Je tiens bon. Derrière les trois hommes, juste au-dessus de leurs têtes, je vois un rayon de soleil qui passe par le soupirail. Ce n'est qu'un infime filet, qu'une pâle lumière qui éclaire à peine une petite partie de la pièce. Je m'accroche à sa clarté. Elle m'offre un précieux dérivatif. Les hommes me parlent mais je ne les entends plus. Je regarde dans leur direction mais je ne les vois plus. Je suis concentrée ailleurs, sur ce rayon qui irrigue mes pensées.

« Vous savez ce qui vous attend ? »

— Vous savez ce qui vous attend ? me demande finalement le chef de la prison.

— Pas grand-chose de bon ! dis-je.

Sur un geste de l'instructeur, le Caïd me fait sortir. Mais il ne me ramène pas vers ma cellule, non. Nous longeons des couloirs. Je redoute alors d'être conduite dans un endroit discret où l'interrogatoire se poursuivra de manière plus musclée. Je suis simplement transférée dans une autre cellule, la 27, située au bout de la division des hommes. Celle-là est sale, vieille, sent le rance. Les gardiens m'apportent mes affaires et même, touchante attention, la petite croix de bois. C'est bien la seule prévenance qu'ils ont à mon égard. Pour le reste, mes geôliers entendent briser ma volonté. Ils me mettent au pain sec et à l'eau pendant trois jours. Ils sont odieux avec moi. Ils me retirent ma table, ma chaise. Pour parler avec mes camarades par la fenêtre, je dois rouler ma paillasse et l'escalader. Mon sommier, lui, tient à peine en équilibre : un simple bâton remplace un des quatre pieds de lit. Je tombe chaque fois que je bouge en dormant. Je suis sans cesse punie, privée de nourriture. Les Allemands font preuve d'une imagination sans limites en matière de vexations. Je suis ainsi obligée de cirer le plancher avec un cul de bouteille. « Travailler jusqu'à midi, sinon pas manger », intime le Caïd. Je réplique. Il me traite d'insolente et me tire les cheveux. Il menace de m'enfermer dans une cellule sans lumière, sans nourriture, avec des rats. Je lui réponds : « Alors je mangerai les rats. » Il reste interloqué de mon aplomb, ne trouve pas de réplique. Il claque rageusement la porte.

91

Parfois, le Caïd se montre aimable, presque agréable, ce qui m'inquiète plus que tout. Il me fait des manières. Je suis la seule femme de cette division et je crois que je lui plais bien. Je ne sais s'il me drague ou s'il se moque. Il me propose un jour : « Petite promenade en ville avec moi ? » Je décline cette alléchante proposition. Les autres gardiens sont à peine mieux. Ils m'observent quand je me lave dans ma cellule. Je bouche l'œilleton avec un papier. Ils me crient dessus et arrachent le cache. Je dois attendre la nuit pour faire mes ablutions et échapper à ces voyeurs. Cela aurait pu mal se finir mais je crois que l'effronterie de cette gamine les amuse, au bout du compte.

Je joue là un jeu dangereux mais il me maintient en vie. Il me donne le sentiment d'exister. Je ne suis plus autorisée à aller en promenade. Je dérouille mon corps par des exercices de gymnastique. Quand ils regardent par l'œilleton, mes gardiens me découvrent la tête en bas, les pieds aux murs ou dans la position du poirier. Sinon, je somnole, je m'invente des histoires, je rêve à la vie du dehors.

Certaines cellules sont occupées par des soldats en uniforme allemand. Ce sont des hommes pris pour des histoires de droit commun ou parce qu'ils n'ont pas mis assez d'ardeur à se battre pour Hitler et le grand Reich. Il y a des Allemands et des « Malgré-Nous », enrôlés dans les différents pays conquis. Parfois, des condamnés à mort sont extraits de leur cellule. Certains partent dignement, d'autres pleurent, crient.

« Vous savez ce qui vous attend ? »

Un soldat prisonnier passe chaque jour dans les couloirs avec son chariot et sert la soupe aux autres détenus, par un guichet percé dans la porte. Je suis toujours au pain sec et à l'eau. Il parvient pourtant à me glisser un grand pot de miel. « Je suis Polonais de Dantzig », me dit-il. Je le remercie et cache le pot dans ma paillasse. Cet extra de nourriture me permet de reprendre des forces.

Bert, un des surveillants, se montre également humain. Il est plus âgé que les autres, baragouine le français. Il ne cache pas être là à contrecœur. Il me plaint en hochant la tête :

— C'est triste, femme en prison. Tribunal mauvais, mauvais. Mais destinée.

Un jour, Bert me ramène dans la division des femmes et me fait entrer dans une cour. Je suis officiellement privée de promenade. S'il avait été pris, je suppose que Bert aurait feint d'ignorer cette consigne. L'endroit est minuscule, surmonté d'un mirador occupé par une sentinelle qui surveille plusieurs cours. À côté, j'entends chanter une femme dont je crois deviner la voix. Je susurre : « C'est toi, Bébé ? » Elle me répond. « C'est toi, Yvette ? » La sentinelle est absente de son poste. Je me hisse sur le mur et nous parlons. Elle n'est pas encore passée à l'interrogatoire et je lui explique ce qu'ils ont contre elle. Tandis que je suis ainsi perchée, je n'ai pas vu l'ombre qui a regagné le mirador. La sentinelle descend et je m'attends au pire. La porte s'ouvre et je découvre Bert. Il me dit : « Pas avoir peur. Je pas méchant. Je surveille pour vous. Si mon collègue revient, je vous dire : attention ! »

Une autre fois, Bert vient me chercher. « Toi, douche », me dit-il. Voilà une perspective qui m'enchante. Il me reconduit dans la division des femmes. En fait de douche, le lieu se résume à un simple bac avec un récipient d'eau. Il est en principe fermé à clé mais mon bienfaiteur a laissé la porte ouverte. Je découvre que ma mère se lave à côté. Nous nous embrassons. Je trouve qu'elle a très mauvaise mine. Elle est amaigrie, vieillie. Elle est, elle aussi, privée de nourriture. Elle en souffre plus que moi. Nous discutons un peu avant que Bert ne me ramène dans ma cellule. Brave Bert ! Ton aide, les petits riens que tu m'as prodigués m'ont soulagée. Ils m'ont surtout élargi l'esprit. Moi qui avais par principe la haine de ton uniforme, j'ai constaté qu'il pouvait être une enveloppe trompeuse, qui dissimulait des caractères bien différents. Qu'es-tu devenu ? As-tu été emporté par cette guerre que tu ne voulais pas quand tant d'autres qui l'ont provoquée en ont réchappé ?

Le 1ᵉʳ juillet, je suis à nouveau interrogée. Mêmes hommes, même mise en scène, même rayon de soleil. L'instructeur me dit qu'il est inutile de nier plus longtemps : ma mère a fait des aveux. Il me montre le texte écrit en allemand et signé de sa main. Je flaire un piège. Je leur dis que cela ne vaut rien. Ma mère ne parle pas cette langue. Comment a-t-elle pu signer un texte qu'elle ne comprend pas ?

— Moi-même, j'ai signé ce texte, me dit l'instructeur, en me montrant son paraphe.

— Pour moi, ça ne veut rien dire.

— Vous me traitez de menteur, mademoiselle ?

« *Vous savez ce qui vous attend ?* »

L'instructeur s'énerve. Il me conduit dans la cellule de ma mère pour une confrontation. À ma grande surprise, elle me conseille d'avouer. Mais elle raconte ensuite une histoire abracadabrante. Je saisis alors sa stratégie. Maman sait qu'il est inutile de nier, tant les Allemands ont de preuves contre nous. Il faut désormais adopter une nouvelle méthode de défense et tenter de minimiser notre rôle. Je découvre que, derrière ses traits tirés, ses airs affaiblis, elle a gardé toute sa lucidité d'esprit et toute sa détermination. Elle essaye comme toujours de dominer les événements. Le procédé est habile mais, dans les faits, ne tiendra guère. Je découvre que l'Abwehr en sait décidément beaucoup sur moi. L'instructeur connaît ainsi mes rendez-vous au *Café de l'Europe* ou au *Café de la Paix*. Malgré mes dénégations, il y a bien trop d'éléments à charge. Roger Martin a décidément fait du bon boulot.

Je suis transférée dans la division des femmes. Cellule 72, cette fois. Je suis située au même étage que maman et Bébé, avec qui je communique par le vasistas, toujours avec la bienveillante complicité de Bert. En inspectant ma paillasse, je tombe sur des morceaux de ficelle que des prisonniers ont dû confectionner avant moi. Je les mets bout à bout et, par un mouvement de balancier d'une fenêtre à l'autre, je parviens à faire passer des messages à mes voisines.

Je traverse des moments de profonde apathie qui sont sans doute le résultat de mon affaiblissement physique. Il se dit aussi que les Allemands versent du bromure dans le café. Lors des interrogatoires, l'instructeur m'a accusée d'être une espionne. Il m'a dit et répété que je risquais la peine capitale. Mon moral s'en ressent. Au début de mon séjour, je me récitais mes leçons de physique ou d'anatomie afin de les avoir en mémoire quand je sortirais. Maintenant, je pense : à quoi bon, puisque je ne sortirai sans doute pas d'ici vivante ? Je suis parfois victime de subites crises d'angoisse, la nuit surtout, quand le sommeil refuse de venir et que je suis seule avec le silence et mes pensées. Je me terre alors sous mes couvertures, tremblotante, recroquevillée en position fœtale. Je sanglote, me mordant le poing pour que personne ne m'entende.

Je me dis que ma vie aura été brève. Qu'aurait-elle pu être dans d'autres circonstances ? Qu'aurait-elle été auprès de B. ? Un mariage, un couple, des enfants, une maison à Bréhat ou ailleurs. Je ne connaîtrai rien de tout ça. J'ai épousé la Résistance pour le meilleur et pour le pire… Alors, dans ma solitude carcérale, je m'invente des histoires romantiques. Je tente de m'imaginer la sensation d'un baiser. Je vais partir sans avoir connu l'amour. C'est là mon grand regret.

Je cherche le secours divin. Le voilà donc qui approche pour moi, le martyre du Christ, si cher à ma « Bonne ». Y a-t-il un au-delà meilleur, comme le prétend ma grand-mère ? Je vais bientôt le savoir. J'espère qu'elle ne s'est pas trompée. Je me dis que les idéaux terrestres que je n'ai pas eu le temps de goûter ici-bas, je les trouverai peut-être dans cet autre monde fait d'infini, d'absolu.

Le 16 juillet, je prépare ma valise et cire mes chaussures avec des peaux de saucisson : Bert m'a annoncé que je pars demain pour Paris où je serai jugée. Notre affaire a été seulement dégrossie à Angers. Un seul d'entre nous, un gendarme de Paimpol, est libéré, faute de charges suffisantes. Le pauvre n'en aura pas fini pour autant. Quand il reviendra au pays, son élargissement paraîtra suspect. Il sera soupçonné de nous avoir donnés. S'il est dehors, c'est qu'il a forcément collaboré, non ? La population se mettra à lui tourner le dos. Pour échapper à cette vindicte, il demandera sa mutation. Il sera envoyé en Normandie où il mourra dans un bombardement en 1944 [1].

Le 17 juillet, je retrouve donc mes camarades dans la cour. Nous avons bien changé, tous. Nous sommes hirsutes, hâves. Nous avons les yeux cernés, rougis de fatigue. Nous flottons dans nos vêtements. Les hommes arborent des barbes sales. Tandis qu'on nous rassemble, un homme propose que nous chantions *la Marseillaise* en partant.

— Je ne peux pas. Je chante très faux, s'excuse ma mère, redoutant de profaner l'hymne national.

Nous sommes solidement escortés vers la gare. Il nous est interdit de parler. Sur le chemin, les gens nous regardent une nouvelle fois avec sympathie et commisération. Les plus braves esquissent un geste de complicité. Je me retrouve seule dans un compartiment, gardée par deux Feldgendarmes. Je vois défiler le paysage derrière la vitre. Le temps est magnifique, la campagne splendide. Il n'y a que la faim qui trouble

---

1. À Paris, un autre membre du réseau, Jeanne Perrot, qui cachait des aviateurs dans un ancien four à chaux, à Paimpol, sera à son tour relâchée, faute de preuves.

à cet instant mon contentement, cette maudite faim qui me suit, me tenaille, me mine. Les Allemands bâfrent sous mes yeux tandis que j'ai le ventre creux. Insupportable.

À la gare Montparnasse nous attend un camion. Il nous emmène à Fresnes où seuls descendent les hommes. Je suis à nouveau séparée de mon père. Nous échangeons un regard. Il s'éloigne, les épaules voûtées, avec sa petite valise à la main. Je ne sais pas que je le vois pour la dernière fois. Le camion nous conduit ensuite à la prison de la Santé. Un soldat nous accueille, plutôt cordial. Il nous glisse qu'il est Autrichien, nous fait comprendre qu'il n'est pas là de gaieté de cœur. Nous le plaignons... Les gardiens et gardiennes, eux, ont le goût de leur travail. Les femmes se montrent particulièrement revêches. Elles portent des blouses bleues frappées d'un aigle mais n'ont rien d'infirmières aux petits soins.

Cellule 40. Elle est infecte. Minuscule, moins de deux mètres de large. La lumière rentre à peine car le vasistas est recouvert d'un papier bleu occultant. Les murs sont tapissés de salpêtre. Une odeur de moisissure retourne le cœur. Faute d'air, règne une chaleur humide, une atmosphère d'étuve. Le mobilier se résume à un lit, une tablette de bois fixée au mur et un tabouret retenu par une chaîne. Mais mon prédécesseur a ouvert un anneau qui permet de le libérer. Je le glisse sous le vasistas. Il s'ouvre à peine et donne sur un mur.

Ce premier soir, je ne reçois qu'un morceau de pain. J'ai envie de pleurer. Mais, à la tombée de la nuit, voilà que les cellules voisines, jusque-là si calmes, s'animent de bruits, de mots et même de rires. Des voix d'hommes ou de femmes, car la prison est mixte, peuplent l'atmosphère. La présence de ces compagnes et compagnons d'infortune, la vie qu'ils transmettent ainsi, est un soulagement. Je ne suis pas seule dans ma misère. Dans la cellule juste au-dessus de la mienne, il y a un musicien qui m'appelle : « Que veux-tu que je te chante pour t'aider à t'endormir ? » Il fredonne *la Petite Musique de nuit*. Mozart, ce ténor, cette sérénade dans ce lieu sinistre, c'est un miracle. Comment t'expliquer, ami anonyme, à quel point tu as réchauffé mon âme, ce premier soir ? Les soirées suivantes seront pareillement meublées de paroles et de notes qui m'aideront à vaincre l'appréhension, comme un pépiement d'oiseaux à la fin du jour. Aujourd'hui, je ne peux entendre *Le Temps des cerises* sans être transportée à la Santé, dans ces nuits de 1942.

> *Quand nous chanterons le temps des cerises*
> *Et gai rossignol et merle moqueur*
> *Seront tous en fête…*

Combien de ceux qui chantaient cette chanson sont morts ? Combien de ces « gais rossignols », de ces « merles moqueurs » se sont tus ? Parfois, fusaient dans l'air tiède des chants de la guerre d'Espagne. Un hurlement en allemand interrompait le concert improvisé.

Je suis à nouveau à l'isolement. Façon de parler. Je découvre que je ne suis pas seule dans ma cellule. Je suis dévorée par les punaises. Je me tourne et me retourne sur ma paillasse, excédée par les démangeaisons, incapable de dormir. La gardienne m'a rendu ma valise, sérieusement expurgée. Elle m'a fait me déshabiller intégralement et a examiné longuement chacun de mes vêtements, jusqu'à la moindre couture, tandis que j'attends devant elle, nue, humiliée.

Ces premiers jours, j'essaye de communiquer avec mes voisins par le vasistas. On m'indique un moyen plus ingénieux et plus sûr : les W.-C. La cuvette sans chasse d'eau donne directement sur les égouts qui font communiquer entre elles une dizaine de cellules. Il faut d'abord vaincre le haut-le-cœur que provoque la pestilence. Ensuite, ce téléphone se révèle bien pratique. J'en apprends les règles car des espions ou des mouchards peuvent être à l'affût. Il ne faut jamais donner son nom. S'il y a un message à faire passer, il convient d'entrecouper nos conversations anodines de codes. On blablate puis on dit « cinquième lettre » (pour E), on reprend puis on énonce « douzième lettre » (pour L), etc. Mis bout à bout, cela devient un mot ou une phrase. Les conversations vont dans tous les sens, se croisent dans les tuyaux malodorants. Là, c'est un homme et une femme qui flirtent, s'échangent des mots doux, se jurent fidélité pour la vie alors que leur vie justement ne tient plus guère. Là, c'est un catholique et un communiste qui dissertent sur l'existence de Dieu. Là, c'est une jeune fille, Pierrette, encore plus jeune que moi, à qui un camarade collégien pose un problème de géométrie qu'elle tente de résoudre. Là, des mères se confient mutuellement le soin de leurs enfants au cas où elles viendraient à disparaître : l'une d'elle explique à l'autre que son fils n'aime pas les épinards. L'extrémité de la division jouxte un local où se tiennent des gardiens français. Ils mettent la TSF très fort, sans doute pour nous en faire profiter. Les prisonniers politiques au bout du couloir entendent les nouvelles qu'ils font suivre d'une cellule à l'autre. D'autres informations nous viennent de ceux qui arrivent du dehors. Malheureusement, circulent trop de « bobards », nés non d'une mauvaise intention mais seulement d'un trop grand besoin d'espérer. Une rumeur annonce ainsi en cet été 1942 que le débarquement vient d'avoir lieu sur nos côtes. Une joie immense se propage. Une poussée de fièvre joyeuse, anxieuse, l'espoir d'une libération prochaine, qui s'achèvent en cruelle déception quand nous découvrons que tout cela est faux. Pendant les quelque trois années qui vont suivre, j'aurai plus d'une fois à connaître ces hauts et ces bas, à chaque fois que se répandront de tels ragots.

Nous tenons ainsi salon à heure fixe, penchés sur la cuvette des toilettes. Tandis que nous devisons, les gardiens tentent de nous surprendre. Les plus pervers enlèvent leurs bottes, marchent en chaussettes ou en chaussons. Des prisonniers font le guet, scrutent le couloir par l'œilleton. Quand ils repèrent le stratagème, ils se mettent à siffler, à chanter des notes convenues entre nous ou lancent des avertissements : « 22, en pantoufles ! »

Une fois par jour a lieu la distribution. Chacun son tour. La porte s'ouvre, je dépose ma cruche devant moi. La gardienne remplit le récipient d'eau. La porte se referme. Mais par l'œilleton, je peux voir ma voisine d'en face quand elle est à son tour servie. C'est une belle et grande femme, avec une chevelure blonde. J'admire sa prestance, son assurance. Un jour que ma porte se trouve ouverte en même temps que la sienne, je peux la contempler plus à loisir. Nous échangeons un regard, un sourire et quelques mots avant d'être rabrouées par la gardienne. Je ne sais pas encore combien cette personne, son exemple, sa détermination compteront pour moi. Je ne connais encore que son pseudonyme de résistante : Éliane. Plus tard, je saurai son vrai nom, Marie-Claude Vaillant-Couturier. C'est une militante communiste qui est de dix ans mon aînée. Ancienne journaliste à *L'Humanité* avant la guerre, veuve de Paul Vaillant-Couturier, elle a été arrêtée en février 1942. Ses camarades Jacques Decour, Georges Politzer, Jacques Solomon et Arthur Dallidet ont été fusillés en mai, avant mon arrivée à la prison de la Santé. Au mois d'août, elle sera transférée au camp de Romainville. Je la retrouverai à Ravensbrück. Là-bas, dans les tourments du camp, je mesurerai plus encore cette force de caractère que je devine déjà.

J'ai tant d'autres modèles sous les yeux ! Ma cellule est proche de celle de ma mère, avec qui je peux discuter par le « téléphone ». En août, les autorités de la prison se rendent compte de leur erreur et décident de nous éloigner. Ils m'expédient à l'autre bout de la division, dans la cellule 10. Par le W.-C., je communique avec ma nouvelle voisine. Elle se fait appeler Marianne. De son vrai nom, elle se nomme France Bloch. Elle a vingt-neuf ans. Elle est la fille de Jean-Richard Bloch, un journaliste et intellectuel, et la compagne de Frédéric Sérazin, un métallurgiste et militant syndicaliste. Elle est communiste, comme beaucoup de ceux qui sont là. Elle appartenait au groupe de Raymond Losserand. Cette chimiste de formation préparait les explosifs qui servaient aux attentats. Elle a été arrêtée en mai 1942, comme moi. Elle est classée « terroriste » et cumule le pire : juive et communiste. Elle ne se fait aucune illusion sur ce qui l'attend. Elle me parle de « Frédo », craint également pour son sort [1]. Elle s'inquiète surtout pour le petit Roland, son fils, qui est caché. Que va-t-il devenir ? Malgré les risques, elle a besoin d'en parler. Elle évoque aussi une propriété que son père possède près de Poitiers. Des décennies plus tard, son frère me fera visiter *La Mérigote* dont France avait gardé tant de souvenirs. Je rencontrerai le petit Roland, devenu un adulte, quand sera réalisé un film sur ses parents : *France Bloch et Frédo Sérazin, un couple en résistance* [2].

En septembre, a lieu le jugement du groupe de Raymond Losserand. Tous sont extraits de leur cellule, y compris France Bloch. C'est alors que je la vois par l'œilleton de ma porte, avec son visage fin encadré d'une masse de cheveux bouclés. Le dernier soir, en rentrant dans la galerie, ils nous crient : « Nous sommes condamnés à mort. » Toute la division chante alors *la Marseillaise* [3].

---

1. Arrêté au début de la guerre, il sera assassiné par la Milice ou la Gestapo en 1944.
2. Réalisé par Marie Christiani en 2005.
3. Losserand et ses compagnons seront exécutés au stand de tir de Balard, à Issy-les-Moulineaux. La femme de Losserand, Louise, sera déportée à Ravensbrück. Je la rencontrerai dans le block des NN. Elle sera libérée en même temps que moi par la Suisse.

À Marianne, le jury a déclaré : « Nous sommes généreux, nous n'exécutons pas les femmes. » Elle me dit : « Que vont-ils faire de moi vu mon cas si grave ? J'aurais préféré être fusillée avec mes camarades. »

Un soir d'été que je ne peux dormir, la chaleur étant trop forte et les punaises trop affamées, je prends mon tabouret et me hisse jusqu'au vasistas. J'entends parler un groupe d'hommes. Ils ne prennent pas la peine de voiler leur conversation. Ils ne craignent plus les réprimandes : ils sont condamnés à mort et attendent le moment de leur exécution. Ils parlent comme si cette sentence ne changeait rien. Ils évoquent leurs projets, leurs idéaux, discutent de la vie qui continuera, avec ou sans eux. Il en est un qui se met à chanter. Il entonne un air révolution-naire, d'une voix chaude, prenante. Les paroles racontent l'espoir d'une société et d'une vie meilleures. Elles parlent de liberté. C'est là comme une dernière offrande à la cause qu'il défend. Je suis émue par ce courage, ce stoïcisme.

Régulièrement, les Allemands viennent, ouvrent telle ou telle porte, font sortir des condamnés dans le couloir. Ils les mettent en rang puis les emmènent. Nous savons ce qui les attend. Le peloton d'exécution. Alors des *Marseillaise* retentissent dans les cellules et accompagnent ceux qui partent ainsi à la mort. Les Allemands crient pour dominer les chants, ouvrent les portes de ceux qui expriment ainsi leur fraternité et les frappent à leur tour. Mais que peut leur bruta-lité quand toute une division fait ainsi bloc jusqu'à n'être plus qu'une seule âme ? Il n'y a plus de commu-nistes, de gaullistes, de croyants ou d'athées. Il y a des hommes et des femmes, unis par des liens de fraternité si forts qu'il m'est malaisé de les décrire, par crainte de les galvauder. Comment évoquer sans les distordre ces scènes à la fois effrayantes et grandioses ? Comment dire l'émotion qui nous étreint tous, en voyant partir nos compagnons ? Comment parler de l'admiration que j'éprouve pour ces hommes qui vont vers la mort la tête haute ? Pas un, je dis bien : *pas un* de ces camarades que je verrai ainsi partir vers le mont Valérien ou un autre lieu de supplice ne flanchera.

Durant les deux mois et demi que je passerai ainsi à la Santé, dans ma cellule exiguë et puante, soumise aux privations, jamais je ne sentirai plus pleinement la grandeur humaine qu'au contact de ces résistants qui font l'ultime sacrifice. Malgré les murs épais, c'est comme si j'entendais battre les cœurs, palpiter la vie dans ce qu'elle a de plus noble. Ces hommes, ces femmes viennent de toutes les régions, de tous les milieux sociaux. Des ouvriers, des intellectuels, des bourgeois. Ce sont des gens ordinaires en ce sens qu'avant la guerre, ils ne se distinguaient pas de leurs voisins. Rien ne les prédisposait plus particulièrement à faire ce qu'ils ont fait. Mais c'est comme si l'idéal qui les mène, l'offrande qu'ils ont consentie, les transcendaient, les tiraient vers le haut, les soulevaient hors d'eux-mêmes. Non, jamais ensuite dans ma vie, je ne serai aussi fière d'appartenir à l'espèce humaine que dans ces semaines-là, passées au milieu de tant de nobles figures. Dans ce voisinage à la fois de gens communs et d'êtres exceptionnels, je me sens pleinement vivante, pensante, agissante. Et d'une certaine manière libre, même cadenassée dans mon minuscule cloaque.

Quelle leçon de sagesse j'ai reçue de Jeannot, un ouvrier de dix-sept ans qui semblait avoir déjà vécu tant de choses ! Quelle leçon de bonheur j'ai reçue de Dédé, un FTP de dix-neuf ans, condamné à mort qui répétait chaque matin en se réveillant : « Encore un jour où je vois le soleil, ma vie a été belle, encore un beau jour ! Je suis heureux. Quand je partirai, surtout ne pleurez pas, il faut que la France revive dans la joie. » Un dernier matin, les Allemands sont venus le chercher. Il est parti en chantant. Tous, comment vous oublier ! Ces quelques jours que nous avons partagés continueront jusqu'au bout d'illuminer ma vie.

Les semaines, les mois passent, la monotonie des jours n'étant rompue que par les punitions. À la chaleur, succèdent les pluies d'automne et une humidité froide et pénétrante. En dehors des conversations avec Marianne, qui sont autant de moments de grâce, je ne fais que tuer l'ennui. Je chasse les punaises, traque qui a le mérite d'être sans fin. Je fais ma gymnastique. Parfois, rarement, on nous accorde un livre que je dévore trop vite. Je le relis ensuite, en essayant de prendre cette fois mon temps, d'en soupeser chaque phrase, chaque mot. La nourriture est insuffisante, la faim omniprésente, obsessionnelle. Je ne pense que mangeaille, banquets, agapes pantagruéliques. Parfois, les odeurs de la cuisine viennent jusqu'à moi et me font défaillir dans l'attente du repas. Mais la soupe qu'on nous sert n'est qu'un liquide clairet, où surnagent des morceaux dont il vaut mieux ne pas savoir la provenance. Ce brouet est accompagné d'un morceau de pain. Tout cela est bien insuffisant à me rassasier.

En face, dans la galerie, je n'ai pas de voisin. Il n'y a qu'un renfoncement et une table où les Allemands fouillent les colis et ouvrent le courrier. Je ne sais ce qui me fait le plus envie, de ces paquets qu'inspectent les gardiennes ou des lettres qui viennent du dehors. Je n'ai droit ni aux uns ni aux autres : je suis toujours à l'isolement en attendant de passer en jugement. Maman parvient cependant à faire passer un mot à grand-mère, lui donnant des nouvelles. J'ai sous les yeux ces quelques lignes écrites au crayon sur un minuscule carré de papier. Je tente de les déchiffrer. Le temps les a rendues presque illisibles. « Ne te fais pas de peine. La guerre sera finie avant l'hiver et nous serons tous réunis. Je crois que c'est le désir de tous les hommes actuellement. » Vers la fin de mon séjour à la Santé, « Bonne » arrive à me faire passer un colis de nourriture par l'intermédiaire de la Croix-Rouge. Ce sera le seul contact avec le monde extérieur durant ces longs mois.

En octobre 1942, toute la division de la Santé est transférée à Fresnes. Maman et Bébé sont avec moi dans le fourgon. Nouvelle cellule, 119 cette fois. Je découvre que je suis à nouveau à côté de Marianne. Je la croise avec bonheur dans un couloir et nous échangeons quelques mots. En décembre 1942, elle nous quitte. Elle sera traînée à Hambourg où la sentence de mort sera finalement exécutée. Le 12 février 1943, elle sera guillotinée. « Nous n'exécutons pas les femmes… » Quelle farce tragique !

Ma cellule de Fresnes est plus grande, plus propre qu'à la Santé, pourvue d'un parquet et même, luxe suprême, de l'eau courante. Mais le régime n'est guère meilleur. J'apprends à connaître Jäger, le sous-officier d'étage. Il est grand, efflanqué, porte des lunettes qui lui donnent un air de professeur égaré dans ce lieu. C'est en fait une brute qui ne fait que hurler et infliger les punitions. Un pervers, trouvant une extrême jouissance à sévir. Il y met un raffinement et une obstinaîon rares. Il peut rester tapi derrière une porte pendant une demi-heure. Si la prisonnière, n'entendant aucun bruit, se met à parler, il fait soudain irruption, triomphant, et crie : « Pas de paillasse ni de soupe pendant trois jours. » Puis il repart, à l'évidence satisfait du devoir accompli. Son sadisme a quelque raffinement. Un jour, je reçois un livre, lors d'une distribution. À peine l'ai-je entamé que Jäger rentre et me le retire. Quand il est en colère, son cou gonfle démesurément et il semble suffoquer. Il bat alors l'air avec ses bras comme s'il cherchait de l'air, à la manière d'un noyé qui tente de remonter à la surface. Parfois ses colères se retournent contre ses seconds. Elles sont à peine moins tonitruantes.

La fenêtre de ma cellule est large et laisse entrer la lumière. Mais elle est comme à la Santé couverte d'un film opaque et surmontée d'un vasistas qui seul peut s'entrebâiller. Il est interdit en revanche d'ouvrir la fenêtre. Consigne dont je m'affranchis comme chaque fois. J'essaye avec différents instruments, en vain pendant plusieurs jours. Finalement, j'aiguise une barre de fer du lit et parviens à forcer le verrou.

« *Vous savez ce qui vous attend ?* »

Je me hisse jusqu'au rebord et j'observe les grands frênes roux de la cour qui se balancent dans le vent. Sentiment d'une immense victoire. Une surveillante découvre l'infraction. Elle prévient Jäger qui entre dans une rage homérique. Je le regarde, interloquée, me demandant comment il est possible de se mettre dans de tels états. Je suis punie, bien sûr. L'atrabilaire fait clouer ma fenêtre. Je parviens à enlever les clous que je remets soigneusement dans leur trou chaque fois que je referme la fenêtre. Jäger découvre une nouvelle fois mon astuce. Nouvelle tempête, force 10. Il me menace du cachot.

— Jusqu'à quand ?

— Toujours !

— Et la fin de la guerre ?

Jäger n'apprécie guère mon insolence. Il me conduit sans ménagement dans une autre cellule, la 137. Ce n'est pas exactement un cachot mais une geôle sombre et humide dont l'étroit vasistas est scellé. Pour faire bonne mesure, il me condamne en outre à trois jours au pain sec et à l'eau.

Je communique avec une cellule qui se trouve à l'étage au-dessus, grâce à un conduit d'aération. Cette voisine parvient à me faire passer des provisions par ce chemin exigu. Jäger surprend le manège, me punit de trois nouveaux jours sans soupe et sans paillasse. Je m'en moque. Parler, parler quoi qu'il en coûte. Tout est préférable à l'isolement dans lequel je me morfonds. La solitude me pèse. C'est plus que de la solitude d'ailleurs, un sentiment d'abandon. Les privations commencent à se ressentir. Mon esprit reste aiguisé mais je sens mes forces m'abandonner. Je ne fais plus guère de gymnastique, trop épuisée pour cela.

Noël reste un moment particulièrement cruel dans ce confinement. Recluse dans mon trou à rats, je me souviens des veillées en famille, des messes de minuit à Paris et à Bréhat. Le 25, les surveillants nous font passer un colis de la Croix-Rouge. Ce ne sont que quelques biscuits, des pruneaux et des pommes. Ils ne suffisent pas à nourrir mais sont tout de même un immense réconfort moral.

La seule visite autorisée est celle d'un aumônier allemand. Son uniforme me fait d'abord reculer mais il se montre chaleureux. Comme Bert à Angers, il assume mal ce que font ses compatriotes. Il est déjà assez âgé. Il m'avoue qu'il aimerait en finir avec ce qui se déroule, toutes choses qui le rebutent et vont à l'encontre de ses convictions, de sa religion. Peu à peu, j'accepte de me livrer à lui. Un jour que je suis à bout, lasse des brimades et des restrictions, je pleure devant lui. Il baisse la tête. Il a honte. Il tente de me réconforter.

Je ne sors de prison que pour être interrogée par la Gestapo. Je le serai à trois reprises. La première fois, un panier à salade me conduit rue des Saussaies. Là, je suis enfermée de longues heures dans une minuscule cellule. Je pense à Marianne et aux autres, j'essaye de me remplir avant l'épreuve du courage qu'ils ont eu. Et s'il me torturait aussi ?

La porte de la cellule s'ouvre et un officier me fait sortir. Dans l'escalier monte une délicieuse odeur de ragoût. Trois jours que je suis au pain sec et à l'eau, une sanction, une de plus, prononcée pour avoir parlé. Je suis sur le point de défaillir.

— Mademoiselle, vous sentez votre déjeuner qui cuit ? me dit l'officier, dans un français admirable.

Je pense : « Chantage. » Il m'emmène dans la salle d'interrogatoire, à l'étage. Il me fait asseoir, sort et revient avec un bol qu'il dépose devant moi sur la table, avec une courbette déférente ou ironique.

— Excusez-moi mais je n'ai pas trouvé de nappe.

Le bol contient des lentilles fumantes. Depuis ma petite enfance, j'ai en horreur les légumes secs. En pension, mon père m'avait fait, très complaisamment, une dispense médicale, expliquant que mon estomac ne les supportait pas. L'aversion cessera de ce jour où j'engloutis le bol jusqu'au dernier grain.

L'interrogatoire peut commencer. Ils sont deux dans la pièce. L'homme qui m'a apporté les lentilles est l'instructeur. Il joue les êtres raffinés, affecte des airs de grand seigneur même. L'autre, au physique de rustaud, a des manières brutales. Sans cesse, il me reprend, me coupe. « Vous avez encore menti ! » hurle-t-il. Il se lève alors, vient vers moi et hésite à me molester puis se rassoit tandis que l'instructeur se remet à susurrer ses questions, d'une voix cordiale. Pendant des heures, je suis questionnée ainsi.

L'interrogatoire cesse vers midi. Je suis reconduite dans ma cellule individuelle. Sur le mur, je grave alors un poème appris dans mon enfance, *La Mort du loup*, de Vigny :

> *Gémir, pleurer, prier est également lâche*
> *Fais énergiquement ta longue et lourde tâche*

Résister toujours

Dans la voie où le sort a voulu t'appeler
Puis après, comme moi, souffre et meurt sans
parler[1].

L'après-midi, le feu roulant des questions reprend. Je rentre le soir à Fresnes, totalement abrutie, dans le cirage.

Je suis ramenée rue des Saussaies en février. Les agents de la Gestapo me parlent alors des armes du Thabor. Il n'en avait pas été fait mention lors des interrogatoires à Angers. Notre cher Roger Martin n'avait pas oublié de mentionner cet épisode. Je réplique au culot que c'est une histoire que j'ai inventée pour me faire valoir. Très jeune, je ne me sentais pas reconnue à ma juste valeur... Je joue les ingénues, tout en sentant comme à Angers que cette défense, même dite énergiquement, n'a que peu de poids face aux preuves accumulées. Mais je ne veux pas céder. Ne pas craquer, surtout ne pas craquer !

Je parviens à garder mon aplomb. Au fils des interrogatoires, j'ai peaufiné la technique du rayon de soleil, expérimentée à Angers. Au début de la séance, je me sors de moi-même. J'abandonne mon enve-

---

1. Jacques Delarue, ancien résistant et commissaire de police, a fait un travail d'historien sur la rue des Saussaies à l'époque de la Gestapo. Il a retrouvé le texte que j'avais gravé dans ma cellule et l'a reproduit dans une plaquette parue en 2007 (*Les Cellules de la Gestapo de Paris, 1942-1944*). Il voyait dans ce texte un signe de désespoir. Je lui ai alors expliqué en être l'auteur et qu'il n'y avait là nul désespoir, bien au contraire, mais un symbole de la dignité de l'être humain... J'ai plus tard reçu l'autorisation de visiter cette cellule que j'ai trouvée encore plus étroite qu'à l'époque.

loppe charnelle. Je suis là sans être là. Le corps qui est maltraité est le mien et en même temps celui d'une autre. Une partie de mon esprit résiste à l'assaut des questions. Une autre partie regarde comme une étrangère cette personne qui se défend. Puis, je réintègre mon corps au moment de repartir. Dans le wagon qui m'emmènera vers l'Allemagne, une militante communiste d'une cinquantaine d'années qui avait été arrêtée et interrogée plusieurs fois me décrira cette tactique.

— Tu t'es décentrée en pensant à autre chose !

Plus tard, je perfectionnerai cette manière de sortir de soi-même, de m'absenter de mon corps pour mieux supporter la souffrance qui me sera infligée. À Ravensbrück, à l'appel du matin, tandis qu'on nous obligeait à rester immobiles dans le froid, le vent nous mordant le corps plus férocement encore que ne le feront les chiens des gardiens, je regarderais la Grande Ourse. Je détournerais mes pensées vers cette constellation. J'imaginerais un chariot avec des chevaux blancs et des grelots qui m'emporterait loin de là. Dans d'autres circonstances, j'inventerais ainsi à l'envi des situations pour oublier mon état.

Durant les interrogatoires, je me dédouble ainsi. Je suis à la fois le spectateur et l'acteur, le sujet et l'objet. *Idem* durant ma détention en prison. Si j'ai pu retenir autant de détails de ma vie carcérale, jusqu'au numéro des cellules, c'est qu'une moitié de moi notait ce que vivait l'autre. Dans ma carrière universitaire, une école théorisera cette apparente dichotomie : le témoin chercheur. En prison et plus encore dans les camps, cette capacité à transformer en matière à étudier, les situations dans lesquelles je me suis retrouvée plongée à mon corps défendant créera une distance salvatrice.

Rue des Saussaies, face à la Gestapo, j'utilise cette échappatoire. Je ne saurai jamais si ce subterfuge intellectuel aurait résisté à la torture, à un corps soumis aux pires sévices. Je n'ai pas expérimenté cette extrémité. À Angers, j'avais été bousculée. Rue des Saussaies, les interrogatoires sont « corrects ».

— Vous nous considérez comme des brutes, nous les Allemands, mais vous ne nous connaissez pas, me dit l'instructeur. Nous sommes des gens civilisés.

Pourtant, c'est bien un Allemand comme lui, ce collègue qui me hurle des insanités au visage et fait mine de lever la main sur moi. Pourtant, ce sont bien des corps qu'on malmène, ce sont bien des hommes qu'on massacre, que j'entends crier quelque part, ailleurs dans l'immeuble. Dans le panier à salade qui nous ramène à la prison, je découvre un franc-tireur de Rennes. Pendant plusieurs heures, il a reçu des seaux d'eau glacée, puis a été roué de coups avec un nerf de bœuf.

Lors de mon deuxième interrogatoire, rue des Saussaies, je suis confrontée à ma mère. Ce face-à-face, est-ce une manière de mettre la pression sur elle, puisqu'elle en sait bien plus que moi ? Est-ce un moyen de la faire culpabiliser d'avoir ainsi mené sa fille au bord de l'abîme ? Je suis également mise en présence de Marie-Germaine Labbé.

Dans les couloirs, je croise un miroir. J'y découvre une étrangère.

Mon dernier interrogatoire prend un tour surréaliste. L'instructeur vient me chercher à la prison dans son auto, conduite par un chauffeur. Il me tient la porte, me fait monter à côté de lui à l'arrière, avec une autre prisonnière que je ne connais pas. La voiture traverse Paris que je vois défiler par la vitre. Durant le trajet, l'officier me parle amicalement, étale ses connaissances sur la capitale, me parle des lieux que nous traversons. J'en retire la certitude qu'il est déjà venu dans cette ville avant la guerre. Les Allemands ont ainsi formé dès les années trente dans les Jeunesses hitlériennes une génération chargée de gérer les territoires conquis, d'en apprendre la langue et les usages [1]. L'instructeur est de ceux-là.

En chemin, il me parle de mon père. « Quel dommage, un grand soldat comme lui. » Je vois bien qu'il essaye à nouveau de me soumettre à un chantage sentimental. Il s'essaye même à quelque chose qui ressemble à une cour. Il tente aussi de m'endoctriner, m'abreuve d'idéologie nazie. Il me reparle de mes rendez-vous au *Café de l'Europe* et au *Café de la Paix*, à Rennes. La paix, l'Europe, c'est justement ce que l'Allemagne veut construire, me dit-il. « Mademoiselle, nous sommes en train de bâtir une Europe nouvelle dans laquelle vous auriez un rôle important à jouer, vous savez. Pourquoi ne voulez-vous pas faire cette Europe avec nous ? » Il fustige l'Angleterre, aux mains des banquiers juifs. Il peste contre l'URSS, ce pays de communistes sanguinaires. Seule l'Allemagne peut nous défendre, nous les Français, de ces périls. Hitler est le messie qui nous protège. Il tente de me

---

1. Nombre de travaux historiques témoignent de cette formation dans la Hitlerjugend.

faire partager sa foi dans le nazisme. Je ne me laisse pas amadouer. J'admire sa persévérance mais leur Europe nazifiée ne me dit toujours rien. Je décline l'offre. Je crois l'avoir déçu.

Nous arrivons rue des Saussaies. Du même ton suave, mon instructeur m'apprend alors que notre procès a déjà eu lieu. Compte tenu du grand nombre d'accusés, nous n'avons pas été convoqués. Nous n'avions pas de défenseur non plus, il va sans dire. On a simplement cité nos noms, suivis de la sanction.

— Mademoiselle, considérez-vous comme condamnée à mort, me dit l'instructeur. Mais, comme nous n'exécutons pas les femmes, vous allez être envoyée en Allemagne, aux travaux forcés.

Les treize autres membres du réseau, arrêtés en même temps que moi, ont reçu la même sentence, une condamnation à mort transformée en déportation [1].

Envoyée en Allemagne... Que peut recouvrir cette condamnation ? J'imagine me retrouver en prison là-bas, dans des conditions peu reluisantes. Mais au moins, je suis encore en vie. « Nous n'exécutons pas les femmes », s'est à son tour vanté mon instructeur. Je mesurerai pleinement par la suite ce que cet apparent humanisme avait d'hypocrite. Parfois, à Ravensbrück, confrontée à l'ignominie du camp, déshumanisée, promise au bout du compte à une mort lente et indigne, j'envierai comme France Bloch le sort de ceux qui sont partis directement vers le peloton d'exécution.

---

1. Les trois femmes seront envoyées à Ravensbrück, les onze hommes à Natzweiler-Struthof, sauf Jean Livinec qui se retrouvera à Mauthausen et mon père à Buchenwald.

Même là, ils étaient encore des êtres humains, considérés comme tels par leurs bourreaux. En prison, nous étions pour les nazis des ennemis à combattre, à annihiler, donc d'une certaine manière nous restions des hommes et des femmes qui pensent. Qui pensent *contre* eux mais qui pensent *comme* eux. Quand mon instructeur essayait de me convaincre de la justesse de sa cause, il me considérait comme une jeune fille qu'il fallait retourner. Bientôt, « envoyée en Allemagne », jetée en fait dans l'abomination des camps, je perdrai cette humanité pour n'être plus qu'un objet sans valeur.

Dans l'intervalle de ces interrogatoires, notre situation s'est améliorée à Fresnes. Je peux enfin recevoir des colis. Dans les premiers temps, ils sont systématiquement pillés lors des fouilles. La nourriture notamment est confisquée. Puis, ils m'arrivent ensuite plus régulièrement. Je reçois du linge propre, des vêtements chauds. Bonheur de pouvoir se changer ! Les extras alimentaires que me fait parvenir « Bonne » me requinquent.

Je suis à nouveau changée de cellule. La 333. La porte s'ouvre et je découvre à l'intérieur ma mère et Bébé. Quelle joie de nous retrouver ! Nous allons partager notre détention, même si nous sommes à l'étroit dans cette cellule individuelle ! Cette promiscuité est un bonheur après ces mois d'isolement. Nous parlons, parlons, parlons, bavardons sans fin.

Notre fenêtre donne sur le bâtiment des hommes. Je découvre que nous sommes en face de la cellule d'André Bidaux. C'est un cousin avec qui nous sommes très liés. Il est prêtre en Normandie. Avant la guerre, nous lui rendions régulièrement visite, chez lui, dans l'Orne. Nous lui avions ensuite caché nos activités dans la Résistance. Il nous avait dissimulé les siennes... Il nous donne des nouvelles de papa. Il se veut rassurant mais je reste inquiète. Avec sa santé précaire, comment peut-il avoir résisté à ce que nous avons traversé ? Nous avons également des nouvelles que nous fait passer l'aumônier allemand. Nous apprenons bientôt que papa a quitté Fresnes. Il est transféré vers le camp de Compiègne.

Avec la fin de l'isolement, nous pouvons désormais correspondre avec ma grand-mère. Nous lui disons ce dont nous avons besoin. Elle transmet notre demande à nos amis parisiens, le professeur Toupet, mon parrain, ou Suzanne Lainé, une amie d'enfance de ma mère, devenue la marraine d'Annie. Malgré les restrictions, nos bienfaiteurs se démènent pour remplir les colis de linge et de nourriture. Nous pouvons également faire laver nos vêtements qui nous sont rendus propres.

Désormais, il nous est possible de correspondre régulièrement. Si les lettres que nous avons reçues en prison ont bien sûr disparu, j'ai retrouvé dans les affaires de ma grand-mère celles que nous lui avions à l'époque envoyées. Le papier est jauni, rendu friable par les années. Mais leur contenu est intact dans sa fraîcheur. Je le livre ici tel quel.

Mercredi 27 janvier 1943

Ma chère Nonna,

Je peux maintenant écrire et recevoir des lettres. Essaye tous les quinze jours. Je vais très bien et j'ai bon moral. Ne te fais donc pas de chagrin pour moi. Je te remercie pour tous les bons colis qui m'arrivent bien. Remercie aussi Mlle Hoffmann [mon professeur d'histoire à Tréguier] de son envoi qui m'a bien touchée. J'ai reçu tes bons vœux et je suis contente que Paul [le mari de Nellie] ait une situation. Envoie-moi une autre jupe, trois mouchoirs, mes souliers à semelles de crêpe, des petits peignes pour attacher mes cheveux. Retourne-moi ma veste une fois propre. Je m'ennuie de te savoir toute seule. Promets-moi d'être bien courageuse, toujours, et de ne pas t'inquiéter pour moi. Mille mercis aux amis qui portent nos colis.

Je t'embrasse bien tendrement, ainsi qu'Annie et Lydia. Bien des choses à tous. Courage, confiance, espoir.

Yvette.

Mai 1943, Fresnes

Ma chère Nonna,

J'ai bien reçu ta lettre du 14 avril, ainsi que celle de Denise et celle d'Anne-Marie Caillé [une amie] qui m'ont fait bien plaisir. Il faut continuer. Maman a eu la lettre de Paul. Donne-nous encore des nouvelles de papa et de Maurice [Poge]. Dis à tous nos amis que nous ne pouvons pas leur écrire. En effet, les permissions sont très rares et je préfère te donner des nouvelles à toi directement. Pour mes chaussures, je m'étonne beaucoup que tu ne les aies pas trouvées car j'en avais une paire à Rennes et une à Bréhat dans mon armoire [Mes affaires ont en fait été pillées après mon arrestation]. Les fourrées sont beaucoup trop chaudes pour la saison. Envoie à maman la blouse de toile de couleur qu'elle avait l'été dernier et deux combinaisons. Chaque fois que cela sera possible, mets du savon. On ne nous en donne plus car nous avons droit au colis et que la famille doit en fournir, mets aussi du dentifrice en boîte et du shampoing. [...] Continue tes bonnes lettres. Bon courage et à bientôt peut-être.

Yvette.

Il y a encore cette lettre de Suzanne à ma grand-mère :

Fresnes, 17 juin 1943

Ma bonne Nonna,

Rien de toi depuis le 19 mai. Nous avons hâte de recevoir de tes nouvelles. J'ai toujours peur que tu retombes malade. Je te demande encore de ne pas rester seule à Ker Avel et de prendre quelqu'un avec toi. Attends avec toute confiance notre arrivée, certainement très prochaine. Les hommes ne peuvent continuer à supporter une vie pareille. Notre moral est excellent. Physiquement, tout va bien. Des petites choses qui clochent mais rien de grave. Toutes mes dents se déchaussent. J'ai beaucoup de peine à mâcher. Yvette a depuis neuf mois la figure enflée le matin avec des troubles oculaires. Moi aussi du reste. Il faut bien avoir quelque chose à offrir au Bon Dieu pour la victoire finale. Plus la guerre sera longue, plus la victoire sera totale. C'est la privation d'air qui est le plus pénible. Le soir, on étouffe. Le cube d'air n'est pas suffisant. J'envie les voleurs et les assassins enfermés avant nous là-dedans et qui avaient le droit de respirer à l'air. Vos colis nous font vivre. Merci mille fois à tous. Envoie radis, artichauts, carottes crues, patates cuites, fruits si possible, blouse de toile pour faire laver les miennes, espadrilles et chaussures d'été, un jeu de cartes. La jupe bleue d'Yvette va très bien. Nous tricotons

« Vous savez ce qui vous attend ? »

beaucoup pour les surveillantes, cela occupe. Nous venons de faire nos Pâques seulement car notre pauvre aumônier est surmené. Cela a été une grande joie. Donc, courage ma bonne Nonna. Ton attente ne sera plus longue.

Suzanne.

Outre ces lettres visées par la censure, nous écrivons des messages que nous cousons dans la doublure des vêtements que nous donnons à nettoyer. Du papier aurait été repéré au toucher lors des fouilles, puisque les gardiens ont l'habitude de palper les ourlets. Nous griffonnons donc sur de minuscules bouts de tissu. J'ai retrouvé quelques exemplaires de ces rubans que ma grand-mère avait conservés. Bébé, elle, communique au moyen d'une boîte munie d'un double fond. Mais elle est attrapée, changée de cellule et condamnée à une semaine au pain sec et à l'eau.

« Bonne » continue de nous donner des nouvelles de papa. Il peut également recevoir des colis. La nourriture et les médicaments lui ont permis de se remettre un peu. Il a surtout récupéré sa boîte de couleurs et des feuilles de papier. Il croque la vie du camp et fait le portrait de ses camarades. Ces derniers dessins seront malheureusement détruits. Il n'en reste que deux qu'il a donnés à des prisonniers [1].

Régulièrement, nous voyons partir des camarades vers une destination inconnue. C'est chaque fois la même émotion fraternelle. Nous obtenons également des nouvelles du dehors. Nous apprenons ainsi, de source sûre

---

1. Je les ai remis à la Fondation pour la mémoire de la déportation.

cette fois, le débarquement américain en Afrique du Nord. Cela nous remplit d'espoir. Les Alliés approchent. Se joue ce que nous croyons une course contre la montre, une histoire de semaines, de mois tout au plus. Peut-être arriveront-ils avant notre départ ?

Car nous attendons toujours ce grand saut vers l'inconnu. Plusieurs semaines se passent ainsi dans l'attente d'un train. Je suis finalement convoquée dans un bureau pour un questionnaire médical. On nous annonce notre départ pour le lendemain.

Nous recevons le matin la visite de l'aumônier allemand. Il nous bénit, nous fait promettre d'être fortes.

— Ce sera dur, dit-il, un peu gêné.

Que sait-il exactement de ce qui nous attend ? Il nous propose de nous séparer de nos objets précieux, expliquant qu'ils seront sans cela confisqués. Il promet de les envoyer à notre grand-mère. Nous avons confiance en lui. Ma mère lui remet une bague, une belle émeraude. Je lui confie la chevalière en or qui m'accompagne depuis des années. Dessus est écrite la devise des Wilborts : « Le cœur fait la force. » L'aumônier tiendra sa promesse. Nous retrouverons les bijoux chez Nonna après la guerre.

Le 26, nous sommes dix-huit femmes regroupées dans la cour. Outre Marie-Germaine Labbé, ma mère et moi, je reconnais quatre autres femmes de notre réseau qui ont été arrêtées dans la première vague en février 1942 : Yvonne Le Tac et sa bru Andrée Conte, Marie Normand, dite « Gaby », et « Rina » Louette. Nous sommes rassemblées ensuite dans une cellule. Sur la porte ont été écrites deux lettres – NN – dont nous ignorons le sens. Quelques heures d'attente et nous montons dans un car jusqu'à la gare de l'Est. S'y trouvent déjà quarante autres femmes qui étaient détenues au fort de Romainville. Nous sommes donc cinquante-huit au total à constituer ce convoi. Ce n'est pas un train avec des wagons à bestiaux mais avec des compartiments dont les fenêtres ont été soigneusement grillagées. Nous sommes surveillées par des militaires. Vers 16 heures, le train s'ébranle. Nous traversons la banlieue puis la campagne française. Je me repais de ces images, après un an de détention dans les prisons parisiennes.

J'ai retrouvé une lettre écrite par ma grand-mère. Elle m'est adressée, « division allemande, prison à Fresnes ». Elle me dit espérer notre retour prochain. Elle est datée du 27 juillet 1943, lendemain de notre départ. Le vaguemestre lui a renvoyé ce courrier : sur le pli, il est simplement écrit « N'a pu être remis ». Elle n'aura plus de nouvelles ensuite. Nous sommes parties sans laisser d'adresse.

Nous avons disparu dans la nuit et le brouillard, plutôt. NN. *Nacht und Nebel.* Les initiales sur la porte de Fresnes, je vais en apprendre le sens. Officiellement, nous sommes mises au secret, sans le droit de recevoir du courrier ni des colis. En fait, dès cet instant, nous n'existons plus, comme être social, comme être humain [1].

Le jour décline. Les paysages s'estompent lentement. Le train avance maintenant dans le noir. Où allons-nous ?

---

1. Sort appliqué à partir de décembre 1941 à ceux qui constituent « un danger pour la sécurité de l'armée allemande ». Condamnés à la déportation, ils n'avaient plus aucune existence légale.

IV

À RAVENSBRÜCK :
« ET DU SANG,
DES CRIS, DES LARMES. »

Comme tant d'autres de mes camarades, hommes et femmes revenus de déportation, j'ai trouvé une thérapie dans l'écriture. J'ai évacué sur le papier les souvenirs qui me hantaient. En 1946, un an et demi après mon rapatriement, j'ai acheté un cahier d'écolier rose. Je me suis assise à mon bureau, dans la petite chambre que je louais alors à Paris. Je l'ai ouvert à la première page et j'ai commencé à rédiger. J'ai écrit d'un trait. J'avais le sentiment de me vider de quelque chose, comme si j'avais retiré la bonde d'un lavabo. Ce n'était pas de l'encre qui se déversait sur la feuille mais une matière poisseuse qui était en moi, du sang ou du pus, je ne sais, qui s'écoulait sans fin. Il fallait que ça sorte, que j'expulse ce liquide. C'était ma main qui tenait cette plume qui galopait. Mais était-ce moi qui l'animais ? Était-ce moi, cette force intérieure qui se projetait ainsi en mots, en phrases qui se bousculaient ? Était-ce moi ou était-ce ces centaines, ces milliers de femmes qui m'accompagnaient depuis mon retour ? Il y avait derrière moi, à côté de moi, à travers moi, des ombres sans voix qui parlaient. Ma main s'animait, s'animait, jusqu'à en être engourdie de fatigue. Le stylo galopait, galopait, au point que mon écriture en devenait à peine lisible.

Je racontais l'histoire d'une jeune fille plongée dans cet « autre monde » de Ravensbrück. Même si j'avais vécu chaque fait, je créais en même temps un personnage qui était à la fois moi et une autre. J'écrivais tantôt « je », tantôt « tu ». Je me décentrais une nouvelle fois selon une technique qui m'avait si bien réussi dans le passé. J'écrivais ainsi sous je ne sais quel empire, comme une cure bienfaisante. Il ne me venait pas à l'esprit que ce texte puisse être publié un jour. Ni même lu d'ailleurs. La dernière ligne écrite, j'ai rangé mon cahier dans un tiroir. Il n'a eu longtemps qu'un seul lecteur, mon futur mari. Je lui ai confié ces pages, juste avant notre mariage, comme un témoignage de confiance, comme un acte d'amour mais également comme un devoir moral. Il fallait qu'il sache exactement qui il épousait. Par honnêteté, je devais lui présenter ces fantômes qui vivaient en moi et l'accompagneraient donc au quotidien. Il épousait Marijo mais aussi le matricule 21706. Les nazis ne l'avaient pas tatoué sur ma peau, comme ils l'ont fait à Auschwitz. Mais cela ne changeait guère à l'affaire. Il était marqué au fer rouge.

Ce témoignage, je l'ai finalement exhumé en 1998, sur les conseils de Jean-Pierre Vittori. Il était rédacteur en chef du *Patriote résistant*, le journal édité par la Fédération nationale des Déportés et Internés, Résistants et Patriotes (FNDIRP). Nous avions noué des relations amicales qui durent encore aujourd'hui. Au détour d'une conversation, je lui ai parlé de ce texte dont même mes enfants ignoraient l'existence. Il m'a convaincue de lui laisser lire le manuscrit puis a insisté pour qu'il soit publié par la Fédération, sous le titre *Toute une vie de résistance*[1].

Aujourd'hui, je ressors mon vieux cahier de 1946. Il est là devant moi, tout ventru, surchargé des feuilles que j'y ai ajoutées car ses cent pages n'avaient pas suffi à contenir mes souvenirs. Il devient mon guide, mon aide-mémoire, au moment de reprendre mon récit et de tenter de dire l'indicible.

*

27 juillet 1943.

Nous arrivons en Allemagne au petit matin. Premier arrêt à Sarrebruck où nous passons deux jours en prison. Nous sommes encore dans le monde humain, avec ses vieillards ou ses enfants aux petites couettes blondes. Mais en même temps, il y a le sentiment d'être dans un ailleurs, à un point de non-retour. Ici, tout est déjà différent, la langue, l'écriture, l'attitude des gens surtout, qui nous regardent sans commisération, quand ils daignent seulement nous regarder, comme si déjà nous n'existions plus. Nous repartons, laissons la jolie vallée rhénane et nous engageons dans une plaine morne. À Berlin, le train reste un long moment en gare. Nos gardiens attendent des consignes. Il y a une hésitation sur notre destination.

---

1. *Toute une vie de résistance*, de Marie-José Chombart de Lauwe, réédité en 2007 par la FNDIRP (disponible sur www.fndirp.asso.fr et à l'adresse fndirp@fndirp.asso.fr).

Devons-nous continuer vers la Pologne ou aller dans une autre direction ? Nous ne savons pas à quel point, dans cet aiguillage entre ce qui était sans doute Auschwitz et un autre camp, se décident pour nous tant de choses [1]. Des cris, des ordres, une agitation sur le quai. Le train repart. Les gardiens nous disent que nous sommes dirigées vers Ravensbrück [2].

Les wagons bruissent de rumeurs rassurantes ou alarmantes sur ce qui nous attend. J'essaye de me durcir, je me répète : « Je tiendrai, je tiendrai ! Ils peuvent me faire n'importe quoi, cela coulera sur moi comme l'eau sur le dos d'un canard. » Maman est encore plus forte et me persuade que nous reverrons la France. Dans le compartiment, une camarade nous apprend un chant baptisé *Les Marais* [3] :

Loin vers l'infini s'étendent
De grands prés marécageux
Pas un seul oiseau ne chante
Sur les arbres secs et creux.
Oh ! Terre de détresse,
Où nous devons sans cesse
Piocher.
Dans ce camp morne et sauvage

---

1. Marie-Claude Vaillant-Couturier et deux cent vingt-neuf autres femmes partiront, elles, vers Auschwitz en janvier 1943. Quarante-neuf seulement survivront et seront transférées à Ravensbrück, en août 1944. Quatre-vingt-sept pour cent des membres de notre convoi reviendront des camps (source : livre mémorial de la Fondation pour la mémoire de la déportation).

2. Près de Fürstenberg, à 80 kilomètres au nord de Berlin.

3. Ce chant a été créé en 1933 par les prisonniers allemands d'un des premiers camps de concentration du régime nazi.

À Ravensbrück : « Et du sang, des cris, des larmes. »

Entouré d'un mur de fer,
Il me semble vivre en cage
Au milieu d'un grand désert.
Oh !...
Bruit des pas et bruit des armes,
Sentinelles jour et nuit,
Et du sang, des cris, des larmes
Et la mort pour ceux qui fuient.
Oh !...
Mais un jour de notre vie,
Le printemps refleurira.
Liberté, liberté chérie,
Je dirais : « Tu es à moi. »
Oh ! Terre enfin libre,
Où nous pourrons revivre,
Aimer.

Nous reprenons avec elle ces paroles qui s'achèvent sur une note d'espérance qui nous est un baume au cœur. Nous arrivons dans un décor semblable à ce que décrit la chanson. Des marais asséchés, à l'herbe jaunie, d'où émergent une forêt de sapins malingres. Nous voyons également un grand lac entouré de roseaux. Notre train s'arrête dans une petite gare où nous sommes rangées par cinq sur le quai, abêties par le long voyage. Un officier SS nous accueille par des menaces en allemand que des camarades nous traduisent. « Si vous essayez de fuir, vous serez pendues, fusillées. » À ses côtés se tient une *Aufseherin* [1], une femme qui porte une veste d'uniforme, une jupe-culotte, des bottes et une cape noire. Un panier à

---

1. Auxiliaire féminine de la SS.

salade nous emmène au camp. Le premier abord est presque engageant, n'était cette lugubre porte d'entrée. Le lieu est propre. Il y a même des plates-bandes fleuries. Nous sommes conduites sur une sorte de place, d'où l'on voit plusieurs files de baraques. Tandis qu'on nous appelle une à une pour relever nos identités, nous entendons au loin des voix de femmes qui chantent un air que nous ne connaissons que trop bien : « *Heidi, Heido, Heida, ala, ala... Ah, Ah, Oh, oh...* » Nous voyons alors apparaître des détenues qui portent sur l'épaule une pelle ou une pioche, poussent une brouette ou traînent des chariots. Des *Aufseherinnen* arpentent d'avant en arrière la colonne, retenant leurs chiens. De temps en temps, elles hurlent et frappent sauvagement une femme. Les chiens se jettent instantanément au bout de leur laisse, grognant, les crocs menaçants. C'est là la plus pitoyable troupe d'êtres que l'on puisse décrire. Corps maigres, figures atones, visages sans regard, teints terreux, traits tirés. Les prisonnières sont presque toutes rasées ou la tête recouverte de quelques centimètres de cheveux qui ressemblent à du crin. Elles portent une robe de toile bleue, frappée d'un triangle de couleur et d'un numéro. Elles vont pieds nus ou chaussées d'énormes babouches à semelles de bois, appelées « pantines », que nos pieds délicats devront bientôt apprendre à supporter. Nous plaignons ces prisonnières qui n'ont plus grand-chose d'humain sans savoir que bientôt nous serons comme elles.

On nous ordonne de nous déshabiller et de déposer nos affaires en tas. Nous rentrons alors dans la douche. Nous sommes humiliées, fouillées, jusque dans nos parties intimes. Les alliances sont arrachées. C'est le premier stade de la déshumanisation. Un SS passe lentement devant nous, examine les corps nus avec un sourire narquois. On nous distribue des vêtements : une chemise, une culotte au tissu grossier, une robe bleue, une paire de pantines. Certaines de mes camarades sont rasées et deviennent méconnaissables. J'échappe au moins à cette humiliation. Plus rien ne nous distingue désormais dans notre tenue commune : nationalité, classe sociale, profession, tout cela s'efface. Nous sommes emmenées au block 11, le bâtiment de la quarantaine. En chemin, nous rencontrons des femmes qui s'épouillent, d'autres qui essuient les plaies purulentes de leurs jambes avec le bas de leur robe. Des voix nous hèlent, en français, ce qui nous réconforte un peu. Nous sommes accueillies par une Belge, Whisky [1]. Elle nous apprend les règles écrites et non écrites du camp, sa hiérarchie. La *Blockowa* ou *Blockälteste* dirigeait un block, secondée par la *Stubenälteste* ou *Stubowa* (chef de chambrée). Elles avaient des brassards verts. C'étaient souvent des droits communs, reconnaissables à leur triangle vert sur la poitrine quand les politiques portaient un triangle rouge. Les porteuses d'un brassard rouge, étaient, elles, chargées du service d'ordre. Elles se subdivisaient en *Lagerpolizei* (policières du camp) et *Anweiserinnen* (chefs de colonne de travail).

---

1. Dans le camp, nous aurons toutes des surnoms. Ma mère se faisait appeler Georgette. Quant à moi, je deviens Marijo. Dans les pages qui vont suivre, je vais essayer d'ajouter les vrais noms. Malheureusement, il en est que j'ai oubliés.

Whisky nous explique comment surveiller nos affaires car les vols sont nombreux. Elle nous apprend à nous méfier des *Blockowas*, souvent des détenues allemandes ou polonaises, qui régentent chaque block et jouent les suppôts des SS.

Créé en 1939 au milieu de marais insalubres, le camp est une petite ville close. À notre arrivée, il se compose de trente-deux baraques d'habitation, de bureaux, d'entrepôts et d'ateliers de travail. Ces ateliers se sont bientôt étendus au-delà des murs. Siemens a ainsi installé une usine mitoyenne. L'imposante porte du camp ou *Lager* ouvre sur une place (*Lagerplatz*), prolongée par une large avenue (*Lagerstrasse*) où ont lieu les appels. Là, se trouvent un grand bâtiment pour les douches et les cuisines, les bureaux du chef de la sécurité du camp et des surveillantes. Il y a également la prison dans la prison, le *Bunker*, avec ses cachots noirs, ses chambres refroidies, où l'on ne donne à manger que tous les quatre jours. Autour du camp les SS de la *Kommandantur* disposent de villas avec chacune son charmant jardin.

Le lendemain, un dimanche, le camp est puni. On nous ordonne de nous mettre en rang. « *Zu zehn* (par dix) », « *zu fünf* (par cinq) » : nous apprendrons très vite à répondre à cet ordre et saurons ce qu'il en coûte si nous tardons à le faire, des coups et des morsures. Puis nous marchons au pas autour des baraques. « *Links, links* (gauche, gauche) », en allemand, ou « *leva, leva…* », en polonais. Des milliers de prisonnières tournent ainsi en rond dans le camp pendant des heures. Les *Aufseherinnen* agonissent celles qui ne sont pas en cadence. J'ai les pieds en sang quand on nous permet enfin de rejoindre nos blocks respectifs.

Je découvre ce jour-là Dorothea Binz. Les conversations cessent quand apparaît cette *Aufseherin* qui circule à bicyclette. Elle est blonde, les traits fins, les joues rondes, presque belle, n'étaient ses yeux d'une incroyable dureté, minéraux. Je mesurerai bientôt l'étendue de sa cruauté quand elle passera à tabac une Russe, déversant sa haine sur sa victime à terre, la lynchant littéralement à coups de talon. Ces premières heures m'ont suffi pour comprendre dans quel univers j'ai basculé. On nous distribue une bande de tissu, un triangle rouge, qu'il faudra coudre sur notre robe. Je ne suis désormais plus qu'un numéro, le 21706. Je suis une *Häftling*, une détenue, mais je suis moins que cela, en fait. J'ai disparu du monde des vivants. Je suis un *Stück*, un morceau, une chose. On peut m'achever d'un claquement de doigt, brûler mon cadavre dans le four crématoire dont je vois la cheminée fumer derrière le mur d'enceinte. Personne n'en saura rien. Mais j'ai aussi la ferme volonté de résister coûte que coûte. Être vraiment le canard dont le plumage laisse glisser l'eau…

Je suis mise au travail dès le deuxième jour. Je suis d'emblée affectée à des gros travaux. Tantôt je creuse le sable dans une carrière, tantôt je transporte du mâchefer que nous étalons sur les routes. Le soir, après une journée harassante, nous reprenons le chemin du camp, épuisées. Il faut alors refaire l'appel, en rang, immobile. Nous appelons cela « poser ». Cela peut durer une heure, le temps que nos gardiens arrivent enfin au bon compte. Quelques prisonnières s'évanouissent. On les laisse à terre jusqu'à la fin de la séance, puis on les aide à regagner leurs baraques. Parfois, la journée se poursuit : nous sommes réquisitionnées pour des corvées. Il faut repartir chercher du bois que nous chargeons dans des wagonnets. Un soir, notre file lamentable est suivie par un garçon d'une dizaine d'années qui tient à la main un fusil factice. Il nous menace, nous vise, fait semblant de tirer. Il joue au SS.

Le soir, je m'écroule sur ma paillasse et tombe dans un grand trou noir dont me tire la sirène du réveil, à 3 heures 20. Nouveau lever, nouvel appel interminable et retour sur le chantier. L'époque des grosses chaleurs s'achève et, avec la pluie, les conditions deviennent plus éprouvantes encore. Nos robes sont détrempées, collent à la peau et le moindre courant d'air nous glace. Je commence à souffrir de plaies aux pieds et aux jambes. J'ai un petit abcès sous la plante qui fait de chaque appel un supplice. Je ne peux me faire bander que deux fois par semaine, et encore avec des bandes en papier. Je cueille des feuilles que nous utilisons comme pansements.

Trois semaines après notre arrivée, nous sommes conduites au block 5 qui réunit des Françaises et des Belges. Il est plus sale que le block 11 mais les détenues sont plus sympathiques. Elles nous aident à nous installer. Quelques-unes grognent quand même quand nous leur demandons de nous faire un peu de place sur les paillasses. Parmi les cinq cents prisonnières, nous retrouvons d'anciennes camarades de Fresnes, parties avant nous. Nous découvrons que nous sommes le second convoi français à Ravensbrück. Nous apprenons à nous distinguer par nos matricules, qui indiquent l'ordre d'arrivée. Nous sommes les 21000. Elles sont les 19000. Suivront les 24000, les 27000, jusqu'aux 31000. Il y a aussi parmi nous des volontaires du travail en Allemagne, qui ont été condamnées au camp pour des vols et d'autres délits dans les usines où elles s'étaient engagées. Elles portent les triangles verts des droits communs. J'apprendrai à me méfier de ces collabos à la moralité plus que douteuse. Avec le temps, je m'habituerai plus généralement à vivre avec les petites mesquineries, les jalousies, les malpropretés, l'abaissement de certaines prisonnières qui me feront parfois plus souffrir que toutes les brutalités.

Fin août, il fait déjà froid. Nos robes ne nous protègent plus. Un jour que j'ai de la fièvre, conséquence d'une angine, je m'évanouis sur mon lieu de travail et m'écroule dans une flaque. Bébé, Rina, Nourson et Marie-Thé me ramènent au block. Je suis tremblante. Whisky m'apporte une culotte immense, en coton épais, qu'elle a dénichée je ne sais comment. Je l'enfile comme un gilet, les jambes me servant de manches. Cette épaisseur supplémentaire me réchauffe, tout autant que la solidarité de celle qui me fait ce cadeau. La jeune Belge déniche également une écharpe qu'elle donne à ma mère. Étant donné son âge, maman a été affectée comme tricoteuse, avec une carte rose. Elle reste dans la baraque où elle s'occupe du partage du pain.

L'angine ne passe pas mais il me faut attendre plusieurs jours pour aller au *Revier* (l'infirmerie). Chaque block a ses jours fixes. Je suis examinée par une doctoresse tchèque, Sdenka Nedvedova, femme dont je découvrirai au fil des mois la formidable bonté. Elle inscrit le diagnostic sur un papier ainsi que la température. Je passe ensuite devant la *Schwester* (infirmière) et, sur l'avis de celle-ci, j'attends la venue du docteur SS. Il me délivre enfin la *Bettkarte* (carte de lit). Je rentre dans ma baraque avec ce précieux papier puis j'attends que la *Blockowa* me conduise au block 10, celui des malades. J'y resterai treize jours, séjour au cours duquel je n'obtiendrai que deux cachets d'aspirine. Mais je suis au chaud et je ne travaille pas. C'est déjà ça.

Dans le block 10, je côtoie l'horreur, des êtres squelettiques couverts de plaies, le corps rongé d'œdèmes, qui agonisent. Je découvre une des règles du *Revier* : il ne faut s'y rendre que lorsque votre maladie n'est pas trop grave, du moins curable. Sans quoi, vous êtes perdues. Les plus atteintes sont laissées sans soin, jusqu'à ce qu'elles meurent. Ou qu'elles partent un jour dans un « transport noir ». C'est ainsi que nous nommons les convois qui emportent les malades ou les plus faibles. Nous nous doutons bien du sort qui les attend. Nous n'apprendrons que plus tard leur destination exacte : le centre d'euthanasie de Bernburg.

Un jour de septembre, un bruit se met à circuler dans les baraques : six Polonaises du block 15 vont être exécutées. Cinq d'entre elles ont servi de cobayes, de « lapins » comme nous les appelons[1], pour des expériences médicales. Elles ont entre quinze et trente

---

1. Nous reprenions ainsi l'expression des Allemands qui les avaient baptisées les *Kaminchen*, les « petits lapins ».

ans. Pendant l'appel, habituellement, on entend des chuchotements dès que l'*Aufseherin* s'écarte. Aujourd'hui, c'est le silence. Les femmes du block 15 sont en face de nous, beaucoup pleurent en silence. La sœur d'une des fusillées est là. Les condamnées sont emmenées. Au moment où le soleil disparaît à l'horizon, on entend une violente décharge. Puis le silence se fait à nouveau tandis que la nuit commence à tout envelopper [1].

Comme c'est simple, au fond. Pourquoi pleurer ? Ne sont-elles pas plus heureuses que nous ? Une mélancolie douce, trop douce, m'attire. C'est si facile. Dormir pour de bon, pour toujours. Ne plus être réveillée par cette sirène qui vous arrache les tympans, ne plus vivre une nouvelle journée de souffrances. Mais non ! Il faut vivre et pour cela garder le désir de vivre. Il faut repousser la tentation de se laisser ainsi aller.

Chaque matin, après la sirène, il faut s'habiller, vite, faire le lit, vite. Si un seul est mal fait, tout le block est puni. Nous devons faire la queue devant les cabinets puis nous précipiter pour essayer d'avoir notre demi-quart de pseudo-café, passer ensuite au *Waschraum* pour nous laver. On n'a généralement pas le temps de tout faire quand la sirène annonce l'appel. C'est la bousculade, l'affolement. La *Blockowa* accélère le mouvement en aspergeant les retardataires ; souvent, une *Aufseherin* s'en mêle à coups de bâton. Enfin, tout le monde est dehors. Ce ne sont plus des

---

1. Les exécutions avaient lieu dans une sorte d'étroit couloir aux parois criblées de sang et de balles.

femmes, mais un grand troupeau inerte, abruti, qui se range par dix, le long de la *Lagerstrasse*. Des *Aufseherinnen* passent, repassent, comptent, recomptent jusqu'à trouver le bon nombre. Dès qu'elles s'éloignent, nous nous serrons les unes contre les autres. Nous nous frictionnons le dos, nous tapons des pieds. Enfin, c'est de nouveau la sirène. Les différentes colonnes se dirigent vers leurs lieux de travail. Des milliers de femmes défilent sous les projecteurs, dans le claquement de leurs semelles de bois. Elles passent devant le bureau où le commandant, Binz et les autres *Aufseherinnen* les scrutent. Seules restent au camp les tricoteuses et les *Verfügbar*, les « disponibles », sans affectation et donc vulnérables.

Nous sommes coupées du monde, mais parfois le « canard » du camp, ainsi que nous appelons la rumeur, nous apporte des bouffées de ce qui se passe à l'extérieur. Nous apprenons ainsi le débarquement en Italie [1]. Quelle joie cela suscite en nous ! Nous espérons que la paix sera signée avant l'hiver. Nous nous accrochons à cette idée, car il semble impossible de résister à ce que nous vivons, quand le froid descendra jusqu'à -30°, comme on nous le prédit. Un nouveau convoi arrive de France, avec des camarades de Fresnes. Elles nous confirment que le débarquement est attendu sur nos côtes pour le mois de mars 1944, au plus tard. Cela nous semble tout de même long, nous sommes déçues. Mais chaque jour qui s'achève nous rapproche de la victoire, car nous

---

1. Il débute en septembre 1943.

sommes sûres du succès des nôtres, et cela nous aide à tenir.

À l'automne, je suis affectée dans un atelier de Siemens qui jouxte le camp. Chaque matin, nous longeons le lac pour y arriver. Nous sommes placées sous l'autorité d'une « bande rouge » (chef de colonne) tchèque. C'est, dit-on, une ballerine. Elle se montre assez chic mais tremble perpétuellement devant l'*Aufseherin*. Je suis dans la baraque 5 où je travaille au réglage d'interrupteurs de radio pour l'aviation. Les baraques sont chauffées, presque trop, mais cela nous semble délicieux, car nous sommes transies.

Octobre nous apporte les premières gelées et quelques vêtements un peu plus chauds : robe à raies et jaquette, une paire de bas. Mais par une aberration administrative, une de plus, la colonne Siemens « pose » immobile tous les matins une heure de plus. Le règlement de l'atelier interdit en effet de commencer le travail avant 6 heures 30. Or le règlement du camp exige que nous soyons levées à 3 heures 20. Après de nombreuses discussions avec le commandant, Siemens finit par céder : nous entrons dans les baraques de travail à 5 heures 30.

Je suis installée entre une Polonaise dont j'ai oublié le prénom, et Maria, une Ukrainienne. La sympathie s'établit tout de suite avec cette dernière, une jeune paysanne qui m'explique être l'aînée d'une famille nombreuse. Sa maman est morte et elle la remplaçait dans le foyer. Elle m'accueille avec douceur tous les matins. On nous avait présenté les Ukrainiens comme un peuple sauvage, brutal et je découvre une personne délicate, attentionnée. Je trouve en revanche la détenue polonaise servile envers les Allemands et méprisante à notre égard. Elle soigne son rendement quand Maria et moi travaillons le plus lentement possible, car les appareils terminés iront sur des machines de guerre qui tueront les nôtres. Je suis déçue dans mon affection pour la Pologne et ce peuple de résistants, que mon grand-père posait en martyrs, dans son livre.

En catimini, je me fais les ongles avec la lime et le papier de verre qui garnissent ma boîte à outils. Je laisse vagabonder mon imagination, fuyant ce monde dans le rêve. Le moment le plus pénible se situe entre six heures et neuf heures car je tombe littéralement de sommeil. Plusieurs fois, je me suis écroulée le nez sur ma machine. Avec Maria, nous nous relayons. L'une fait le guet tandis que l'autre dort quelques minutes.

Notre contremaître, Herr Nietschker, un civil sympathique, culpabilise d'être là. Il en est tout autrement des gardiennes SS. Un jour que je travaille trop lentement, je sens naître un malaise chez mes voisines qui s'activent soudain sur leurs appareils. Je jette un coup d'œil en biais : l'*Aufseherin* est derrière moi, la figure enflée de colère. Elle m'assène sur la tête un grand coup qui m'aplatit sur la table. Elle en reste heureusement là et continue sa ronde. Je ne suis pas punie. Maria s'excuse de n'avoir pu me prévenir à temps.

Les *Aufseherinnen*, elles-mêmes, sont plus ou moins brutales. L'une d'elles se montre d'une particulière férocité. Ce ne sont que fouilles perpétuelles, avalanches de coups. Quand elle fixe un moment l'une d'entre nous, la pauvre sait qu'elle sera battue. Derrière moi, elle a choisi Ania, une petite Russe de dix-sept ans. Elle l'a saisie par les cheveux, l'a traînée au sol en lui labourant le visage de gifles et le dos de coups de bottes. Ania encaisse puis retourne à sa place sans un mot, sans une larme et se remet au travail sans aucunement accélérer. Elle a gagné. L'*Aufseherin* tente de se venger. Elle se promène au milieu de nous, pauvres affamées, en mangeant des pommes et croquant des gâteaux. Elle le fait ostensiblement, veut nous voir saliver. Nous essayons de ne pas regarder, de ne pas lui donner ce plaisir. Puis elle revient à la charge : M... reçoit une gifle parce qu'elle tuait un pou. Je suis fouillée, elle trouve un chiffon sous mon écran lumineux, mon seul et unique mouchoir qui séchait là. Elle crie victoire et, m'ayant fait mettre debout, m'administre huit à dix gifles à l'allemande. Je ne la quitte pas des yeux, comme un dompteur suit une bête, la mettant mal à l'aise. C'est une petite victoire pour moi.

Il est interdit d'aller aux W.-C. entre les heures réglementaires : 8 heures-10 heures 30, le matin, 14 heures-16 heures, l'après-midi. Or, nous sommes presque toutes atteintes de dysenterie. Nous nous tordons sur place en attendant la pause ou l'accident. C'est un supplice et une humiliation.

À 11 heures 40, nous repartons au block. Il faut attendre, dans les cris, les disputes, la pagaille, que la soupe soit servie, vite l'avaler et repartir. Maman, qui remplit la fonction de chef de table, me sert ma ration de soupe. Puis nous repartons. La fin de journée est interminable, jusqu'à ce que retentisse le *Schluss*, le cri qui met un terme au travail du soir. Au retour, il faut à nouveau supporter l'appel, l'immobilité glacée dans la nuit.

Enfin la soupe, la toilette dans le *Waschraum* glacé où l'eau fume sur la peau, l'épouillage méticuleux, l'entassement dans les lits. Nous n'espérons qu'une chose : tomber dans le trou noir de l'oubli qu'est pour nous le sommeil, sans penser à la sirène du lendemain. Son hurlement nous réveillera toutes moites et un peu plus faibles que la veille. Vie monotone, épuisante. Cette alternance de bousculade folle et d'interminable attente, cette perpétuelle terreur nous abêtissent peu à peu. Ici, il y a quatre solutions : désespoir, abrutissement, avilissement total, efforts pour se dominer, se dépasser.

Vers la mi-novembre, nouveau déménagement. Nous sommes transférées du block 5, trop encombré, vers le fond du camp et le block 27, beaucoup plus grand mais tout aussi sale. Nous grouillons de poux et une odeur d'écurie prend à la gorge chaque fois qu'on pénètre dans notre nouvelle demeure. Les vols sont fréquents. On ne peut absolument rien laisser traîner. Un jour, j'ai accroché ma culotte-pull-over à un clou, près de moi, tandis que je me lavais la figure dans les mains. Quand j'ai relevé la tête, elle avait disparu. Tous les soirs, dès la fin de l'appel, je me précipite vers mon châlit, sans cela les couvertures risquent de disparaître. Il y a des batailles quand des chapardeuses sont surprises.

Maman et moi nous relayons pour garder nos affaires, notamment nos aumônières, ces sacs de toile où nous avons serré tous les biens précieux que nous récupérons au fil du temps : un bout de savon, une brosse à dents, un peigne, un mouchoir. Ailleurs insignifiants, ces objets sont ici notre richesse. Ils ont été échangés ou dérobés – « organisés » préférons-nous dire – dans les ateliers. Ils ont également été récupérés par les « wagonneuses ». Elles s'occupent de décharger les trains qui transportent des biens issus des pillages dans l'Europe occupée. Ils sont ici triés avant d'être réexpédiés ailleurs.

Ces femmes prennent des risques insensés pour chiper ce qu'elles peuvent et le partager avec nous. Elles usent de stratagèmes pour passer les fouilles dont elles sont systématiquement l'objet avant leur retour au camp. Elles cachent leur larcin sur place puis le transportent petit à petit. Bérengère (le docteur Paulette Don Zimmet) parvient ainsi à distraire des médicaments. Elle récupère miraculeusement des ampoules de cardiozol, un tonicardiaque, qui nous seront d'un grand secours.

Les SS prennent un plaisir sadique à nous rendre la vie impossible. Le règlement est kafkaïen. Quand nous sommes arrivées dans le camp, nos épingles à cheveux ont été confisquées. Mais nous avons été aussi averties que si nos cheveux n'étaient pas soigneusement attachés, nous serions immédiatement rasées. Or, si nous les attachons avec un morceau d'étoffe sortant du *Betrieb* (l'atelier), cela devient du « sabotage ».

Nous sommes sans cesse sanctionnées, menacées du *Strafblock*, le block des punies, où nous sommes enfermées plusieurs jours, privées de nourriture. Ce sont le plus souvent des « poses » interminables, dans la nuit et le froid. Binz rôde entre les rangs et guette sa proie. Elle me surprend un jour que je glisse mes mains dans mes manches pour les réchauffer. Elle fonce sur moi, me gifle. Je la défie des yeux. Furieuse, elle me tape sur le nez avec une mallette qu'elle porte à la main. Je m'évanouis. Mon amie Charlie (Charlotte Jantet) m'aide à me relever. Une *Lager-polizei* zélée se précipite pour relever mon numéro, afin que me soit dressé un *Meldung*, un avis qui me vaudra une punition après convocation au bureau. Ces femmes sont des prisonnières comme nous mais, par crainte de sanctions ou pour gagner la confiance des SS, elles nous mènent souvent la vie dure.

Conséquence de la sous-alimentation et de l'avita-minose [1] qu'elle provoque, maman a d'énormes plaies aux jambes et se traîne avec peine. Elle est incapable de se tenir debout bien longtemps. Nous la portons lors des appels. Elle a obtenu une *Bettkarte* qui la dispense de ces longues stations. Mais je suis inquiète pour elle. Qu'adviendra-t-il si elle est trop faible ? J'ai également des plaies aux pieds et une main qui s'infecte et enfle. Un matin, je découvre une longue traînée rouge qui remonte au-dessus du poignet, vers le coude. La Polonaise qui travaille avec moi chez Siemens enveloppe ma main avec sa serviette mouillée. Elle me soigne avec dévouement. J'avais mal jugé cette fille.

L'après-midi, je suis à nouveau admise au *Revier* pour une cystite purulente qui me brûle. J'obtiens un « arrêt de travail » de trois jours, renouvelable. Il durera trois semaines. Après l'appel, je dors et cela me

---

1. Maladie liée à la carence en vitamines.

À Ravensbrück : « Et du sang, des cris, des larmes. »

semble si bon. La *Blockowa* nous interdit de rester dans la *Schlafsalle* (dortoir) mais je m'y glisse en cachette, en passant par les fenêtres. Dans ce délicieux désœuvrement, je pense plus encore à la faim. Je ne suis pas la seule à avoir cette obsession. Les tricoteuses passent la plus grande partie du temps à se raconter des recettes de cuisine. Certaines volent même la soupe de celles qui travaillent.

Notre dénuement, les conditions de vie impossibles, la fatigue, la faim aiguisent la méchanceté. On se surveille, on s'épie, on s'espionne. On en arrive vraiment à ne plus pouvoir se supporter. La voisine devient l'ennemi qui vous enlève un peu de votre place, cherche peut-être à vous voler. Notre convoi, si uni à notre arrivée, se divise en clans. Des amis se fâchent. C'est écœurant. Pire que les coups, les punitions, il y a ces vols, ces tentatives de resquille, les malpropretés venant de camarades. Il y a le mot dur d'une compagne à bout de nerfs. Le soir, quand le flot de travailleuses harassées se déverse, les chamailleries commencent. Certaines fois, le moindre heurt mène aux insultes, à des bagarres où les combattantes se griffent au sang. Quand cela dégénère par trop, les *Aufseherinnen* et les SS viennent dans le block avec leurs chiens, suscitant la panique. Un jour qu'une alerte aérienne a interdit la distribution de la soupe, la tension atteint son comble. La *Blockowa* ne parvient pas à réprimer la révolte et appelle *l'Aufseherin* qui lâche son chien. Une vieille dame est mordue. Une autre tombe et, elle aussi, est attaquée par la bête. Folles de terreur, nous nous bousculons pour fuir et nous serrons les unes contre les autres sur nos châlits, comme de petites bêtes atterrées.

Il est insupportable de nous voir abandonner ainsi notre humanité, de constater ce que nous sommes devenues, laides, couvertes de plaies, dégoulinantes de pus, égoïstes, hargneuses, haineuses. Mais il y a aussi le geste de solidarité qui rattrape tout cela. Il est d'autant plus émouvant qu'il dépasse nos limites vitales. Comment décrire ce que peuvent faire le baiser d'une camarade quand on vient d'être punie, la cuillerée de confiture dont Germaine Laguesse ou une autre se prive pour la donner à une malade, la portion que, d'un commun accord, chacun retirera de son pain pour aider un block privé de nourriture ?

Les Ukrainiennes et les Russes du block 28, nos voisines, nous témoignent de l'affection et de la solidarité. Dès notre déménagement près d'elles, elles nous ont fait fête. En notre honneur, l'une d'elles, Maroussia, a dansé avec des gestes très souples des bras, un peu féline, la tête inclinée, le visage brillant, éblouissante, son sourire transportant toute la marée d'or de ces plaines infinies, loin, très loin, au travers des murs. D'autres Ukrainiennes, en cercle autour d'elle, ont chanté un air en demi-ton, s'accompagnant en soufflant à travers un peigne. Maroussia enregistre chaque vibration, y répond de tout son être, palpitante comme un oiseau un peu effarouché. La musique cesse, Maroussia fait un petit cri, saute au cou de l'une de nous et, après bien des supplications, reprend sa danse. Tout à coup, une policière, tapie contre l'extrémité de la baraque, furieuse de notre joie, se précipite sur le groupe et frappe à l'aveugle. En quelques secondes, la place est vide.

Peu avant Noël, les SS décident de désinfecter le camp. L'opération se pratique de nuit. Vers 23 heures, nous sommes levées et nous mettons les couvertures en tas, puis nous faisons un paquet de tous nos vêtements. Deux heures durant, entassées nues les unes contre les autres, nous attendons. Puis on nous asperge de la tête aux pieds d'une sorte de pétrole huileux. On nous donne une chemise, une culotte, une robe de toile et une veste. On nous jette dehors, alors qu'il gèle. Plusieurs gémissent et supplient : « Vite, oh, vite ! » On nous conduit enfin dans une autre baraque pour la nuit. Le lendemain après-midi, contrôle des poux. On s'assied sur un tabouret et un spécialiste vérifie mèche par mèche s'il y a rien de suspect. Plusieurs y perdront ou reperdront leurs cheveux. On nous refait sortir vers 23 heures. Pendant des heures, nous attendons qu'on nous redistribue nos vêtements. Beaucoup d'entre nous grelottent de fièvre, ayant pris froid la veille. Dévorée par les plaies, une femme de mon convoi, Blanche Solsona [1] peut à peine se tenir debout. Puis nous sommes dirigées vers les douches, mais il faut à nouveau patienter à la porte. Le froid consume tout notre être. Il déchire nos os. Impossible même de remuer, tant nous sommes engourdies. Les dernières femmes sortent de la douche vers 1 heure 30 et regagnent le block 27. À 3 heures 20, nous nous relevons pour reprendre une journée de travail comme les autres. Cette désinfec-

---

1. Cette femme qui était dans mon convoi ne survivra pas.

tion est un échec. Marschall, l'*Oberschwester* (infirmière en chef), écrira dans un rapport : « Le résultat
n'est pas mauvais, les poux se portent bien et la moitié
des prisonnières en meurent. »

Noël approche. La rumeur évoque un festin : une
part de miel, des pommes de terre, du chou rouge,
du goulache. Le matin, nous allons chercher le café
vers 3 heures. Les bidons sont lourds. Mais une fois
dans la baraque, la *Blockowa* donne l'ordre de les rap-
porter à la cuisine. La veille, une punition est tombée,
nous privant de nourriture pour la journée. Motif :
nous avons souillé les alentours du block. Comment
faire autrement, la moitié de nos W.-C. est bouchée.
Il en reste cinq de disponibles pour huit cents femmes
dans les baraques de notre block. Il est impossible d'y
passer toutes avant l'appel. Il a bien fallu improviser.

Le jour de Noël se passe sans manger. Après l'appel,
à 13 heures, notre block doit en outre subir une
« pose » jusque vers 17 heures. Devant nous, sur la
place, un petit sapin a été orné de guirlandes. Une
vieille femme à côté de moi tombe de congestion et
reste étendue sur le sol, toute bleue... Les Polonaises
du block 15 nous font passer du chou, des pommes
de terre, du pain, sitôt que nous revenons dans notre
baraque. Comment oublier ce geste ?

Dans la soirée, nous nous réunissons sur les châlits
par petits groupes. Nous sommes épuisées, le ventre
à moitié vide. Mais nous chantons et échangeons des
cadeaux. Bébé m'offre, ainsi qu'à ma mère, une
chemise qu'elle a volée au *Betrieb*. Je lui donne un
oignon, que j'ai « organisé ». Je fais présent à maman
d'une petite croix qu'une camarade adroite, Charlie,

a façonnée dans un morceau de métal. Nous nous réconfortons les unes les autres : « L'année prochaine, nous serons à la maison, en famille ! Les Russes avancent ! » Maman a réussi à se procurer une petite carte et nous tentons d'évaluer où se trouve le front. Yvonne Le Tac, que nous surnommons ici Noir-Orange, a mauvais moral en ce moment. Elle pense qu'il y en aura encore pour de longs mois... Elle se fait rabrouer par maman qui lui explique les positions supposées des armées... qui ne seront vraies que dans plusieurs semaines.

Ce soir, je me suis mêlée au groupe mais à contre-cœur. J'aimerais être seule, me rouler en boule dans un coin. La mélancolie, les souffrances ne peuvent toujours être étouffées. Je suis tellement écrasée de chagrin, abrutie, anéantie que je ne peux plus parler. Cela ne finira donc jamais ? La mort ressemblerait presque à une délivrance mais je me morigène. Se laisser aller équivaudrait à une défaite, pire, à une lâcheté.

Depuis des mois, nous nous enfonçons dans un trou noir. Heureusement que les nôtres ne nous voient pas, avec ces visages morts, ces yeux vides qui ont déjà trop vu d'horreurs, ces traits durcis et cette misère indescriptible. Jamais un être libre ne comprendrait cette souffrance qu'on est pour soi-même. Sentir combien on s'abêtit, on se « machinise », on se vide peu à peu de sa vie. On ne se rend généralement pas compte de cette évolution. Par moments, nous avons cependant des accès de conscience et nous nous découvrons telles que nous sommes : des bêtes traquées, devant qui toutes les issues se ferment et qui luttent pour la vie, soit par instinct de conservation pure, soit par espoir d'en sortir, soit par fierté de ne jamais capituler. Souvent par les trois ensemble.

L'année 1944 débute sans rien apporter de nouveau, si ce n'est que le thermomètre plonge encore : -15°, bientôt -20° et -30°. On nous a distribué du papier pour correspondre avec nos familles. Deux fois déjà, notre block a écrit, fin octobre et début décembre. Nous devons rédiger nos lettres en allemand, nous dire en bonne santé et ne rien demander comme nourriture, pas même du pain, car nous aurions l'air d'avoir faim. Si nos familles les recevaient, ces lettres ne diraient rien de ce que nous vivons, si ce n'est que simplement nous vivons encore. Mais je suis persuadée que ces courriers n'arriveront jamais[1]. Nous sommes NN, donc disparues corps et esprit. Pour preuve, les matricules 19000 qui sont avec nous. Elles ne sont pas NN et reçoivent lettres et colis depuis Noël, même si elles sont victimes de pillage. Quand ma camarade Mounette (Simone Gournay) se fera envoyer une paire de chaussures, elle prendra soin de demander à ses correspondants de les envoyer un pied après l'autre, en deux colis successifs, afin qu'elles ne soient pas dérobées en route.

Notre déchéance physique est terrible. Les femmes SS se moquent de notre état, de notre saleté, nous traitent de *Schwein* (cochon). Elles nous battent mais recevoir une gifle fait désormais partie de notre quotidien. Nous ravalons notre orgueil, faisons comme si cela ne comptait pas. Nos surveillantes ne nous

---

1. De fait, ils n'arriveront jamais...

considèrent pas comme des êtres humains mais nous faisons de même avec les SS. Ces monstres ne font plus partie de notre humanité. Nous sommes deux espèces qui n'ont plus rien à voir.

Édith Duhamel, renseignée en catimini par la *Blockowa*, nous avertit de ne pas être malades en ce moment. Un « transport noir » se prépare. Que celles qui ont la carte rose des femmes âgées la fasse disparaître. Il faut que nous soyons toutes capables de travailler. Chouchou, atteinte d'une grave maladie de cœur, s'inquiète : « Je ne pourrai jamais porter les bidons, faire les corvées. » Édith la sermonne : « Il faut faire des efforts si tu veux rentrer en France. Que celles qui tiennent à leur peau fassent attention. » Rentrant du camp pour la soupe de midi, nous voyons de longues colonnes en formation, composées de femmes âgées ou de malades. C'est bien un « transport noir » qui s'annonce. De temps en temps, une prisonnière se précipite et embrasse celle qui part : une mère, une amie. Elle essaie de glisser dans la main ridée une croûte de pain pour la route. Devant le block 22, celui des Tziganes, se joue une scène déchirante. Les SS font sortir de force les femmes destinées à partir. Elles se débattent en hurlant comme des bêtes qui devinent l'abattoir. Du block 27, Chouchou et Noir-Orange, qui ont soixante ans, sont du convoi.

Nous ne pouvons retenir nos larmes en les voyant s'en aller. Très braves, elles nous font des signes d'adieu tandis que nous repartons au travail, dans un terrible silence. Dans le *Betrieb*, Herr Nietschker nous questionne. Nous lui expliquons la situation. Une *Aufseherin* l'entraîne à part et, avec beaucoup de gestes et de rires, raconte que toutes les femmes vieilles et malades se rendent dans un camp où elles ne travailleront plus. Herr Nietschker ne cache pas son trouble. Il sait ce que nous subissons. Il sait, mais se tait. Maria se tourne vers moi et, les yeux dans le lointain, me dit : « Camarades... » Elle fait un signe de croix, me regarde en ouvrant grand les mains. Je pense comme elle : plus d'espoir de les retrouver. En vérité, ce convoi ne sera pas entièrement gazé, mais très peu y survivront [1]. D'autres transports noirs seront organisés dans l'année. Il ne faudra plus s'avouer malades ou incapables de travailler.

Dans le courant du mois de février, toutes les Françaises immatriculées 21000 et 24000 [2] sont transférées au block 32. Les 19000 ne sont pas concernées. C'est donc bien un block de NN qui est organisé. Nous sont rattachées les « lapins », quelques Hollandaises et Norvégiennes. Nous sommes qualifiées de *Schwerpolitik* (« politiques » dures). Cette classification ne dit rien qui vaille. Mais au moins sommes-nous entre prisonnières politiques, sans droits communs pour nous pourrir l'atmosphère. Des groupes se forment, des amitiés se soudent, nous sommes de nouveau des femmes qui souffrent, meurent, mais dominent dans l'ensemble leurs misères. Anise Postel-Vinay et Germaine Tillion, que j'avais croisées à la Santé et à Fresnes, nous rejoignent. Les conditions de

---

1. Yvonne Le Tac (Noir-Orange) en réchappera.

2. Ces dernières avaient été en partie envoyées dans une usine d'avion Heinkel à Barth sur la Baltique où les conditions étaient très dures.

vie s'améliorent en outre. En mars, les SS suppriment l'appel du soir, non par bonté d'âme mais pour augmenter la durée de la journée de travail. Qu'importe ! C'est un soulagement de ne plus devoir subir cette immobilité débilitante !

Je me suis liée avec Diuba (Sofia Sokulska), une Polonaise qui parle un français correct. Elle est venue un jour me demander si je voulais bien lui parler de la France. Je lui décris Paris, les autres régions et surtout la Bretagne que je veux lui faire aimer. Quel plaisir d'évoquer avec elle la mer, la plage fleurant le goémon et l'iode, toutes les odeurs âpres et fortes de Bréhat ! Je lui raconte les landes violet et roux entre les masses rocheuses, la grève où j'aimais m'étendre et sentir le vent. Je pars et Diuba m'accompagne. Elle me raconte à son tour son pays aimé, qui a toujours lutté pour sa liberté. Elle chante des airs de l'insurrection. Diuba me réconcilie avec sa patrie car beaucoup de Polonaises du camp sont des filles brutales, qui se battent pour les meilleures places.

Le printemps arrive enfin. Les jours allongent et notre espoir se raffermit. C'est sûr, nous ne passerons pas un second hiver ici. La victoire est proche. Maintenant, quand le soir arrive, notre colonne rentre au camp au moment du coucher du soleil. Le ciel a des pâleurs ravissantes : lui seul est beau ici. Dans la forêt, il n'y a ni chants d'oiseau ni parfums, comme si l'endroit était sans vie. En France, à Bréhat, tout doit embaumer.

Chez Siemens, Herr Nietschker m'a changée de place et, avec les beaux jours, je peux voir le lever du soleil par la fenêtre. De grandes traînées rose pastel balayent un ciel nordique nacré comme une coquille d'ormeau. Comment dire le bien que me fait chaque matin ce spectacle ? Quelle est donc cette force que met en nous cet astre ? Ces matinées de clarté m'aident à vivre. Jamais je n'ai senti avec une telle violence notre union avec le cycle de la nature, le cycle du soleil, le cycle des saisons. La sève qui remonte dans les grands pins noirs semble me faire revivre aussi. Je sens en moi renaître la force de la vie. En voyant le soleil rougir la neige, j'ai envie de chanter. Les premières phrases musicales de *Dans les steppes de l'Asie centrale* ou bien du *Matin* de Grieg m'emportent pendant de longs instants. Et puis le soleil disparaît au-dessus du rebord du toit. Très vite, reviennent la fatigue, la monotonie des heures et une idée fixe : manger.

Je travaille désormais aux côtés d'Immegard et de Charlie, ma bonne amie au caractère si simplement gai, spirituel. Immegard est une demi-juive allemande qui me raconte son histoire. Elle aimait un soldat « aryen ». Bravant l'interdit racial, ils se sont mariés. Lui a été envoyé sur le front russe et elle dans ce camp. Immegard se passionne pour le français qu'elle apprend depuis peu avec Charlie. Je commence pour ma part à baragouiner l'allemand. Nous nous enseignons mutuellement notre langue, dès que l'*Auseherin* s'éloigne. Nous avons « organisé » du papier et un crayon, et nous égrenons de longues listes de mots à apprendre. Je m'énerve quelquefois car il nous faut souvent bien des détours pour nous comprendre. Immegard, elle, n'est jamais impatiente. Elle sait que le matin, jusqu'au lever du jour, il ne faut pas me parler car je suis encore endormie. Après la soupe et jusqu'à 15 heures, je redeviens bougonne. Elle guette le moment où je me tourne enfin vers elle et présente une figure aimable. Plus loin, il y a Katioucha, la petite Katia, une Ukrainienne de dix-huit ans, toute menue. Chaque matin, elle salue les Françaises, toute joyeuse de nous entendre répondre : « *Dobre Utro* », « bonjour » en russe.

Parfois, nous parvenons à distraire un bout de fer ou de plastique. Ils feront une croix catholique, une croix de Lorraine ou une étoile soviétique que nous offrirons en cadeau à l'une d'entre nous. Les boutons de galalithe des interrupteurs que nous montons chez Siemens, les manches de brosse à dents font également l'affaire. Ne pas se faire prendre, bien sûr. Ces présents sont infimes mais ils nous procurent un immense plaisir dans notre détresse. J'ai encore aujourd'hui certains d'entre eux, comme ce minuscule carré de tissu blanc où ont été brodés mon matricule et le triangle rouge des détenues politiques, offert pour mon anniversaire. Je fabrique une croix de Lorraine et une hermine bretonne, plus petites qu'un ongle, sculptées dans des interrupteurs. Une amie offrira à ma mère un chapelet fait avec des gaines électriques...

Pâques approche puis s'éloigne. Avril, mai... Des jours toujours semblables se succèdent. De grands convois arrivent de France et repartent presque aussitôt en *Kommandos* d'usine. Seules les NN venues des prisons se joignent à nous et l'entassement recommence. Elles nous apportent la promiscuité mais également des nouvelles. Elles sont bonnes. En France, le peuple presque entier résiste maintenant à l'occupant. Les hommes se cachent pour ne pas partir en usine en Allemagne dans le cadre du Service du travail obligatoire. Les Russes avancent à grands pas. En France, le débarquement est imminent, cette fois c'est sûr. Pendant tout le mois de mai, des bruits circulent dans le camp qui l'annoncent. Le démenti vient quelques jours après et nous mine le moral. Le temps est interminable.

Nous faisons de notre mieux pour garder figure humaine et même rester coquettes. Nous cousons des cols blancs à nos robes, ajustons les tailles. Notre premier devoir ici consiste à ne pas nous laisser aller physiquement. Ne pas s'écouter quand on se dit : « Je suis trop fatiguée pour me laver » ou « À quoi bon rester propre ? » S'entretenir coûte que coûte, acheter un savon le prix qu'il faut, quitte à se priver de nourriture. Diuba a lavé ma robe avec de la lessive « organisée » à la *Waschküche* (laverie). J'ai fait des pinces aux épaules pour l'ajuster.

Dans notre baraque, chez Siemens, est arrivée Christel, dix-sept ans, homosexuelle. En Allemagne, l'homosexualité n'est pas un délit pour les femmes. Christel est classée « asociale ». Elle était passée par ce camp de jeunesse pour y être « rééduquée ». Dans le camp, elle devient un « Julot », comme nous disons. En échange de ses bons services, elle obtient des avantages. Une robe propre, des souliers, des bas, un tablier. Elle reçoit des cadeaux qu'elle partage avec une petite cour. Beaucoup de ces pareilles obtiennent de bonnes places.

À Ravensbrück : « *Et du sang, des cris, des larmes.* »

Le printemps amène normalement une détente, un éveil de tout l'être à la tendresse, à la joie, à la beauté. J'imagine ma Bretagne où les ajoncs embaument. Mais ici, rien de tout ça. Quelques brins d'herbe seulement nous signalent le changement de saison. Nous les mangeons aussitôt pour combattre l'avitaminose. Mais, finalement, c'est presque heureux que rien ne se modifie qui puisse nous indiquer le passage du temps, qui puisse faire naître l'impatience. Il faut que nous restions lucides, bien sûr, mais si nos sens devaient trop s'éveiller et nous ouvrir les yeux sur ce que nous vivons, ce serait par trop cruel. Il faut bannir l'enthousiasme et la déprime, qui sont également délétères. Il faut s'endurcir et tenir jusqu'à notre libération.

En juin, Herr Nietschker, le contremaître civil de Siemens, attend que l'*Aufseherin* s'éloigne et nous glisse : « Le débarquement a commencé en Normandie. » Nous exultons en silence. Le soir, tout le camp est au courant. Les SS sont nerveux. Que vont-ils faire de nous, alors que leur fin approche ? Certaines essayent de refréner l'exaltation. Elles argumentent avec raison. Ce sera sans doute encore long. Mais les choses vont dans le bon sens. Raison de plus pour tenir.

J'ai de nouveau des abcès dans le dos qui deviennent des anthrax. Une camarade tchèque, Henka, tente de me soigner avec les moyens du bord. Maman me prépare de pleines gamelles d'herbes qu'elle a ramassées. Je vais au *Revier* mais tombe sur la *Schwester* Ericka qui est la plus intraitable de toutes. Elle me refuse un arrêt de travail. Quelques jours plus tard, l'*Oberschwester* puis la *Schwester* Gerda se montrent plus conciliantes. J'obtiens un *Bettkarte* et des soins qui me permettent de guérir.

Mais je ne veux plus retourner chez Siemens, fabriquer des pièces d'armement qui servent à tuer nos futurs libérateurs. Je suis prête à prendre le risque de me retrouver dans un travail de terrassement ou au *Strafblock*, le block des punies. Je travaille de plus en plus lentement. Ce « sabotage » ne tarde pas à être repéré et je suis renvoyée de l'atelier. Je me vois affecter un poste de soudeur où je mets tout autant de mauvaise volonté. Je deviens alors femme de ménage. Avec une prostituée allemande, nous lavons le sol, vidons les ordures, nettoyons les W.-C. Les tâches subalternes me conviennent. Mais je suis renvoyée d'office dans l'atelier Siemens où je dois magnétiser des téléphones. Cette « promotion » me met hors de moi.

Depuis le débarquement, les convois arrivent toujours plus nombreux. On en est aux matricules 61000 et bientôt 70000. Les Allemands vident les prisons françaises ou les lieux de détention qui se trouvent trop près du front. La population de Ravensbrück n'est pas loin de doubler. Il y a même des enfants, des petits juifs, qui errent dans le camp. Une nouvelle venue, dont le mari était à Compiègne, nous apprend que papa n'a été déporté qu'en janvier 1944. Il a gagné quelques mois de cet enfer. Cela suffira-t-il à le sauver ? Les Françaises du premier convoi de « politiques », celui de Marie-Claude Vaillant-Couturier, parti de Romainville pour les camps, reviennent d'Auschwitz. Elles sont en quarantaine. Elles avaient quitté la France à plus de deux cents, ne sont plus que cinquante survivantes [1]. Le récit des horreurs qu'elles ont vues et subies nous fait trouver notre sort presque clément. Marie-Claude est bientôt nommée au block 8 comme *Schreiberin* (secrétaire). De ce poste, elle nous rendra à toutes d'infinis services.

Je découvre dans un nouveau convoi trois Bretonnes. Leur accent réveille en moi tant de souvenirs. Quand retrouverai-je cette terre familière ! Un autre convoi nous amène Françoise Allain et Alexandrine Tilly, nos camarades du groupe de Jean-Baptiste Legeay. Émouvantes retrouvailles. Elles ont passé deux ans dans des prisons allemandes et trouvent le camp bien pire.

Dans ces nouveaux convois, nulle trace de France Bloch-Sérazin que j'aimerais tant revoir.

Cette foule chaque jour grossissante finit par me dégoûter. La promiscuité devient infernale. J'aimerais être seule pour réfléchir mais c'est ici impossible. Partout, dans chaque recoin, il y a des femmes qui discutent ou fument en catimini. J'en arriverais à souhaiter le cachot pour y trouver la tranquillité. Alors, j'essaye de m'isoler autrement. Je m'assois, la tête posée sur les genoux et je regarde l'horizon au-dessus des murs et des barbelés. Ou plutôt je tente de l'imaginer derrière la herse de sapins noirs qui bouchent le paysage. Mes pensées parviennent à franchir l'obstacle et errent à l'infini. Les discussions avec certaines camarades, comme Bébé ou Diuba, me procurent également une forme d'apaisement.

---

1. Lire note page 130.

Je me suis également liée d'amitié avec Marianne (Mila Racine). Cette résistante d'origine juive – les Allemands n'en ont rien su – faisait passer en Suisse des enfants et des adultes victimes des persécutions raciales. Elle était arrivée au camp en février 1944, avec les 27000 [1]. Son extrême bonté est bouleversante. Elle a des yeux clairs sous les sourcils noirs, un regard qui sonde les cœurs. Sa figure bienveillante est animée d'un tic de tension. Quelle force douce et rayonnante émane d'elle ! Marianne est une des femmes à l'origine des réunions que nous organisons dans notre block tous les dimanches après-midi et certains soirs de semaine. Nous sommes une quinzaine qui étudions une question, soit d'actualité, soit de philosophie, soit d'un sens général. Exemple : la responsabilité, l'honneur. Des femmes étrangères se joignent parfois à nous et nous parlent d'elles. Je me souviens ainsi d'une conférence improvisée sur leur pays par deux Yougoslaves, une petite juive serbe et une partisane de Tito. Mère Marie, une religieuse russe, nous instruira de la révolution russe et de l'âme slave.

Marianne anime la chorale. Sa voix chaude et grave soutient la basse. Denise Vernay [2] est un autre pilier de ce groupe de chant. Notre répertoire se compose

---

1. En même temps que Geneviève de Gaulle que je verrai très peu à Ravensbrück : quand Himmler découvrira la valeur de cette prisonnière, il la mettra au secret dans la prison du camp.

2. La sœur de Simone Veil avait été arrêtée pour faits de résistance. Comme pour Mila Racine, les Allemands n'ont jamais soupçonné son origine juive.

À Ravensbrück : « *Et du sang, des cris, des larmes.* »

d'airs scouts, de paroles de vie et de joie. De temps en temps, une *Lagerpolizei* se précipite et nous interrompt. Mais nous reprenons dès qu'elle tourne les talons. Lorsque la deuxième sirène, le *Lagerruhe*, annonce l'extinction des feux, nous regagnons à la hâte nos baraques. Il est vital d'entretenir ainsi nos facultés intellectuelles, de sentir notre esprit vivre quand la machine concentrationnaire veut nous broyer. Avec une camarade, je parle parfois de littérature, de poésie. Mounette et Charlie apprennent le russe et l'espagnol. Rester des êtres pensants, coûte que coûte. De ma paillasse, ces soirs d'été, je regarde la nuit tomber par la fenêtre. Le ciel se fait rose, mauve, puis bleu foncé. Je l'observe jusqu'au moment de m'endormir. Avant de fermer les yeux, je ne veux rien voir d'autre que cet éther qui symbolise la liberté. Je veux ignorer l'entassement autour de moi, toutes ces femmes qui dorment lourdement ou râlent contre les poux qui les tourmentent. Ignorer les bruits de bottes qui trouent le silence à l'extérieur.

Après de fortes chaleurs qui nous ont laissées comme enfiévrées, les jours raccourcissent à nouveau. La marche des événements se montre moins rapide que nous l'escomptions. L'année 1944 est déjà bien entamée. Une question taraude les esprits. Faudra-t-il repasser un hiver ici ? Nous espérions tant être chez nous pour Noël. Malgré notre volonté de raison garder, nous passons des espoirs les plus fous, fondés sur une rapide capitulation de l'Allemagne, à l'inquiétude extrême, devant la lenteur de l'avancée alliée [1].

---

1. In *Toute une vie de résistance,* de Marie-José Chombart de Lauwe, *op. cit.*

L'état sanitaire empire. Le camp surpeuplé ressemble de plus en plus à un vaste tas de fumier. La typhoïde, la scarlatine et d'autres maladies sévissent et emportent nos camarades. R... meurt d'une crise d'urémie. J'ai, vers la fin août, une fâcheuse cystite, grâce à laquelle j'obtiens une *Bettkarte* de dix-huit jours au block 11. Je suis dans le groupe de sœur Marie-Thérèse, une religieuse française qui essaie de nous grouper par nationalité, afin que nous puissions discuter. Je partage ma paillasse avec Mireille. Nous évoquons nos souvenirs de Bréhat. À côté, il y a Jenny (Eugénie Djendi) qui me raconte son histoire. C'est une « merlinette », du nom du général Merlin, chef des Transmissions à Londres. Elle a été formée à la radio puis parachutée en France. Elle a été arrêtée et déportée en même temps que trois autres femmes : Marie-Louise Cloarec, Suzanne Boitte-Mertzisen et Pierrette Louin. Pierrette me raconte également comment elle a été torturée. Elle était pendue nue par les bras tandis que ses deux bourreaux se délectaient. « Elle est bien faite », disait l'un. « Pour moi trop petite », répondait l'autre. Elles seront toutes les quatre tuées d'une balle dans la tête en janvier 1945 [1].

Tous les jours, maman parvient à se glisser sous les barbelés du *Revier* pour venir me voir. Elle m'apporte de la « salade Ravensbrück », faite avec la verdure disponible, et sa part de confiture qu'elle me force à

---

1. C'est ce qu'a déclaré le chef du camp lors de son procès, remarquant qu'elles avaient fait preuve d'un grand courage. In *Toute une vie de résistance,* de Marie-José Chombart de Lauwe, *op. cit.*

accepter. À mon retour au block, les wagonneuses me font cadeau d'un pull-over et d'une culotte de laine, « organisés » lors d'un déchargement.

Je refuse de continuer à travailler pour Siemens. Je profite de la pagaille qui commence à régner dans le camp, en raison de sa surpopulation. Le matin, à l'appel, je me mêle aux tricoteuses ou je me range dans une colonne de *Nachtchichte* (travailleuses de nuit) et je rentre au block me coucher. À l'appel de 12 heures 30, Kate Knoll, notre *Blockowa*, traîne sa jambe raide entre les châlits pour vérifier que personne ne tire au flanc. Plusieurs fois, elle soulève ma couverture. Je m'attends à une engueulade mais elle repose la couverture : elle me prend vraiment pour une *Nachtchichte*. Puis j'use d'un autre stratagème. Avant l'heure de l'appel de la mi-journée, je me glisse dans la tente qui a été montée pour accueillir les arrivantes, tant la place manque. Je découvre ainsi leurs conditions de vie déplorables. L'abri a été monté dans la zone la plus marécageuse du camp, entourée d'immondices. Celles qui sont parquées là deviennent très vite des loques. La mortalité y est effrayante.

Mais ce jeu de cache-cache avec les SS ne peut éternellement durer. Il est nerveusement éprouvant. J'apprends que plusieurs des Françaises arrivées d'Auschwitz sont rentrées au *Revier* comme *Schwester* ou *Pflägerin* (aide-soignante). Il suffit de présenter à l'*Oberschwester* un titre médical pour qu'elle vous inscrive sur une liste. Quand elle a besoin de personnel, elle convoque plusieurs détenues et fait son choix. Les Allemandes et les Polonaises sont préférées mais, peu à peu, des Françaises s'infiltrent au *Revier* comme doctoresses ou infirmières. Je candidate [1].

Après plusieurs jours d'attente, je suis enfin convoquée chez l'*Oberschwester* et le docteur Treite. Ce dernier me questionne dans un assez bon français :

— Votre père est un docteur spécialiste d'enfants. Vous savez soigner les enfants ?

— Oui.

— Bien.

Il ajoute :

— C'est joli, Paris. Vous serez bientôt à la maison.

Puis il rie. Il se moque de moi. Il ne croit toujours pas la défaite allemande possible.

Un matin de septembre 1944 [2], je suis affectée à la *Kinderzimmer*, le block des nourrissons. Car des femmes enceintes sont déportées et des enfants naissent dans le camp. Auparavant, nous voyions les futures mères partir, nous ne savions où, et ne plus revenir. D'autres accouchaient au camp mais il n'était plus jamais question de leur bébé [3].

Située dans le block 11, la *Kinderzimmer* est une pièce toute en longueur, avec deux lits de deux étages superposés, une fenêtre au fond, une table, deux corbeilles, une armoire, un poêle, un lavabo. J'y découvre une petite Hollandaise qui s'agite. Elle me montre les enfants couchés en travers des lits. Quelle misère ! Ils

---

1. In *Toute une vie de résistance,* de Marie-José Chombart de Lauwe, *op. cit.*

2. Le passage sur la *Kinderzimmer* qui suit est presque mot pour mot tel que je l'ai jeté sur le papier en 1946. In *Toute une vie de résistance,* de Marie-José Chombart de Lauwe, *op. cit.*

3. Tué immédiatement, semble-t-il.

n'ont plus rien d'enfantin. Leur figure minuscule et déjà fripée fait mal à voir. Dans les corbeilles où sont posés les grands malades, c'est pire : ce sont d'invraisemblables momies. La Hollandaise m'explique que la situation empire à vue d'œil. Elle est débordée. Becka (Iovanka Stojanovic [1]), une infirmière yougoslave qui l'aide, est tombée malade. Je suis immédiatement mise au travail.

Nous commençons à préparer une tétée : « Il n'y a pas assez de couches. Change seulement les très sales, me dit ma camarade. » Un à un, nous posons les enfants sur la table ; je n'ai jamais touché de tels petits êtres, cela fait mal, moralement, physiquement même. Ils sont à peine couverts : une chemise de toile, une couche, et nous les roulons chacun dans un châle pour les remettre aux mères qui viennent déjà taper à la porte. Nous portons nous-mêmes les bébés aux nouvelles accouchées, dans la *Schlafsalle*, au milieu des malades. Au *Tagesraum*, la salle où nous mangeons, les mamans venues des autres baraques allaitent. Celles qui n'ont absolument pas de lait demandent des bouteilles. Alors, nous remplissons les deux flacons qui servent de biberons avec la mixture qu'on nous octroie (lait mélangé d'une espèce de gruau – du *Schleim*). Les enfants boivent très lentement. Quand les bouteilles sont vides, il faut les remplir pour d'autres. Lorsque la dernière mère nous apporte son bébé, il nous reste à peine une demi-heure pour mettre un peu d'ordre, puis nous recom-

---

1. Je garderai son contact après la guerre et nous correspondrons régulièrement.

mençons une nouvelle tétée. Les enfants boivent ainsi avant l'appel, à 9 heures, à 13 heures, à 14 heures, à 19 heures. C'est trop peu, mais comment faire ?

À 13 heures, nous avons juste le temps d'avaler une soupe. Le soir, nous sommes éreintées. Mamoutchka, roulée dans une couverture, monte la garde. C'est une Russe qui, ayant perdu son enfant, reste là au service des petits. Elle fait le ménage, allume le feu et, ayant du lait, nourrit deux enfants au sein. Tout cela lui vaut double soupe et souvent des petits suppléments bien mérités.

Le lendemain, nous trouvons un enfant russe mort. Les mères arrivent à l'heure de la tétée, tapent à notre porte en réclamant leur bébé. Toutes sont maintenant au *Tagesraum*, seule une jeune Russe, là, devant la porte, attend avec des yeux grands d'inquiétude. La Hollandaise l'entraîne doucement par le poignet, alors elle comprend. Elle veut voir. Nous posons dans ses bras le petit être raidi qu'elle embrasse en sanglotant éperdument. Nous pleurons avec elle. Que dire devant le désespoir d'une mère ? Tout d'un coup, elle nous tend son enfant et s'enfuit, la tête dans ses mains. Jamais elle ne reviendra. La Hollandaise emporte le corps à la *Keller* (la morgue). Nous continuons notre journée épuisante, sans un instant d'arrêt.

Presque tous les jours, on amène des nouveau-nés, assez beaux généralement, mais ils prennent rapidement l'aspect de petits vieux. Des jumeaux russes sont affreux. L'un des deux meurt. Je commence à m'habituer à ce drame quotidien. Il semble préférable que ces enfants si misérables ne vivent pas. Nous essayons d'atténuer la peine des mères en le leur expliquant.

De temps à autre, nous avons la visite du docteur Sdenka, qui « organise » le plus possible pour les enfants, mais peut si peu et s'en désole. La solidarité du camp joue également à plein. On nous apporte un peu de tout. Des chiffons deviennent des couches, dix petites bouteilles, des biberons. Les dix doigts d'une paire de gants appartenant au médecin chef et volé par une infirmière courageuse, une fois coupés et percés, font dix tétines. Presque chaque jour, *Schwester* Helena, l'infirmière SS, vient en visite de contrôle. Elle n'est pas méchante, elle a même plaisir à voir les nouveau-nés quand ils sont beaux. Mais, un jour, nous découvrons des griffures sur certains corps. Des rats viennent la nuit attaquer les enfants. Nous sommes horrifiées et signalons la chose à *Schwester* Helena. Nous demandons du raticide. La SS part alors d'un grand fou rire et nous comprenons que son intérêt pour les enfants n'est rien. Ce ne sont pour elle que des jouets agréables à manipuler.

Becka revient, guérie. C'est une jeune femme, solide, saine, qui est très ordonnée et très organisée. La Hollandaise et elle s'estiment réciproquement, mais s'entendent mal. La situation est tendue. Je sers de tampon entre les deux. Prise à témoin, je veux rester neutre. À trois, le travail est moins lourd. Le matin, avant l'appel, une seule vient s'occuper de la tétée. Ce n'est plus que tous les trois jours qu'il faut se lever avant les autres pour assurer ce service. Tous les jours, nous prenons un temps libre, à tour de rôle, pour nous laver et nous allonger un instant. Malgré cela, les journées sont épuisantes. Nous essayons de ne pas dépasser douze à treize heures de travail chacune.

Schwester Helena veut que tout soit dans un ordre impeccable. Or, c'est matériellement impossible. La Hollandaise néglige un peu ce point et *Schwester* Helena commence à la détester. Elle fait un rapport contre elle à l'*Oberschwester*, affirmant qu'elle assure mal son travail, qu'elle est incapable. Elle sera désormais affectée au service d'un block pour panser. C'est certainement moins dur et moins intéressant. Becka et moi protestons, disant que, seules, nous ne pouvons assurer le travail. Alors, on nous envoie une vieille Allemande, bien gentille et très « grand-mère », qui berce les enfants, se lamente, perd un temps fou. Or, il faut agir vite, sans trop s'attendrir, hélas ! Il faut laisser crier un enfant mouillé sans le changer, sinon, il n'y aura plus de couches le soir. En outre, l'Allemande déplace les enfants. Or, nous les avons rangés par maladies. Dans le premier lit, en haut, il y a les enfants bien portants (mais si maigres !) ; en dessous, dans le lit d'en bas, ceux qui vont très vite mourir ; à côté, dorment les malades légers qui, nous le savons, descendront la pente, et, au-dessus, les nouveau-nés, étonnamment jolis et frais dans cette misère. L'Allemande nous rend la vie impossible, tout en étant pleine de bonnes intentions. Le soir, elle semble très lasse. Elle va chez l'*Oberschwester*, avec qui, croyons-nous, elle est en très bons termes, et déclare qu'elle est incapable de faire ce travail.

Pendant quelques semaines, Becka et moi nous retrouvons seules. C'est dur mais nous nous entendons bien et essayons d'être le plus méthodiques possible. Plusieurs mères avec leurs bébés quittent la *Kinderzimmer* et partent en transport, soi-disant pour travailler libres dans des fermes.

Les enfants meurent. Jour après jour, nous voyons disparaître les petits auxquels nous nous étions attachées. J'apprends à connaître la *Keller*, la morgue. Chaque matin, Becka ou moi, nous allons porter les cadavres. Ces petits corps mous et blancs font mal à toucher. Il faut les déshabiller et les rouler dans un chiffon. Je traverse ainsi le *Revier*. De l'autre côté, près du mur d'enceinte, à la base d'une butte de terre, il y a une lourde porte moyenâgeuse. Je descends quelques marches, je tire le lourd verrou, tout est noir. Je descends à tâtons. Mes sabots claquent avec un bruit étouffé sur les marches de pierre. L'air lourd, humide, fade, dit la mort, toute l'atmosphère en est saturée. L'être physique s'en révolte avant même que l'esprit sache. Enfin, en bas, ma main glisse sur la gauche et trouve le bouton électrique. Ce que les yeux voient est impensable. Que fait ici un être vivant ? Des femmes sont là, nues, raides, décharnées, ventres creusés sous les côtes, pleines de terre, de sang, dans différentes positions ; mais ce qui semble terrible, ce sont ces yeux vides qui vous fixent, ces bouches grandes ouvertes qui rient ou crient. Ces mortes sont affreuses. Il n'y a ni paix ni calme sur leur visage. Tout le symbole de la mort au camp par amoindrissement, par misère, crie dans leurs bouches. En me retournant, je peux voir les dents en or arrachées de ces bouches grimaçantes, rangées sur une tablette. Mes pauvres bébés, eux, paraissent dormir. Je les étends soit près d'une femme, à leur vraie place, soit sur une civière posée au milieu, quand l'aspect des femmes me semble trop repoussant.

Dehors, l'air paraît étonnamment pur. Il me semble un instant renaître. Je respire la vie à pleins poumons. Je passe ensuite dans les bureaux. Je donne la fiche des décès. Je prends le pot de lait qu'on me remet et je retourne auprès des enfants. Ce n'est pas encore tout à fait l'heure de la tétée, ils somnolent presque tous.

Tous les jours, la place des morts est prise par de nouveaux petits malades. C'est régulier, fatal. Là aussi, nous avons cette impression de descente, jour après jour, le long d'un escalier sans fin. Tout tourne en un tourbillon vers l'engloutissement final. Au début de décembre, de tous les enfants que j'ai connus en arrivant, il reste Jury, Marie-France et Barbara. Marie-France est une petite Française née avant terme et qui a maintenant presque quatre mois. On dirait une petite poupée de cire, longue, et si mince qu'elle n'a pas l'air d'un bébé. Sa maman, toute jeune, fait l'impossible pour la sauver. Mais Marie-France décline peu à peu, s'éteint comme les autres.

Jury et Barbara semblent vouloir vivre. La mère de Barbara est mourante. Barbara est donc l'une de celles que nous appelons « nos enfants », c'est-à-dire à qui nous servons de maman. Nous leur donnons le biberon et « organisons » pour eux plus particulièrement. J'aime Barbara, un peu, je crois, comme une mère ; ses immenses yeux bleus cherchent une protection que je peux à peine lui donner. Nous la sauvons d'une mauvaise pneumonie. Pendant toute une soirée, je lui fais des enveloppements mouillés pour soulager son étouffement. Je lis un tel désespoir dans son regard. Au bout de quelques semaines, une crise de dysenterie l'emporte. Alors tout semble m'abandonner. La vie est lourde, trop lourde, impossible. Nous luttons follement contre une mort implacablement certaine. Le soir, je rentre avec une fatigue de vieillard, portant en moi ces morts d'enfants, ces sanglots des mères et le poids énorme de cette responsabilité dont je ne peux matériellement remplir les charges.

Parmi les nouveaux, il y a un petit Belge qui vient de se tirer d'une mauvaise diarrhée, une Hollandaise qui mourra vite, une Italienne qui n'a plus la force de boire et qu'il faut nourrir à la cuillère. Elle aussi ne tarde pas à mourir. La maman, toute jeune, dix-sept ans à peine, sanglote, inconsolable, à bout. Pauvre petite, je la garde dans mes bras, mais que peuvent les mots contre une telle souffrance ? Presque chaque jour, il y a une mère à consoler ainsi. Je me rappelle une Polonaise qui, refusant toute aide, est allée jusqu'à nous maudire dans son excès de douleur.

Le nombre des enfants augmente toujours, tandis qu'arrivent de nouveaux convois avec des femmes enceintes. Nous dépassons les quarante enfants. La place manque. Nous travaillons à la chaîne, tant nous devons soigner vite. Alors, on nous ajoute un double lit à la place des corbeilles et on nous envoie Elitchka pour nous aider. C'est une jeune Tchèque très intelligente et organisatrice, vraiment une aide précieuse. Quelques jours après son arrivée, on met les deux nouveaux lits dans le *Tagesraum* et Elitchka s'y installe avec les bébés bien portants. Becka et moi restons avec les malades. Devant l'ampleur de la tâche,

Elitchka se verra plus tard adjoindre une infirmière polonaise, puis une Yougoslave. Mais cette dernière craquera, désespérée de ce qu'elle voit, et renoncera à son poste. Une Hollandaise la remplacera. Les nouveau-nés arrivent donc chez Elitchka. Elle nous renvoie les malades. Leur nombre grossit sans cesse. La situation redevient impossible.

J'ai une petite Geneviève, fille d'une Bretonne de Perros, qui atteint à peine dix jours. Elle est emportée par le typhus. Sa maman la suit de près. Une nouvelle Marie-France s'éteint tout doucement, de faiblesse, laissant une mère de vingt ans désespérée, comme le sont ces jeunes Russes, Polonaises, toutes ces femmes des différents coins d'Europe portant en commun leur immense détresse de mère.

Jour de Noël. Mort d'enfants, vie semblable aux autres jours, mais affectueux accueil de Mamoutchka qui me saute au cou avec son large sourire et sa voix chantante. Elle m'appelle Sistritchka (petite sœur) ou Datoucha Marijo. Comme elles sont directes et vraies dans leur affection, ces Russes ! Le matin, Becka a pris trois heures pour fêter Noël avec ses camarades qui ont reçu des colis (et combien de fois partageront-elles leurs cadeaux avec nous !). L'après-midi, à mon tour, je rejoins Marianne et notre groupe. Nous chantons l'air triste et doux de *Saint Michel en grève*, *La Ravine*, et nos chœurs habituels. Ensuite, Madeleine Vincent et son groupe d'ajistes (communistes) mettent une note gaie et jeune avec leurs marches et leurs vieux chants de province. Madeleine Tambour [1], montée sur une table, nous

---

1. Une comédienne qui avait été élève de Charles Dullin.

déroule des poèmes qu'elle seule pouvait rendre si lumineux. Déjà Marianne nous entraîne. Au block voisin, on nous attend. Toutes les nationalités sont là, surtout des Russes et des Tchèques. Nous chantons pour leur livrer un peu de l'âme française qu'elles vénèrent. À son tour, le chœur tchèque (le meilleur du camp) nous apporte sa pureté harmonieuse et profonde comme des chants de moines. Sur les lits, les placards, les tables, des centaines de femmes, les yeux humides devant la beauté, écoutent en silence, dans l'oubli de leurs misères, de leurs aigreurs. L'art permet quelques minutes d'évasion. Le temps passe. Inquiète comme une mère, vite, vite, je cours vers mes enfants. Je tombe sur la *Blockowa*, que nous avons surnommée « gueule en or », une « triangle vert » qui avait tué un bijoutier pour le voler. Elle festoie avec d'autres droits communs. Juste à côté, des enfants meurent. Elle me reprochera plus tard d'« organiser » pour les enfants.

« Être à Noël à la maison. » La folle espérance est encore une fois déçue. Nous avons la seule consolation de savoir qu'en France, on réveillonnera libre. Notre sacrifice n'a pas été vain et qu'importe maintenant si nous mourons, nous avons gagné. Jusqu'à Noël, on a l'impression de descendre vers ce grand trou noir et il faut lutter violemment pour ne pas se laisser couler dans ce gouffre. Une fois rentrés dans la nouvelle année, il faut se battre aussi, mais se battre en montant vers la lumière, avec l'espoir de revivre. Au printemps, c'est sûr... Mais nous apprenons que, sur le front, les Allemands ont lancé une contre-offensive et le moral baisse à nouveau.

À partir de janvier 1945, de nombreux convois quittent le camp pour laisser la place aux évacuées des camps et prisons de l'Est, de plus en plus nombreuses. Les conditions de vie deviennent désastreuses. Les pannes d'électricité se multiplient. La soupe manque, le pain diminue, tout est désorganisé. Les conduites d'eau sont bouchées, le camp n'est plus que pourriture et inondations. À bout de nerfs, de fatigue, des femmes se battent pour un rien et, en même temps, la solidarité s'amplifie. Nous essayons de passer des quarts d'eau aux nouvelles arrivées, mortes de soif. Les quarts sont renversés dans la lutte. À quel niveau de dégradation humaine sommes-nous descendues ! Parfois, nos yeux s'ouvrent et ce que nous voyons est terrible. Alors, c'est la révolte, l'accablement écrasant de lourdeur, puis l'acceptation. Toujours ces longues files d'*Häftlinge* qui arrivent et repartent, toujours semblables, avec cette même figure, ce même claquement de sabots. Les appels des sirènes, aux mêmes heures. Le grouillement du *Waschraum*, l'entassement des lits. Depuis des centaines de jours, la même existence impossible, pire dans sa continuité de souffrance qu'une torture aiguë. Nous sommes à bout, nos limites dépassées, mais il faut vivre.

Tous les jours, des camarades meurent dans les baraques. Mme de Ganay part paisiblement, allongée sur sa paillasse. Zouzou est emportée par la tuberculose. Nicole, si intelligente et bonne, se met à cracher le sang. Elle abandonne ses malades, se couche à son tour pour ne plus se relever. Marie-Claude Vaillant-Couturier est souvent auprès d'elle. Il y en a tant d'autres. La typhoïde fait des ravages. Simone Borcier, si solide d'aspect, est balayée comme un fétu. Le désespoir de Marie, sa mère, est affreux : son mari et son neveu sont déjà morts, tués par les nazis. Avec toute la force de sa foi chrétienne, elle accepte finalement la disparition de sa fille, « pour son pays ». Elle mourra à son tour quelques jours avant notre libération.

Des personnes âgées ou incapables de travailler partent au *Jungerlager* Ueckermark. C'est un ancien camp de jeunes où sont transportées officiellement celles qui ont besoin de repos. En fait, c'est un camp d'extermination par la faim et le froid. Comme la morgue est pleine, les cadavres restent dehors, glacés sous une couche de neige. Les longues flammes rouges du crématoire éclairent la nuit.

À la *Kinderzimmer,* nous arrive Anne-Mie, une petite Allemande de vingt et un ans. Elle travaillait comme nurse chez un général. Ayant bavardé inconsidérément, elle a été condamnée à six mois de *Koncentrationlager.* Elle est la jeune nationale-socialiste type, imprégnée de l'idéologie depuis l'enfance. Elle n'est pas une compagne de travail désagréable, mais il faut se méfier car elle vole imprudemment et en dehors de ce qui est strictement nécessaire pour les enfants.

Les pensionnaires du block 32 sont déménagées vers le block 24. Elitchka et les enfants « bien portants » prennent leur place et Becka, Anne-Mie et moi les rejoignons bientôt avec les enfants malades. Les petits êtres mourants se retrouvent donc près des lits des nouvelles accouchées... Depuis le bombardement d'une centrale d'alimentation, nous n'avons plus d'électricité. Les tétées du matin et du soir se passent à la lueur de torches, faites de bouts de bois que les mères agitent. Becka tombe à son tour malade. Le docteur Sdenka détecte une lésion pulmonaire et la retire du service. Je me retrouve seule avec Anne-Mie. Elle est toujours fatiguée, ne fait plus rien. Je préfère finalement travailler sans elle, car elle est dure avec les mères, brusque avec les enfants. Assia, la mère de Jury, et la maman de Vladislav, petite *Panie* (madame en polonais) de dix-neuf ans, m'aident bien mieux. En février, les Allemandes sont libérées peu à peu. Anne-Mie affirme en sortant qu'elle va défendre son pays, que le dernier mot n'est pas dit. Fanatisme.

En février, des « lapins » sont convoquées. Elles vont être transportées le lendemain vers... une ville déjà occupée par les Russes. La vraie destination est claire. Toute la nuit, nos camarades polonaises prient. Je vais voir Diuba qui est du convoi. Elle m'embrasse :

— Tu es ma petite Marijo, et je t'aime, tu retourneras en France.

— Mais tu sais que, sans doute, nous aussi, le même sort nous attend...

— La guerre va vite ; tu rentreras et tu écriras à ma mère ; dis-lui que je suis partie sans regrets pour notre Pologne, dis-lui... mais tu sais. Adieu, Marijo.

— Au revoir, Diuba.

Le lendemain, à la fin de l'appel, des *Lagerpolizei* viennent chercher les « lapins » qui s'enfuient grâce à la complicité de la *Blockowa*. Elles changent de numéro et se cachent dans d'autres blocks. Les *Lagerpolizei* abandonnent la poursuite ; elles sentent la fin approcher et ont peur désormais de faire du zèle. Pendant plusieurs jours, la même ruse se reproduit. Un matin, il est décidé un appel général. À la fin, un

178

cordon de *Lagerpolizei* entoure les rangs de notre block NN. Le commandant arrive avec plusieurs *Aufseherinnen* et des soldats armés. Ils passent dans nos rangs, à la recherche des « lapins » cachées parmi nous. Ils ont l'air furieux, menacent de tirer. Les Russes d'une baraque voisine assistent à la scène, se concertent et se ruent dans nos rangs, brisant le cordon de police qui, malgré les coups qu'il distribue, est dispersé, noyé par cette marée. Tout le monde profite de la désorganisation pour s'enfuir.

Ces manœuvres dilatoires fonctionnent d'autant mieux que le commandant du camp est embarrassé. Les « lapins » qu'il doit expédier vers la mort ont dans le passé reçu une carte du Vatican à leur nom, par l'intermédiaire de la Croix-Rouge. Leur existence à Ravensbrück est connue. Impossible de les faire disparaître en silence. Alors que la guerre est perdue pour les nazis, il lui faudra peut-être assumer les conséquences de ce nouveau crime. Il invoque les ordres qu'il doit exécuter puis renonce finalement. Il trouve la solution en nommant les « lapins » dans la *Lagerpolizei*...

À la *Kinderzimmer*, la situation empire encore. Une jeune Belge m'amène sa fille de quatorze mois, bien malade. Elle est née dans une prison allemande comme deux autres enfants qui sont arrivés avec leurs mamans. Ces enfants ne sont pas comme ces nouveau-nés qui passent dans un souffle. Leurs yeux sont déjà ouverts sur la vie. Un garçon est mort presque toute de suite. Une petite fille a vécu près de moi quelques jours, puis il a fallu un matin que je l'emporte à la morgue. Maintenant, c'est cette petite fille, brune et gaie, qui décline à son tour. Je n'en peux plus. Je suis si lasse.

Depuis plusieurs jours, j'ai de la fièvre mais je ne veux pas laisser les mères. Me voyant à bout, le docteur Sdenka me force à arrêter et m'envoie au block 11, celui des malades où je retrouve Becka. Je reste des jours immobile, amorphe, comptant les planches au-dessus de moi. Des mères viennent me voir chaque jour, tantôt Assia, tantôt Helena, ou encore Maman-Vladislav. Elles m'apprennent que d'autres mères ont volé les bouteilles-biberons et les couches qui servaient aux enfants orphelins. Tous les jours, elles me parlent de nouvelles morts. Un matin [1], Maman-Vladislav m'annonce avec une voix sans timbre la mort de son fils, de Boba, la fille d'une amie de Becka, du fils d'Helena et de tous les enfants du lit du bas. Le poêle qui servait à chauffer les biberons fonctionnait mal. Le gaz carbonique s'est répandu dans la couche d'air inférieure, les intoxiquant presque tous. La petite Belge est morte aussi [2].

Autour de nous, peu à peu, le camp se vide. Des blocks entiers sont désormais déserts. Des convois partent vers des destinations inconnues. Le 27 février, une partie des mères sont évacuées avec leur progéniture. Je n'en aurai plus de nouvelles. Des camions sont venus chercher les incurables et les malades men-

---

1. In *Toute une vie de résistance*, de Marie-José Chombart de Lauwe, *op. cit.*

2. J'ai vu passer durant mon séjour à la *Kinderzimmer* six cents nouveau-nés dont très peu ont survécu. Parmi les rescapés, trois Français.

tales. Peut-être ces dernières seront-elles mieux mortes qu'enfermées dans les niches à chiens où on les confine. On jette les malheureuses qui hurlent et tombent les unes sur les autres. On dit « transport noir », mais iront-elles bien loin ? Nous savons par des camarades qui l'ont vu qu'on vient de terminer une chambre à gaz à côté du camp [1].

Début mars, on nous annonce que les NN françaises vont à leur tour être évacuées. Elles sont entassées dans le *Strafblock*. Les conciliabules vont bon train. Cette hâte signifie que nos libérateurs approchent. Faut-il tenter de s'enfuir, de se cacher, en attendant l'Armée rouge, ou partir dans ce qui pourrait s'avérer un « mauvais transport [2] » ? Quel est le plus risqué ? Travaillant au *Revier*, je peux aisément me cacher et échapper à ce départ. Mais je sais que maman est trop faible pour résister seule à ce qui l'attend. Elle a de la fièvre, les jambes fatiguées, couvertes de plaies. Elle est affaiblie mais veut absolument me donner une partie de sa ration alimentaire. Je dois me battre avec elle pour la refuser. Elle aura besoin de moi, où que nous allions. Je fais mes adieux à mes amies et je me glisse avec ma mère au milieu de celles qui s'en vont.

---

1. La chambre à gaz a été construite en 1945 et contenait jusqu'à cent cinquante personnes.
2. Marie-Claude Vaillant-Couturier, Germaine Tillion, sa mère et bien d'autres Françaises échapperont ainsi à l'évacuation. Les survivantes seront libérées par l'Armée rouge le 30 avril, ainsi que trois mille cinq cents autres femmes et trois cents hommes qui se trouvaient dans un camp annexe.

Le 2 mars, au début de l'après-midi, nous sortons du block où nous avons été réunies et découvrons que nous sommes encerclées par des SS, fusils-mitrailleurs pointés vers nous. Nous avons « organisé » des sacs à bretelles où nous avons mis quelques affaires. Sur la *Lagerstrasse*, nos camarades nous disent adieu de loin. Devant la porte, nous recevons un pain, un peu de margarine et du saucisson. Cela veut dire que le voyage durera plusieurs jours. Une *Lagerpolizei* nous glisse qu'on nous dirige vers l'Autriche. Enfin, nous franchissons ces murs et notre longue colonne monte entre le lac, les sapins et le sable. Est-ce possible que nous nous éloignions vraiment de cet enfer ? Depuis près de deux ans, nous mourons lentement ici et l'idée de sortir de cette enceinte nous bouleverse. Nous avons tant attendu ce moment ! Mais où allons-nous, peut-être vers la mort ?

Nous attendons plusieurs heures dans le froid au bord de la voie ferrée. Des Tziganes accompagnées d'enfants nous ont rejointes, ainsi que d'autres femmes [1]. Un train arrive. Nous sommes entassées à soixante-dix ou soixante-quinze par wagon à bestiaux. Pas de paille. Pas de couverture. Nous avons tout juste assez de place pour nous accroupir. Deux SS montent avec nous et s'installent sur un banc, se ménageant à coups de crosse un espace autour d'eux. Ils tiennent une bougie, nous font asseoir, puis l'éteignent. Nous essayons de dormir, mais c'est impossible. Nous ne pouvons pas bouger, tant nous sommes incrustées les

---

1. Mille neuf cent femmes seront ainsi dirigées vers Mauthausen.

unes dans les autres. Très vite, nous avons des crampes. Chacune tente de s'étirer et repousse légèrement sa voisine qui riposte. C'est d'abord une lutte sourde qui vire bientôt à la dispute dans tout le wagon. Les SS se réveillent, furieux, allument la bougie et hurlent. Nous essayons de nouveaux arrangements, mais rapidement, toute position sur ce dur plancher trépidant devient intenable.

Au petit jour, un des soldats entrouvre la porte et nous voyons défiler un paysage de neige. Nous traversons lentement Berlin qui garde les séquelles des bombardements, ce qui n'est pas sans nous réjouir. Une nouvelle nuit passe, pire que la première. Des femmes se battent et un SS tape avec sa crosse pour rétablir l'ordre. Nous avons soif, nous avons froid. Un malheureux seau de toilette circule parmi nous : un gardien, fatigué de le voir passer, le jette sur la voie et installe en travers de la porte entrouverte une barre de fer sur laquelle nous nous assoirons.

Deux jours, trois jours passent ainsi. Nous restons bloquées une journée et une nuit dans une petite gare. On nous distribue un peu d'eau qui a un affreux goût de fer. Deux jours s'écoulent encore et il ne reste plus de pain. Un SS jette un morceau et s'amuse de la ruée. Des voix s'élèvent : « Nous sommes des Françaises, des politiques, nous n'avons pas le droit de nous conduire ainsi. » Le SS jette un second morceau, mais cette fois, seulement quelques mains se tendent pour le saisir au vol : nous avons encore une volonté. Des petits gitans meurent en route. Une malheureuse accouche dans le wagon. Ninette Streisguth, qui est médecin, l'aide. L'enfant et la mère survivent.

La cinquième nuit, nous arrivons à destination. Le pays, nous dit-on, s'appelle Mauthausen, en pleine Autriche. Nous sommes hagardes. Beaucoup d'entre nous ont du mal à marcher. Une voiture attend les malades qui veulent monter. Même les plus faibles refusent énergiquement. Elles savent trop bien ce que cela signifie. Notre longue colonne s'ébranle dans la nuit, tandis qu'il neige. Cinq kilomètres nous séparent du camp. Nous traversons la ville puis nous engageons dans un chemin de montagne, à la lueur de la lune. Nos pieds butent contre les pierres et s'enfoncent dans la neige qui rend plus opaque le silence, brisé par les cris des SS. Nous sommes exténuées. Par moments une petite voix supplie : « Plus doucement les premières, on n'en peut plus. » Nous voyons au loin les lumières du camp. Elles se rapprochent si lentement...

Un coup de feu [1]. Une centaine de mètres plus loin, sur le bord de la route, nous dépassons un corps étendu, sombre sur la neige : ils ont achevé une camarade. Nous nous soutenons, nous accrochons par le bras, mais les jambes tremblent de faiblesse. Le cœur s'affole, le souffle manque. Une femme s'écroule à genoux, vite, vite, nous la relevons et l'entraînons. Une autre tombe. Le SS, cette fois, la relève à coups de crosse, mais lentement, elle ralentit, perd son rang. On ne peut plus rien pour elle, elle retombe en arrière et de nouveau un coup de feu fait frissonner toute

---

1. Le passage qui suit, sur notre arrivée à Mauthausen, est également tiré de mes notes de 1946. In *Toute une vie de résistance*, de Marie-José Chombart de Lauwe, *op. cit.*

la colonne. D'autres coups de feu encore. Nous n'en pouvons plus... Ce serait si simple de se laisser tomber dans la paix blanche, de ne plus rien savoir de cette souffrance sans limites. Ah ! l'attirance de cette paix ! Mais non, il faut lutter, monter. Les miens pensent peut-être à moi juste en ce moment ; ma vieille grand-mère, très croyante, dit son chapelet avec confiance... Je ne peux pas abandonner. Encore une femme à terre, sous nos pas, à plat ventre, la tête baignant dans le sang. Elle a la paix. Non, c'est affreux de mourir ainsi quand sa famille parle peut-être d'elle avec tant d'espoir. Et ce long serpent noir que nous formons dans la nuit, entouré des SS aux aguets. Maman est près de moi. Arrivera-t-elle au bout ? Nous nous engageons sous une voûte de sapins noirs. Nos corps se traînent, les lumières se rapprochent et, après un angle du chemin, nous découvrons tout à coup le camp, forteresse dans la nuit. Il s'étage en gradins. Nous franchissons la première porte de barbelés et nous montons encore. Nous surplombons un groupe de baraques (le camp-*Revier*) et de l'autre côté, telle une citadelle, s'étend derrière un énorme mur de pierres le camp central et ces nombreuses bâtisses. Des lumières éclairent tout, ce qui nous étonne car Ravensbrück dormait dans l'obscurité.

Nous passons sous une énorme porte garnie de fer-rures cloutées, surmontée de l'aigle nazi. L'aspect de la place d'entrée et des baraques est propre, le sol est pavé. On nous groupe derrière la baraque de douches et là, des déportés hommes nous distribuent un ersatz de café avec une gentillesse qui nous touche. Par groupes, enfin, nous descendons dans un sous-sol.

Dans une première pièce, nous déposons toutes nos affaires dans de grands sacs en papier, sous le regard de prisonniers hommes qui nous aident. Nous sommes horriblement gênées. À Ravensbrück, nous nous étions souvent déshabillées devant les SS, mais cela nous importait peu, car, je l'ai déjà écrit, nous ne les considérions plus comme des humains. Nous passons dans la salle de douche. À la sortie, des Russes nous distribuent à chacune une chemise et un caleçon, et nous sortons ainsi de la chaleur étouffante dans le froid, sous la neige qui continue de tomber.

On nous conduit dans des baraques, à quatre par paillasse. Dans l'après-midi, les trois baraques réservées pour nous (16, 17, 18) sont combles : on nous distribue alors de la soupe, qui nous semble bonne parce qu'assez épaisse, et, le soir, un gros morceau de pain et une rondelle de saucisson. Nous nous endormons, brisées.

Les sacs en papier contenant nos vêtements reviennent de la désinfection. Sur chacun, figure un numéro correspondant à celui inscrit sur un carton distribué aux douches. La récupération s'effectue d'abord dans le calme, à l'appel de son numéro. Mais nous sommes dans un état de tension extrême. La distribution étant trop lente, quelques-unes se ruent et emportent un sac au hasard. Nous nous précipitons derrière elles, affolées. Il y a des batailles terribles quand une malheureuse retrouve sa robe sur le dos d'une autre.

J'hérite d'un nouveau numéro, le 2807. Un après-midi, un groupe d'officiers et de médecins débarque. Nous sommes réunies dans la salle d'où nous passons une à une dans le dortoir. Les malades et les personnes âgées sont mises de côté. Pour moi, c'est *Schön*, mais ils arrêtent maman qui se redresse et dit : « *Ich arbeite, Schwester Hebamme* (je travaille, sage-femme). » Le docteur rit et la laisse passer. Elle a gagné. Ninette Streisguth, notre doctoresse, est parvenue à cacher sa maman dans un coin. Nous savons toutes ce qui se prépare.

Les malades et les femmes âgées sont groupées dans le block 16, avec les gitanes qui ont des enfants. Mme André et Miss sont mortes, ainsi que Denise Clairon qui, par une énergie effrayante, avait réussi à vivre jusque-là malgré sa figure de cadavre. Les gitanes qui ont des enfants quittent le camp. C'est le tour de nos vieilles amies : parmi elles, Mme Bertolus, Mme Monge, etc. Nous supposons qu'on les dirige soit vers la chambre à gaz, soit vers une extermination rapide. Plus tard, nous saurons qu'elles sont allées à Bergen-Belsen. Presque personne n'en reviendra. Nous avons appris par les hommes qu'il existe une chambre à gaz dans notre camp.

Notre *Blockowa* est une Allemande, ancienne tenancière de maison close, avec les manières qui vont avec. Les *Stubowas* se classent dans la même catégorie de femmes. Elles ont arrangé une pièce pour elles, avec des divans, des coussins, que les *Schupos* autrichiens (qui font la police du camp) ont apportés. Le soir, il y a toujours quelques *Schupos* et *Kapos* avec « ces dames ». Ils se mettent à danser pendant que, dans le dortoir, fatiguées par le manque de sommeil (à quatre par paillasse, il est presque impossible de dormir), nous nous exaspérons de cette dernière humiliation. Pour aller aux W.-C. ou pour sortir, nous devons traverser la salle. Un soir, la jeune W... est assaillie par un de ces êtres ivres ; ses cris nous font voler vers elle. La brute, effrayée, la laisse partir.

Le pain, au début mangeable, devient vert et amer comme jamais encore nous ne l'avons vu. En plus de cela, les rations diminuent. La soupe qui, au premier abord, semble épaisse, se liquéfie dès qu'elle se refroidit. On a alors dans sa gamelle une eau noirâtre dans laquelle flottent quelques morceaux de rutabaga déshydratés et des lanières de betteraves fourragères qui donnent à l'ensemble un goût huileux et sucré. Nous n'avons de l'eau que peu de temps par jour et toutes ne parviennent pas, dans ce laps, à se laver et à nettoyer leur linge. D'où de nouveaux conflits. Après le départ du convoi de malades, le block 16 sert de *Revier*. Les malheureuses qui y sont envoyées couchent à terre, roulées dans leur couverture, sans autres soins que la gentillesse de Ninette Streisguth, totalement démunie de médicaments.

Je suis sans cesse épuisée. Ninette m'ausculte, trouve mon cœur très faible. La santé de maman en revanche s'améliore au fil des jours. Le climat, incontestablement plus sain qu'à Ravensbrück, l'aide beaucoup à se remonter.

Nous sommes séparées du camp des hommes mais je reçois, par l'intermédiaire d'un docteur, un mot de Jean Livinec. Il est ici depuis près de deux ans et a appris par un camarade du bureau notre présence. Il nous fait passer deux paires de chaussures qu'il a « organisées », du savon, un peigne, et même différents médicaments, car il travaille dans un *Revier*. Il relève lui-même d'une sérieuse typhoïde. Je suis heureuse de le savoir en vie mais il ne sait rien de papa, de Maurice Poge et des autres.

Le 19 mars, en fin d'après-midi, se déroule un appel spécial. Un Tchèque venant du bureau du travail passe dans nos rangs et relève les numéros de celles qui lui paraissent capables de travailler. Il prend ceux de Marianne, Frédérique, Miarka, Hélène, Violette M..., Mag P..., des camarades de la chorale. Le mien aussi. Il s'agit d'un chantier de déblaiement dans un *Kommando*. Mais je suis inquiète. Combien de temps serons-nous parties ? En notre absence, ne vont-ils pas organiser un nouveau « transport noir » avec celles qui restent. Que va devenir maman ? Avec l'aide d'une doctoresse belge, je parviens à faire rayer mon numéro de la liste : je serai dans une prochaine équipe. À minuit, le groupe part sans moi.

Le lendemain après-midi, par un temps limpide et bleu, l'alerte retentit. Des formations de bombardiers alliés scintillent dans la lumière, laissant derrière eux de longues traînées blanches. La DCA du camp tire mais les avions volent bien trop haut pour être atteints. Dans le lointain, nous entendons de violents coups sourds et répétés. Nous nous réjouissons des dégâts qu'occasionnent les bombes. Le jour se termine dans le calme. Nos camarades doivent rentrer vers minuit et une nouvelle équipe repartir à 2 heures. À l'heure du retour, personne. Un bruit court : nos camarades ont été bombardées. À 2 heures, la lumière s'allume : il faut se préparer au départ. Nous refusons de sortir. Le commandant rentre dans une baraque, sort son revolver en hurlant : « Si tout le monde n'est pas dehors dans dix minutes, dix femmes seront abattues. » Nous quittons toutes le camp, sauf maman qui est parvenue à se cacher.

Nous descendons dans la nuit. Quelques mètres plus loin, nous croisons une colonne. Ce sont nos camarades qui reviennent. Elles se traînent avec peine, beaucoup ont les membres ou la tête entourés de chiffons. Elles ont juste le temps de nous dire : « Nous avons été bombardées, beaucoup sont mortes, d'autres suivent dans des voitures. C'est affreux, nous y resterons toutes. » Une petite voix supplie : « Taisez-vous, ne leur dites plus rien, elles verront bien, c'est trop horrible. » *Schnell* (vite), les SS nous poussent. À Mauthausen, nous prenons le train ; quelques civils dans la gare nous examinent avec des regards vides. Nous roulons pendant une quarantaine de kilomètres, puis on nous arrête à l'entrée d'une petite ville : Amstetten. Les abords de la gare sont jonchés de plâtre, les voies, sur plus de 4 kilomètres, ne laissent voir que ferrailles tordues et trous de bombes. Nous avançons péniblement. Un SS d'une quinzaine d'années lance des pierres aux femmes âgées qui marchent avec difficulté.

On nous répartit par équipes : les unes bouchent les trous de bombes, les autres vident quelques wagons de marchandises partiellement détruits. Un wagon de pommes de terre s'est écrasé contre un wagon de chlore. Nous les mangeons ainsi enrobées. Les jeunes SS, déjà endurcis, nous mènent la vie dure. Mme Marchand, une femme âgée, est avec moi. On nous affecte au déchargement de poutres. Elles pèsent si lourd sur nos épaules que nous titubons. Nous n'avons pas achevé un voyage que la sirène d'alerte commence à hurler. Nous gagnons un grand champ labouré par les bombes, puis une hauteur boisée, là même où nos camarades ont été tuées. Il reste des morceaux de corps dans les arbres. Le ronronnement des avions s'intensifie. Nous nous allongeons sur le sol, le nez dans la terre. Je sens les odeurs que les beaux jours font renaître. Les aiguilles de pin évoquent pour moi Bréhat. Nous sommes le 21 mars ! Je vais peut-être mourir le jour du printemps. L'alerte prend fin et nous retournons au travail. Nous rentrons enfin, épuisées mais vivantes.

Nous n'avons reçu qu'un peu de soupe aigre et un morceau de pain pendant ces vingt-quatre heures. Si les Allemands ne nous nourrissent pas plus, nous ne tiendrons pas longtemps. Nous devinons bien que c'est le but : notre extermination par la faim. Le lendemain, nous apprenons que les femmes ne travailleront plus à Amstetten : notre rendement est nul et nous faisons mauvaise impression auprès des civils.

Ninette me réclame au block 16 où elle essaie d'organiser un *Revier* pour les malades et les blessées qui, restées sans soins, souffrent le martyre. Marie-Élisa Cohen et moi travaillons sous sa direction. Les blessées gisent à terre, encore couvertes de terre et de sang. On monte des châlits dans lesquels nous les installons le mieux possible. J'apprends aussi la mort de sept amies qui participaient à notre chorale à Ravensbrück. Hélène, Frédérique... La mort de Marianne me bouleverse plus que tout. Marianne, si lumineuse, confiante en la vie, créatrice de tant de projets pour l'avenir, comment croire que jamais plus sa joie ne nous éclairera ?

Au bout d'une semaine, le *Revier* est définitivement installé, même s'il manque de tout. Je m'occupe, avec Marie-Élisa, de trente à quarante malades. Il faut répartir la *Diät* (soupe blanche au millet pour les grandes dysentériques qui ne supportent pas les rutabagas), fournie en quantité notoirement insuffisante. Puis nous donnons le *Sonderkost* (régime spécial) aux blessées.

Les cas de tuberculose sont très nombreux. Une malheureuse juive hongroise fond en quelques jours. Son corps se couvre de plaies, elle crache le sang et fait sous elle. Je n'ai plus de piqûres pour la soulager : elle est jugée perdue et nous devons garder les médicaments pour celles qui peuvent réagir. C'est affreux, mais nous devons agir ainsi dans notre dénuement. Elle me supplie dans sa langue, s'accroche à moi quand je passe, je lui donne de l'aspirine ou n'importe quoi pour maintenir son moral.

Je soigne aussi les cardiaques à jambes enflées, les diarrhéiques, les congestions pulmonaires, les pleurésies, les vilaines fièvres. Je tente de sauver Célia, une petite typhique italienne de dix-sept ans. Et puis il y a les blessées d'Amstetten, dont la plupart ont des fractures du bassin, des plaies à la tête. La petite Charlotte, la douceur incarnée, a le bras et la clavicule cassés. Miette, une petite Belge, souffre le martyre, bassin fracturé. Nous l'avons installée sur un châlit avec une planche et une pierre au bout pour assurer l'extension [1].

---

1. Je la reverrai après la guerre, guérie mais boitant toujours un peu.

À Ravensbrück : « Et du sang, des cris, des larmes. »

Nos camarades travaillent désormais dans les champs à ramasser des pommes de terre. La situation matérielle s'améliore un peu. Des vêtements neufs sont mêmes arrivés. J'ai pris mon dû et tout ce que je pouvais en plus : trois blouses, une chemise de nuit, un pull-over, une jupe, une veste que j'ai partagés avec maman. Seule la nourriture diminue encore.

On aménage la moitié gauche du block 16 pour « ces dames » du « pouffe ». Un oiseau en cage et des fleurs garnissent la porte derrière laquelle ont été étalés des coussins. Cela sent le parfum. Il y a de la musique. Elles portent bientôt l'uniforme des *Aufseherinnen* qu'elles remplacent car seules quelques femmes SS restent encore. Les autres ont déjà fui. Il se dit que les Russes approchent d'un côté et les Américains de l'autre. Beaucoup d'autres camps se replient sur Mauthausen. Des femmes retrouvent même leur mari, leur envoyant des mots écrits sur des bouts de papier par-dessus le mur. L'heure de la libération est si proche.

Dans les premiers jours d'avril, on nous avertit que nous allons changer de baraque. On nous conduit hors des murs du camp. Il faut descendre les cent quatre-vingt-six marches de la carrière où sont morts tant d'hommes [1]. Nous arrivons dans une sorte de vaste bâtiment. Il y a là quelques bottes de paille qui sont âprement disputées. Nous parvenons à nous ménager un espace pour installer une infirmerie.

---

1. On forçait les détenus à grimper ces marches avec de lourdes charges jusqu'à ce qu'ils tombent, exténués. Ils étaient alors achevés.

Les jours qui suivent amènent une reprise du travail. J'envie les *Kommandos* qui quittent chaque matin ce lieu. Trois anciennes baraques se retrouvent mélangées ici. Les rivalités des *Blockowas* sont permanentes. Et il faut encore faire de la place pour « ces dames », avec tout leur luxe et leur rage d'*Aufseherinnen* parvenues. La sauvagerie se déchaîne surtout au moment de la distribution de la soupe qui se fait sans ordre. Parfois, deux prisonnières s'emparent d'un bidon et fuient avec, une troupe d'affamées à leurs trousses ; même les coups de *gumi* ne les arrêtent plus. Nous n'avons droit, en guise de ration de pain, qu'à une tranche rongée de moisissure. Heureusement, Yvonne Kieffer arrive à chiper dans les champs des pommes de terre qu'elle partage avec ma mère et moi. Maman arrive parfois à préparer une salade avec les pissenlits qu'elle ramasse.

Les trois cuves en bois qui font office de toilettes débordent. Nous puisons l'eau dans un petit ruisseau qui jouxte nos lieux d'aisance.

La dysenterie fait des ravages. Les infirmières ne sont bien sûr pas épargnées. Alice, Huguette, puis Marie-Élisa sont touchées. Je dois être alitée à mon tour, terrassée par la fièvre. Ninette nous apporte un sirop fabriqué par le docteur Fichez, un prisonnier français, avec du tanin provenant d'écorces. Ce breuvage nous tire d'affaire.

Un convoi de Russes et de Polonaises arrive à Mauthausen. Elles ont quitté Ravensbrück avant nous, mais ont été retardées par des bombardements. L'infirmerie prend en charge comme elle peut les blessées. L'une d'elles, une jeune femme de vingt et un

À *Ravensbrück : « Et du sang, des cris, des larmes. »*

ans, a les deux jambes brisées et mangées par la gangrène. Je m'occupe d'elle. La piqûre de morphine la soulage à peine. Nous la frottons avec de l'huile camphrée pour lui soutenir le cœur. Mais elle agonise. Sa jolie figure fine se détend un peu, elle a quelques instants de paix avant de mourir. Ses camarades nous expliquent son histoire. Au cours d'un transport, elle a tenté de s'évader. Les SS lui ont tiré dans les jambes.

Un autre convoi. Des Yougoslaves et des Italiennes cette fois, venant d'une fabrique de munitions où elles travaillaient. Les jours s'ajoutent aux jours. Des morts, la faim, les coups, toujours plus. On entend les bombardements au loin. Les Alliés approchent, mais que feront de nous les SS avant la fin ? Un après-midi, une *Aufseherin* arrive en courant et crie : « Faites sortir toutes celles qui peuvent marcher. » Nous obéissons en tremblant, redoutant une nouvelle sélection. J'aide une petite malade à marcher jusqu'aux barbelés. Là, nous voyons deux hommes, pas deux SS, deux véritables êtres à expression humaine. Ils portent un brassard blanc marqué d'une croix rouge avec l'inscription Comité international de la Croix-Rouge [1]. Ils nous parlent en français : « Mesdames,

1. Himmler, sentant sans doute venir l'heure de rendre des comptes, a négocié avec le comte Bernadotte, ambassadeur de Suède, la libération de déportés qui seront exfiltrés par la Suède ou par la Suisse. Le Comité international a réalisé trois transports de déportés depuis Mauthausen, qui ont permis le transport de sept cent quatre-vingts déportés de nationalités française, belge et hollandaise, entre les 23 et 24 avril 1945. Quelques jours plus tard, deux nouveaux convois ont assuré l'évacuation successive de cent quatre-vingt-trois et trois cent quarante-neuf déportés de ce camp.

vous allez être rapatriées par la Suisse, vous partez demain matin. » Ce ne sont que larmes de joie, puis, à nouveau, une inquiétude : ne s'agit-il pas d'une dernière ruse des Allemands ? Nous transportons les malades dans une autre baraque du camp. Le silence est seulement coupé par le râle d'une mourante. Si près de la liberté, quelle rage ! Je profite de notre relative liberté pour errer dans un couloir de l'administration où se trouve un placard. J'ouvre et découvre une bouteille de schnaps entamée. J'en avale une bonne gorgée qui me brûle la gorge et me monte aussitôt à la tête. Je découvre également un miroir. Cela fait si longtemps. Je me regarde avec inquiétude. J'ai moins changé que je ne le pensais. Je me trouve même plutôt jolie. Mais n'est-ce pas un mirage, l'effet de l'alcool ?

Le 22 avril, les malades doivent partir à 8 heures mais les SS refusent de laisser pénétrer les camions de la Croix-Rouge. Après trois heures de négociations, la porte du camp s'ouvre et les camions blancs viennent jusqu'à nous. Nous aidons d'abord les malades à monter puis nous nous éloignons pour nous regrouper sur l'esplanade, devant le camp. Nous sommes là plusieurs centaines de femmes qui partiront dans trois convois, le troisième complété par un groupe d'hommes. Une infirmière suisse nous demande si nous sommes bien ; il y a si longtemps qu'on ne nous a pas parlé ainsi ! Mais nous apprenons que nous allons être escortées vers la frontière suisse par des SS, ce qui douche notre enthousiasme.

Nous partons et roulons trois jours durant à travers l'Autriche. J'observe le magnifique paysage sans bien réaliser que nous roulons vers la liberté. Un après-midi, nous nous arrêtons près d'un petit torrent. Je vais toucher l'eau. Au-dessus de moi, des arbres fleurissent, tout blancs ; plus haut, la montagne sent bon au soleil, plus haut encore, il reste de la neige. Alors, un peu de cette vie s'insinue en moi. Le soir du troisième jour, nous approchons de la frontière. Mais une avalanche a barré le passage. Nous empruntons un tunnel, ce qui allonge notre route. Quand nous touchons au but, la nuit est déjà tombée. La frontière est fermée. Toute la nuit, les camions de ce troisième convoi restent derrière la barrière abaissée pendant que les responsables de la Croix-Rouge essayent en vain d'arracher la permission de passer. Nous sommes dans l'angoisse [1]. Ma mère, déjà passée, désespère. Si près de la liberté... Plutôt que de retourner là d'où nous venons, nous préférons nous révolter et mourir ici. Enfin, au matin, les barrières se lèvent. Quand la dernière des treize voitures se retrouve sur le sol suisse, nous fondons en larmes puis entonnons la plus belle, la plus inouïe des *Marseillaise*.

*

Nous sommes libres. Tandis que les blessées d'Amstetten et les déportés les plus malades sont transportés à l'hôpital, nous sommes emmenés à Saint-Gall et mis en quarantaine dans des écoles réquisitionnées. Bonheur de prendre une douche...

---

1. Denise Vernay m'expliquera après la guerre qu'il lui était resté de cette nuit d'attente une anxiété qui la poursuivra des années.

Humiliation d'une nouvelle désinfection... Nous sommes dans un premier temps exclusivement nourris de compote, par prudence, notre corps n'étant plus capable d'absorber des aliments solides et trop riches. Émus de notre dénuement, des Suisses brisent l'interdit et nous font passer des affaires. J'hérite ainsi d'un foulard.

Après quelques jours, nous sommes emmenés à Annemasse. Des soldats relèvent notre identité, appellent les mairies où ont été établies nos états-civils pour les vérifier. Ils craignent que des traîtres se soient glissés parmi nous.

Ma mère appelle ma grand-mère au téléphone. Nonna lui annonce le décès de mon père. N'étant pas NN à Buchenwald, il avait le droit de recevoir des colis mais le dernier paquet a été retourné à son décès. Par des camarades de Bretagne, nous avons connu ses derniers jours, dans le Petit camp, un mouroir de Buchenwald. Il est mort d'une congestion pulmonaire le 24 février 1944, un mois à peine après son arrivée. À Compiègne, sa santé s'était un peu améliorée. Jean Livinec l'avait côtoyé à cette époque. Connaissant les conditions du camp et la santé de mon père, je savais qu'il ne pouvait y survivre. Ses camarades feront déposer une plaque dans le cimetière de Bréhat, près de la tombe de notre famille, avec cette inscription : « À notre camarade martyr. »

D'Annecy, nous prenons un train spécial pour Paris. Notre convoi effectue plusieurs arrêts, notamment à Lyon où descendent des camarades. Parfois, sur le quai, nous attend un petit comité, des gens qui agitent des drapeaux en notre honneur et nous offrent des cadeaux. J'arrive à Paris le 1er mai, sous une fine neige de printemps. À l'hôtel Lutetia, il nous faut nous enregistrer, raconter brièvement notre histoire, remplir encore et encore des papiers. Il règne une incroyable cohue. On se bouscule. Et, en même temps, tout cela a quelque chose de fantomatique tant les corps sont squelettiques, les visages décavés. Les murs sont tapissés de portraits affichés par des proches. Des familles nous demandent des renseignements. Mais comment faire le moindre rapprochement entre les photos de ces personnes mises en valeur par un objectif, bouilles rondes, jolies, apprêtées qu'on nous met sous les yeux et les pauvres femmes rasées et décharnées, au teint jaune de parchemin, que nous avons connues. Parfois, un nom résonne dans un coin de la mémoire. Alors on dit ce qu'on sait, souvent pas grand-chose.

Ma mère et moi recevons un peu d'argent. Nous nous rendons en face du Lutetia, au Bon Marché. Je reste interdite de la profusion qui règne dans ce magasin, je me perds dans ces allées bien achalandées. Ma mère voit un joli poudrier. Il la tente bien. Elle en aurait tant besoin pour se redonner figure humaine… Mais il est bien trop cher. Tant d'autres choses ne sont accessibles qu'avec des tickets de rationnement. Je n'en ai pas. Nous achetons des fruits que j'avale goulûment.

Maman et moi nous rendons ensuite rue Guynemer au siège de l'Association des prisonnières de la Résistance, un groupe d'entraide créé par les premières déportées qui sont rentrées [1]. Là, je reçois des

_____

1. Notamment par Geneviève de Gaulle.

habits neufs, une robe et un manteau noirs. Nous sommes hébergées chez mon parrain, le Pr Toupet, qui nous aide. Il nous montre une lettre de mon père, écrite de Fresnes. Il explique qu'il crève de faim, appelle au secours. Je suis bouleversée en imaginant le sort de papa.

Mme Lainé nous offre également un secours providentiel. Son fils, je l'ai dit, a été également déporté. Le Dr René Lainé est rentré mais ne se remettra jamais psychologiquement de l'épreuve. Il sera retrouvé mort un matin, sans explication. S'était-il suicidé, comme tant d'autres qui ne sont jamais parvenus à reprendre pied dans la vie ordinaire ?

Je passe chez le coiffeur. Dans la glace, je me vois redevenir plus présentable, plus humaine. Cela me fait du bien. Un peu retapées, ma mère et moi rentrons en Bretagne. Nonna nous attend à Saint-Brieuc. Annie et Nellie sont également là pour nous accueillir. Nellie a dans les bras un petit garçon. Nonna est consternée de l'état de ma mère. Elle était partie femme un peu ronde. Elle revenait squelettique. « Elle a l'air d'avoir soixante-dix ans », dit ma grand-mère. Moi, je garde meilleure apparence. Mais, quand Annie m'emmène voir d'autres sœurs de son couvent, ces dernières sont effrayées par mes yeux vides. Elles confient en aparté à Annie : « Avec le regard qu'elle a, dans une semaine, ta petite sœur sera morte. »

Une voiture nous conduit à l'embarcadère de l'Arcouest. Un comité d'accueil nous attend sur la cale à Bréhat. Les enfants des écoles nous tendent des bouquets. Des habitants nous applaudissent et nous embrassent. Le nouveau maire a passé son écharpe tricolore. Il prononce un long discours, rappelle l'honneur de mourir pour la patrie. Je suis à nouveau traversée d'émotions contradictoires au point que je ne sais plus si je ris ou si je pleure.

Arrivée à *Ker Avel*, je monte dans ma chambre et enfile une robe d'été. Je me regarde dans la glace. La robe me va, bien que le corps flotte un peu dans le tissu. J'inspecte mon reflet, le compare à celui que je contemplais au même endroit en 1942. Je ne me déçois pas trop. J'ai changé malgré tout. Ma figure est plus mince, mes cheveux ont foncé. Mais la modification essentielle n'est pas physique. À 21 ans, ce n'est plus la même personne qui se campe devant ce miroir. Yvette, la jeune fille à peine sortie de l'adolescence, est devenue Marijo, la rescapée des camps, qui a vu de l'être humain plus que beaucoup ne peuvent en connaître.

V

LE MAL ABSOLU

Durant mes années de prison et de camp, j'ai rencontré des femmes qui sont devenues, pour la jeune fille de dix-neuf à vingt et un ans que j'étais, des guides, des repères. France Bloch-Sérazin, guillotinée en Allemagne. Marie-Claude Vaillant-Couturier, que j'ai vue à la prison de la Santé et à Ravensbrück, qui m'a confié des années plus tard la présidence de la Fondation pour la mémoire de la déportation. Et Germaine Tillion.

Je l'avais aperçue à Fresnes. Lors d'une sortie pour la promenade, qui se déroulait dans de petites cours individuelles, j'avais remarqué à distance derrière moi une petite femme vêtue de manière originale. Elle portait une culotte de cheval et un turban, sa tenue d'ethnologue en mission sur le terrain. Je l'appris quand elle arriva à Ravensbrück, dans un convoi de NN qui avait suivi le mien. Après la guerre, j'ai partagé les mêmes combats : contre le Goulag, la torture en Algérie, ayant le privilège de son amitié.

Dans le camp, nous avions un point commun : la présence de nos mères, Suzanne, la mienne, NN arrêtée dans la même affaire que moi, et Émilie, la maman de Germaine, arrêtée à une autre date, non NN et donc internée dans une autre baraque. Les personnes âgées, même encore valides, étaient en grand danger d'élimination. Durant le premier trimestre de 1945, quand Ravensbrück était surpeuplé par l'arrivée des déportées d'autres camps, refoulées à l'approche des armées libératrices, les SS tentaient de se débarrasser de convois, tels ceux de femmes et d'enfants, envoyés vers Bergen-Belsen, véritable mouroir où régnait le typhus.

Début mars, je l'ai raconté [1], le commandant a décidé de se débarrasser des NN, conduites à Mauthausen. Quelques NN se sont cachées, ce convoi étant perçu comme « noir ». Je suis donc partie avec ma mère. Émilie Tillion, non NN, ne devait pas partir. Germaine, qui était NN, avait décidé de rester. Elle était entrée à l'infirmerie pour un abcès à la gorge, avait confié sa maman à Anise (Girard, devenue Postel-Vinay). Le lendemain du départ du convoi NN, lors d'une sélection, Émilie a été arrachée des bras d'Anise et celle-ci a dû apprendre à Germaine, désespérée, que sa mère avait été embarquée. À Mauthausen, quelques jours plus tard, ma mère a, elle, échappé à une nouvelle sélection, scène que j'ai déjà décrite [2]. J'ai ainsi gardé ma mère quand Germaine a perdu la sienne.

Lors de son incarcération à Fresnes, Germaine avait obtenu de poursuivre en cellule la rédaction de sa

---

1. Lire page 180.
2. Lire page 195.

thèse d'ethnologie. Elle s'était donc fait envoyer ses notes sur les Berbères des Aurès. Avant la guerre, elle avait effectué deux longues missions au cœur des montagnes algériennes. Elle s'était fondue dans la population. Une partie de ses travaux fut perdue quand elle a été déportée à Ravensbrück en octobre 1943. Mais cette fonction de témoin chercheur, expérimentée dans les Aurès, Germaine allait la poursuivre dans le camp. Elle s'est mise à étudier le système qui la martyrisait.

Car dans l'univers concentrationnaire de Ravensbrück, les victimes ont été plongées dans une société particulière, qu'elles décrivent souvent comme un « autre monde », incompréhensible, impénétrable à qui n'y a pas vécu. Là sévissait le « mal absolu », en une forme de non-sens, d'aberration intellectuelle qui rendait la douleur insupportable. « Ce monde d'horreur était un monde d'incohérence : plus terrifiant que les visions de Dante, plus absurde que le jeu de l'oie », a parfaitement résumé Germaine Tillion.

Nous, déportées, étions confrontées à la violence, à la peur, au froid, à la faim et à une question, lancinante, un hurlement dans nos têtes : pourquoi, pourquoi, pourquoi ? Alors, l'enfer de Ravensbrück, le monde irrationnel ou obéissant à d'autres règles, d'autres normes, dans lequel nous étions brusquement projetées, constituait bien une société spécifique. De par notre formation universitaire, de par nos outils de connaissance, certaines d'entre nous sont donc parvenues à réfléchir sur la déportation, parfois dès l'intérieur du camp. Nous avons réussi à en faire un objet d'étude. Nous étions devenues participantes et chercheuses. C'était aussi là une manière de se décentrer, comme je l'ai déjà écrit.

Ce travail intellectuel aidait à tenir en sortant d'une pure condition de déportées confrontées au désespoir. Nous conservions notre dignité d'être pensant, qualité qui nous était déniée par les nazis qui nous avaient ravalées au rang de choses. Germaine Tillion fut pionnière en ce domaine. Elle a été témoin du pire. Elle a vécu dans le block des NN. Elle a côtoyé les victimes des expérimentations médicales. Sa mère a été exterminée dans une chambre à gaz. À Ravensbrück, avec un courage hors du commun, elle a pourtant essayé d'analyser avec sa formation d'ethnologue le fonctionnement du camp. Elle a établi une liste des noms des principaux responsables SS, avec leurs rôles, leurs comportements. Sous son regard, cette chiourme devenait une tribu régie par des codes qu'elle tentait de cerner. Il en fut de même de notre pauvre troupeau. Elle y disséquait les relations hiérarchiques. La *Blockowa* ou *Blockälteste* dirigeait un block, secondée par la *Stubenälteste* ou *Stubowa* (chef de chambrée). Elles avaient des brassards verts. C'étaient souvent des droits communs, reconnaissables à leur triangle vert sur la poitrine quand les politiques portaient un triangle rouge. Les porteuses d'un brassard rouge, étaient, elles, chargées du service d'ordre. Elles se subdivisaient en *Lagerpolizei* (policières du camp) et *Anweiserinnen* (chefs de colonne de travail).

J'ai déjà raconté cela mais Germaine parvenait à analyser en ethnologue ainsi les relations humaines, les rapports de force, les solidarités qu'elle vivait au quotidien. Je me souviens que, durant sa détention, elle avait improvisé une causerie devant ses camarades. Elle y démontait avec le même précieux détachement le mécanisme du système concentrationnaire. Elle permettait ainsi à ses camarades moins armées de se dédoubler, de sortir à leur tour d'elles-mêmes. Elles devenaient elles aussi, grâce à la conférencière, observatrices de leur état.

Comme une autre manière de se décentrer, Germaine rédigeait également sur des bouts de papier des textes pleins d'humour qui tournaient les souffrances des prisonnières en dérision. Elle racontait les mille et une astuces pour échapper aux corvées, décrivait les petites manies des unes et des autres, caricaturait les gardiennes SS et les kapos, donnant des airs courtelinesques au camp. Elle avait mis tout cela en musique, y plaquant des airs d'opérette qui ajoutaient à l'autodérision. Le « *Verfügbar*[1] aux enfers » ne servait pas uniquement à remonter le moral de ses camarades par le rire. Cette pièce burlesque les aidait également à s'échapper, en devenant actrices, c'est-à-dire volontaires de ce qu'elles vivaient en fait sous la contrainte.

À la Libération, ayant intégré le CNRS, Germaine a poursuivi ce travail ethnologique sur la déportation et publié trois livres successifs sur Ravensbrück. Dès 1954, elle a fait paraître un premier article scientifique, intitulé « Réflexions sur l'étude de la déportation[2] ». Elle pré-

---

1. Littéralement « disponible », ce mot désignait dans l'argot du camp une prisonnière qui n'était pas utilisée comme travailleuse.

2. *Revue d'histoire de la Deuxième Guerre mondiale*, juin-septembre 1954.

sentait ses recherches sur un convoi dont on avait retrouvé la liste, avec des matricules en 27000 [1]. Elle y confrontait les témoignages de ces déportées aux documents des Allemands. Elle trouvait autant d'erreurs de part et d'autre. Elle démontrait cependant qu'il était possible d'atteindre la vérité par les moyens de témoins sélectionnés. S'appuyant sur la base d'informations sur laquelle est fondée la méthode ethnologique, elle estimait que « les résultats auxquels [ces informations] nous permettent d'atteindre sont plus solides que ceux de l'Histoire ». Témoin chercheur exceptionnel, elle conclut : « Le récit le plus passionné, le plus fourmillant d'erreurs, est sans doute plus près de la vérité – moins dangereux en tout cas – que les publications d'archives. » Bien sûr, on peut trouver une part d'injustice à ce constat : les historiens utilisent les archives de façon critique, avec la rigueur scientifique indispensable. Mais la réflexion de Germaine Tillion mettait en relief l'importance de saisir la profondeur de l'humain.

Cette dimension humaine a été analysée par une autre déportée qui s'est muée en témoin chercheur. La psychologue Marinette Dambuyant a observé l'évolution d'une personnalité plongée dans l'univers concentrationnaire. Dès 1946, elle a présenté une étude intitulée « Remarques sur le moi dans la déportation [2] ». Elle situe d'abord sa propre histoire. Arrêtée

---

1. Le convoi comportait neuf cent cinquante-neuf femmes, dont, je l'ai dit, Geneviève de Gaulle-Anthonioz.

2. *Journal de psychologie normale et pathologique*, avril-juin 1946. Ce texte fut également présenté lors d'un colloque sur les « ruptures de vie » de la Société d'études psychologiques.

en 1943, elle passe neuf mois en prison à Fresnes, subit des interrogatoires, puis est déportée à Ravensbrück. La prison est pour elle une mort au monde, mais le monde y garde les mêmes valeurs. Comme je l'ai moi-même expérimenté, elle peut avoir un bourreau qui la bat, la torture, elle demeure dans les normes d'une société humaniste dans laquelle elle a été éduquée. La rupture profonde de tout son monde et de sa personne se produit à l'arrivée à Ravensbrück. Elle aussi utilise le terme « autre monde » qu'elle tente d'analyser. C'est un monde réel mais un monde étranger, parce que la pensée n'a aucune prise sur lui. Un monde sans repère temporel. Un monde absurde, avec des ordres absurdes, des interdictions absurdes. Elle suit alors les dégradations de sa personne humaine. Le degré extrême en sera l'angoisse par rapport à l'être humain. « Suis-je de la même espèce que le bourreau qu'est notre surveillant ? » Il veut nous déshumaniser. Elle suit sur elle-même, matricule 61118, les étapes successives de ce mécanisme. Le soi se perd, le passé se désactive, n'est plus vécu affectivement. Le corps ne correspond plus à son image familière. Après le premier choc de la honte de la nudité, l'extrême maigreur le rend étranger. On le regarde comme celui d'un autre, comme celui des autres. On en arrive même à une désensibilisation à l'égard du corps d'un mort. (À titre personnel, j'ai ainsi vu près du lavabo une déportée poser son bout de serviette sur un cadavre). Le degré extrême est atteint avec la prostration qui aboutit à l'abandon de son propre corps, au refus de vivre. Avec une formidable capacité d'introspection, Marinette Dambuyant explique comment, à Ravensbrück, elle a presque perdu le sentiment du moi. Cependant, elle a conservé la certitude que ce qui rendrait la vie – et même la mort – digne, valable reste la même chose. Cette certitude préserve la continuité du moi. Elle constate aussi des débuts de reconstruction de soi-même, de la personne. Le groupe, la solidarité, l'amitié ont joué un rôle fondamental dans le maintien et parfois la reconstruction du moi, de la personne humaine. La psychologue, à la fin de l'étude, présente les changements de personnalité de celle qui a subi la rupture profonde de la traversée du « monde autre », lors de son retour dans une société ancienne qui a aussi changé. Pour les survivantes, les moins profondément traumatisées, une forme de résilience était sans doute déjà en cours.

Un troisième témoin chercheur, Paulette Don Zimmet-Gazel, a également réfléchi sur la déportation avec les bases de sa discipline : la médecine. Ex-assistante à l'Institut de physiologie et de chimie physiologique de Genève, elle a été arrêtée en 1943 et déportée en avril 1944. En 1947, elle a publié un ouvrage sur le camp : *Les Conditions d'existence et l'état sanitaire dans les camps de concentration de femmes en Allemagne*[1]. Le livre est tiré de notes prises à Ravensbrück. Certains chapitres ont même été écrits sur place. Bérengère (son nom de camp) n'a pas travaillé comme médecin à Ravensbrück, mais elle échangeait avec plusieurs collègues des blocks de malades. Dans une première partie, elle présente les conditions de vie, les vêtements, l'habitat, la nourriture, le travail. En particulier, elle calcule avec précision la ration ali-

---

1. Imprimerie franco-suisse, Ambilly-Annemasse, 1947.

mentaire, l'estime en moyenne à 850 calories, très inférieure à notre dépense quotidienne. Certains éléments causaient en outre des perturbations digestives. De l'absence d'autres résultaient des carences. L'avitaminose provoquait notamment des lésions aux jambes dont l'aspect était hideux. Le menu quotidien se composait d'un ersatz de café le matin, d'une soupe à midi, avec trois pommes de terre, puis deux, puis une puis plus du tout. Cette soupe du midi se composait de rutabagas, de betteraves à bétail (et bientôt seulement des fanes des betteraves), de choux rouges, de cosses de pois, certains jours de graines ou de racines non identifiées. Le soir, nous avions un bout de pain noir, moucheté de sciure, avec un ersatz de café. Le samedi et le dimanche, nous recevions 30 grammes de margarine, et soit une rondelle de saucisson, soit une cuillerée de marmelade, soit du miel synthétique, soit 15 à 20 grammes de fromage maigre. Cet apport était totalement insuffisant en quantité et en qualité.

Épuisées par les travaux très durs que Paulette décrit et auxquels elle a été elle-même soumise, les déportées n'ont qu'une très faible chance de survie. Concernant les malades, elle présente le pire : l'infirmerie, dite *Revier* ; les blocks de malades infectieux (elle-même y a été hospitalisée pour une pneumonie). Il y régnait un manque total d'hygiène et, de fait, une absence de traitements. Les prisonnières refusaient de se faire soigner de peur d'être sélectionnées et exterminées. En médecin, elle observe les maladies qui ont gravement sévi et celles qui étaient spécifiques, liées aux sévices, aux punitions corporelles. Étant NN, Bérengère vivait dans le même block que les jeunes filles qui ont subi des expériences médicales. Elle a pu observer leurs plaies. Les troubles psychiques ne furent pas spécialement accusés, décrit-elle, mais certains découlaient plus particulièrement de la faim et des conditions de vie. Quand, à la fin du camp, toute organisation ayant explosé, toute bribe de rationalité ayant disparu, la terreur s'est mise à régner sans limites, elle note à son tour une perte de sensibilité, l'indifférence face aux cadavres. Comme Marinette Dambuyant, elle constate des modifications de la personnalité qui, soumise au dépouillement total, se décantait des acquisitions et des inhibitions de l'éducation et de la vie en société. Elle souligne alors l'émergence de grandes personnalités, jusque-là insoupçonnables, avec des ressources que les intéressées ne se connaissaient parfois pas.

Pour tenter de comprendre Ravensbrück, on peut ainsi multiplier les portes d'entrée des sciences. On peut s'en remettre à la froideur de la science économique et sociale. Les SS ont commencé à faire travailler les femmes en 1941. L'entretien d'une prisonnière coûtait 35 pfennigs par jour. Cette main-d'œuvre était louée 5 marks par jour à des entrepreneurs, des commerçants, des fermiers. Les SS et leur chef Himmler faisaient ainsi de considérables bénéfices. Certaines prisonnières travaillaient dans des *Betrieb* (fabriques), situées dans ou près du camp. D'autres étaient envoyées en *Kommandos*, dans des fermes, des usines ou des chantiers à l'extérieur (les prisonnières NN n'avaient pas le droit d'intégrer ces *Kommandos*). Des déportées étaient employées à la fabrication de masques à gaz à Limmer-Hanovre, d'armements à Zwodau. D'autres dans une usine de Torgau décapaient des vieilles douilles d'obus dans des bains d'acide. Il y avait également des usines, la plupart également liées à l'armement, à Holleischen (Skoda), à Abteroda (BMW), à Barth (Heinkel), etc. L'usine Siemens où j'ai travaillé fabriquait des appareillages électriques. D'autres détenues étaient employées à assécher des marais, à vider des wagons de charbon ou de marchandises pillées dans les territoires occupés.

La journée de travail durait en général de douze à quatorze heures mais il n'y avait pas de limitation légale. Une femme dont la productivité était jugée insuffisante était punie. Les prisonnières tentaient pourtant de ralentir la cadence, de casser ou de rendre inopérantes les pièces qu'elles fabriquaient. Ces actes de sabotage se faisaient au péril des coups et parfois de leur vie. Une des punitions consistait en vingt-cinq coups de bâton, parfois cinquante ou soixante-quinze. Le médecin SS délivrait un certificat d'aptitude à recevoir cette bastonnade qui était infligée le plus souvent par une prisonnière ukrainienne. La suppliciée était mise nue et frappée, tandis que le chef du camp se délectait de la scène. Elle devait compter les coups à haute voix, en allemand. Quand la bastonnée s'évanouissait, le médecin la ranimait avant de reprendre la séance. Les personnes de plus de cinquante ans possédaient une carte rose les dispensant de travailler. Mais elles ne restaient pas inactives. Elles étaient affectées aux tâches dans les blocks et faisaient également du tricot pour les SS. Cela leur a valu un surnom dans le camp : les « tricoteuses ». Les femmes en attente d'un travail étaient donc baptisées les *Verfügbar* (disponibles). Certaines tentaient d'échapper à toute embauche qui les conduirait à travailler pour l'ennemi en essayant de se faire oublier de l'administration. C'était un jeu risqué.

Un des dangers pour ces réfractaires était d'être envoyées dans un *Kommando* d'extermination. On y transportait également les femmes inutiles, trop malades ou trop âgées. Dans la fabrique installée dans la mine de sel de Beendorf, dans la poudrerie de Schlieben, autour du terrain d'aviation du Petit-Königsberg, les prisonnières étaient littéralement tuées à la tâche. À Ravensbrück, les femmes qui n'étaient définitivement plus en état de travailler étaient sélectionnées et exterminées, d'abord dans d'autres camps puis sur place, dans la chambre à gaz. Elles étaient remplacées par la nouvelle main-d'œuvre qui débarquait des trains de déportées. Plus les arrivées augmentaient, moins il était nécessaire de ménager ces esclaves. Il suffisait de les tuer plus rapidement à la tâche ou de baisser encore leur coût nominatif, en diminuant les rations et en les entassant un peu plus dans les blocks. Les prisonnières offraient également un vivier de femmes pour des expériences médicales qui ont débuté en 1942.

Comment dire, comment répéter que cette distance théorique que je décris ici dans toute sa froideur, cette manière de conceptualiser notre vécu, furent d'un immense secours à ceux qui en avaient la ressource ? Elles sont une autre manière de décrire ce que j'ai raconté.

VI

RETOUR À LA VIE

Après mon retour, pendant des jours et des semaines, je mange, mange, sans pouvoir me rassasier. Je ne sais plus si cela m'a pris dès la première nuit à Bréhat mais je suis saisie de boulimie. Je me réveille la faim au ventre. J'explore comme une voleuse tous les placards à la recherche de nourriture à dévorer.

Peu à peu, des nouvelles nous parviennent des autres membres du réseau. La plupart des hommes sont partis, en juillet 1943, dans un convoi qui les a menés au camp de Natzweiler-Struthof. Mon cousin André Bidaux était avec eux. Il nous a raconté comment les femmes fermaient leurs fenêtres en pleurant lorsqu'ils sont passés dans la rue. Les déportés ne comprenaient pas la raison de cette attitude. Maurice Poge a été battu à mort dans une carrière où il travaillait, en juillet 1943. Louis Le Deuff et Louis Turban ont été tués aussi, le premier massacré à coups de seau par un surveillant, le 21 février 1944, le second exécuté le 20 avril 1944. Joël et Yves Le Tac comme Joseph Scheinmann ont survécu à Natzweiler puis à Dachau et Bergen-Belsen où ils ont été transférés. Sur les vingt-sept déportés du réseau, arrêtés sur la côte entre février et mai 1942, quatorze ne reviendront pas de déportation. Malgré ce lourd tribut, nous aurons du mal à faire homologuer notre réseau. Nous avons beaucoup travaillé avec les Anglais de l'Intelligence Service et la liquidatrice qui était à Paris ne connaît pas grand-chose de nos activités, a tendance même à les minorer. Dans ces mois du retour, je découvrirai l'organisation et toutes les ramifications de Georges France 31, dont je n'étais qu'un rouage. Dans les décennies qui vont suivre, jusqu'à aujourd'hui, des familles m'interrogeront sur des parents qui appartenaient au même réseau que moi. Souvent, leurs noms me seront inconnus. Je devrai les décevoir et leur expliquer à quel point j'étais ignorante de ce qui se passait ailleurs ou même à côté de moi.

Finalement, après enquête sur mes activités, je recevrai quelques mois après ma libération une carte de déportée-résistante, la croix de guerre avec une étoile vermeille (la plus haute distinction, m'a-t-on dit) et un papier m'indiquant que j'étais élevée au grade de « sous-lieutenant assimilé de la France combattante ». On m'adressera également une lettre de remerciement signé du général Montgomery, tout cela aussitôt remisé dans un tiroir. Je serai définitivement démobilisée le 27 novembre 1946. Peu avant, il m'aura été proposé de m'engager dans l'armée et même d'intégrer les services de renseignements, ceux-ci souhaitant sans doute bénéficier de mon aguerrissement à la clandestinité. Pour m'influencer, on me fera parvenir pendant quelque temps une revue spécialisée, afin de m'appâter ! Je la lirai avec curiosité mais sans plus, ne me sentant nullement la vocation d'espionne...

Après quelque temps de repos à Bréhat, en juin, je me rends à Rennes où je retrouve Jean Livinec. Je suis surprise par l'indifférence ambiante. La ville est libérée depuis un an. Elle a repris son ronron de la paix. Tout à leur quotidien, des gens indifférents me frôlent sans se douter d'où je viens. Je ressens un peu de ce que contiennent ces lignes écrites par Antoine Redier dans *La Guerre des femmes*, décrivant le retour à la paix de mes anciennes héroïnes : « Quand on a pensé, senti, agi d'une certaine haute façon, il est triste de s'abîmer en plein vol, mais plus triste de redescendre doucement sur la terre, pour y traîner, dans la foule médiocre, des jours sans consolation. [...] Elles passent, et les hommes et les femmes qui courent par les rues, ne se détournent pas pour les voir. [...] Elles ont le cœur lourd de souvenirs magnifiques et ceux qu'elles ont voulu sauver au prix de leur sang les éclaboussent ou les dédaignent, et les laisseraient mourir de faim sans un regard. »

Je retourne à la faculté avec Jean. Mes camarades ont continué normalement leurs études. Ils ont déjà fait près de la moitié de leur cursus quand j'en suis encore aux prémices. Ils se montrent gentils avec moi mais, là encore, je me sens en décalage. Je n'ai pas pu achever mes examens avant mon arrestation. Comme j'étais une excellente élève en 1942, troisième de ma classe, les professeurs valident tout de même ma première année de faculté.

L'université nous demande, à Jean Livinec et moi, de raconter notre expérience. Devant un amphithéâtre rempli, silencieux comme une cathédrale, je témoigne pour la première fois et découvre la difficulté de dire ce que j'ai vécu. Mes paroles me semblent vides, insuffisantes. Il aurait fallu que je sois un poète pour toucher d'emblée au cœur cette vérité. Je ne le suis pas. Je découvrirai plus tard ce poème de Charlotte Delbo, une déportée, qui illustre parfaitement ce qu'étaient mes sentiments.

> « *Qu'on revienne de guerre ou d'ailleurs*
> *quand c'est d'un ailleurs*
> *aux autres inimaginable*
> *c'est difficile de revenir*
>
> *Qu'on revienne de guerre ou d'ailleurs*
> *quand c'est d'un ailleurs*
> *qui n'est nulle part*
> *c'est difficile de revenir*
> *tout est devenu étranger*
> *dans la maison*
> *pendant qu'on était dans l'ailleurs*
>
> *Qu'on revienne de guerre ou d'ailleurs*
> *quand c'est d'un ailleurs*
> *où l'on a parlé avec la mort*
> *c'est difficile de revenir*
> *et de reparler aux vivants*
>
> *Qu'on revienne de guerre ou d'ailleurs*
> *quand on revient de là-bas*
> *et qu'il faut réapprendre*
> *c'est difficile de revenir*
> *quand on a regardé la mort*
> *à prunelle nue*

Retour à la vie

c'est difficile de réapprendre
à regarder les vivants
aux prunelles opaques [1]

Comment faire, de toute façon ? Mes camarades, mes amis, mes voisins se montrent attentionnés mais ne peuvent évidemment pénétrer, ni même effleurer le monde d'où nous revenons. Ils me convient autour d'un thé et de gâteaux secs. Des professeurs me demandent comment c'était, là-bas. Ils hochent la tête à mon récit, bouleversés. Mais je sens qu'ils restent à la surface des choses.

À Bréhat, une voisine m'explique qu'ici aussi, ils ont été malheureux. Il y avait les restrictions. Ils n'avaient que les légumes du jardin. Ils ont mangé des berniques. Comment lui faire comprendre que, pour moi, cela aurait été un délice alimentaire. Quel décalage quand on a connu la torture de la faim ! On me plaint maladroitement : « Ma pauvre petite, vous avez perdu là-bas les plus belles années de votre vie. » Mais une ancienne connaissance, une pétainiste, me ferme carrément son salon : « Je ne peux recevoir dans ma famille une rescapée de Ravensbrück, dit-elle. Quelles maladies ramène-t-elle ? Elle a vécu auprès de criminelles, de prostituées, ce n'est pas une éducation pour une jeune fille. »

Je retrouve B. avec plaisir. Il porte un superbe uniforme d'officier de marine. Nous faisons comme si la vie, nos amours reprenaient leur cours. Mais très vite, je découvre que, même avec lui, une faille s'est creu-

---

1. *Auschwitz et après*, t. III. « Mesure de nos jours », Les Éditions de Minuit.

223

sée. Il ne la perçoit pas, lui, tout au souhait de reprendre le cours des choses là où il s'était simplement interrompu. Depuis la Libération, il cherchait avec angoisse de mes nouvelles, auprès de la Croix-Rouge notamment. Il est tout à la joie de me retrouver vivante, si semblable en apparence à celle qu'il avait quittée. Je vais passer quelques jours avec lui à Paris. Il m'invite au restaurant *La Tour d'Argent* puis à une surprise-partie avec des jeunes filles de son milieu. L'une d'entre elles me demande si je viens du cours Désir ou de Sainte-Marie... Je lui parle de Ravensbrück, ce « monde autre », mais le contact est impossible. Ma vie de jeune fille en robe de bal est révolue. J'ai vécu et découvert un monde exceptionnel, l'horreur, mais aussi des femmes remarquables qui m'ont marquée et ouverte sur d'autres aspects de la société.

B. m'annonce que la marine gaulliste est envoyée en Indochine. Il me demande de l'attendre. Je rentre à Bréhat où je revis entre promenades dans la nature et bains de mer. Je m'émerveille devant de simples brins d'herbe. Là-bas, la verdure n'était qu'un aliment, une vitamine rare que nous arrachions jusqu'à la dernière racine. Ici, elle pousse à foison, juste pour l'agrément. Chaque chose ordinaire devient pour moi extraordinaire : un arbre, une fleur, un animal. J'ai une inextinguible soif de ces paysages, de ces mille détails pour d'autres insignifiants.

Ma mère a repris sa fonction de sage-femme à Bréhat. Je l'aide lors des accouchements. Dans ces nouveau-nés débordant de vitalité, je vois une forme de thérapie après l'expérience de la *Kinderzimmer*.

Mais un enfant prématuré meurt dans mes bras. Les images remontent. Je m'effondre.

À Bréhat, durant l'été 1945, je commence à rédiger diverses réflexions sur l'existence, le monde que je côtoie, puis parfois sur mon passé dans la Résistance, la déportation. Je reçois une lettre de Stockholm, écrite par Sofia Sokulska, le « lapin », qui est devenue mon amie. Elle ne peut rentrer en Pologne, par crainte d'être mise en prison. Elle est déprimée. « Je suis toujours triste et très souvent j'ai dans l'idée que ma vie n'a pas de sens. La vie est toujours méchante pour moi et le Golgotha de Ravensbrück est toujours actuel », m'écrit-elle. Je l'inviterai à Bréhat où elle verra les paysages dont je lui avais parlé à Ravensbrück. Puis elle déménagera à Londres où elle refera finalement sa vie. Nina Ywenska, elle, s'installera à Paris. Je la reverrai également avec plaisir. Ensemble, nous parlerons du présent et du futur, de tout et surtout de rien.

En octobre 1945, je décide de ne pas reprendre mes études de médecine à Rennes. Il faut que je change de vie. Je pars seule à Paris. Avec le petit pécule que la France reconnaissante m'a accordé – 1 000 francs –, je loue une chambre, rue Valentin-Haüy. Je m'inscris à l'université, en sciences humaines et en philosophie, ainsi que dans une école de journalisme, avec Nina. Instinctivement, nous sentons sans doute l'une et l'autre que nous aurons à prendre la parole et souhaitons nous y préparer.

Je vis assez seule, ne fréquentant que quelques amis fidèles, dont Line de Toma. Cette dernière est une amie d'Annie. Elle avait fait toutes les démarches auprès de la Croix-Rouge pour tenter de nous retrouver. C'est seulement quand Geneviève de Gaulle et un groupe de déportées sont arrivés en Suisse, qu'on lui a signalé la présence à Ravensbrück de la femme d'un docteur et de sa fille, Marie. Elle a alors su où nous étions.

Installée dans la capitale, je me consacre en priorité à la rédaction de mon témoignage. La présence de la déportation demeure latente en moi, mais resurgit quand je rencontre certaines images évocatrices, celle d'un clochard par exemple, vision que je ne peux supporter.

Au printemps, ma grand-mère décède, à quatre-vingt-quatre ans. Elle venait rendre visite à Annie dans son hôpital de Ploërmel. Toujours très soignée, elle portait des chaussures trop fines, s'était tordu le pied sur les pavés, était tombée et s'était cassé le col du fémur. Elle est morte à l'hôpital auprès de sa chère Annie. Je suis profondément triste.

Durant l'été 1946, j'ai une crise d'appendicite. Le professeur Toupet m'opère dans sa clinique du boulevard Arago. Je pars en convalescence dans la maison d'étudiants de Combloux en Haute-Savoie. Elle est tenue par Roland et Thérèse Assatiany, un couple avec qui je me lie très vite d'amitié. Pour me rendre utile, je garde quand ils s'absentent leur petit garçon. D'autres étudiants y séjournent, en convalescence ou en vacances. Je tisse des relations amicales. Dans ce décor de montagnes, propice à l'apaisement, je redeviens plus sociable. J'ai de nouveau envie d'étudier, de me lancer dans le grand bain intellectuel.

Les Assatiany m'apprennent qu'à Noël la maison de Combloux doit accueillir un colloque international. Il y sera question de la réforme de l'enseignement supérieur, institution que tentent de dépoussiérer le physicien Paul Langevin et le psychologue Henri Wallon, mandatés par le gouvernement provisoire. Le débat m'intéresse. Je demande s'il est possible que j'y assiste. « Oui, mais il faut que tu présentes un sujet », me dit Roland. Je cherche un thème, choisis finalement l'éducation populaire. Mon choix est en partie guidé par l'exemple de mes camarades déportés, surtout communistes, qui ont été formés par leur parti.

Revenue à Paris, je me mets à enquêter sur des systèmes qui sont en pointe dans ce domaine, au Centre de formation et d'éducation populaire de Marly-le-Roi ou à l'école du Parti communiste. Je rédige un texte qui est accepté par les organisateurs du colloque. À Combloux, une déception m'attend. Henri Wallon qui était inscrit au programme a dû se décommander. Il a envoyé pour le remplacer un jeune chercheur qui travaille à ses côtés, Paul-Henry Chombart de Lauwe.

Avant la guerre, ce jeune ethnologue avait participé à des missions en Afrique, notamment au Cameroun en 1935 aux côtés de Marcel Griaule. Il avait été mobilisé après la déclaration de guerre. Comme il avait déjà suivi des cours de pilotage, il avait été incorporé dans l'armée de l'air. Durant la débâcle, il avait pu échapper aux Allemands et s'était enfui en zone Sud. Au début de l'Occupation, il était devenu éducateur à l'École des cadres d'Uriage[1]. Il avait très vite compris les ambiguïtés de cette institution pétainiste et rejoint de Gaulle en Afrique du Nord. Il racontait avec humour son périple compliqué à travers l'Espagne, la filière le faisant passer d'une sabotière communiste à une authentique marquise. Sa bonne pratique de l'espagnol lui avait permis d'échapper aux policiers franquistes. À Madrid, il avait été pris en charge par l'Intelligence Service qui l'avait fait passer à Gibraltar puis lui avait permis de traverser la Méditerranée. Là-bas, il avait complété au prix d'un très dur entraînement sa formation de pilote de chasse. Il avait ensuite intégré une escadrille française de la RAF, la 1/7. À bord de son Spitfire, il avait appuyé le débarquement en Italie puis en Provence. Il avait combattu en Allemagne. Là-bas, il avait visité un camp et en était sorti horrifié. Démobilisé, il était retourné au musée de l'Homme, où il croisait Germaine Tillion. Il était entré au CNRS et s'était engagé dans un courant baptisé Peuple et Culture, créé par Joffre Dumazedier et Bénigno Cacérès, dont le manifeste entendait « rendre la culture au peuple et le peuple à la culture ».

Je découvre ce personnage à l'indéniable envergure universitaire lors de la conférence générale. C'est ma foi un bel homme, assez mince, avec des yeux très

---

1. Créée par le régime de Vichy, elle avait vocation à renouveler les élites françaises jugées responsables de la défaite. L'école était située près de Grenoble. Ses membres et éducateurs prendront peu à peu leurs distances avec Vichy jusqu'à ce que Laval décide de fermer cette institution.

bleus. Comme les participants s'étaient répartis en groupes de travail par thème, j'ai la bonne surprise de le voir s'agréger au nôtre. Nous faisons plus ample connaissance. À la fin du séminaire, il me propose de nous revoir à Paris. J'accepte.

Paul-Henry appartient en outre à une communauté de chrétiens progressistes, critiques de l'institution religieuse, qui s'est baptisée Jeunesse de l'Église. Il partage avec d'autres membres une maison au Petit-Clamart. Il m'y emmène parfois et nous passons de longues heures à discuter du rôle de l'Église dans la société. Nous adhérons assez largement à un christianisme social qu'incarne un mouvement en plein développement : les prêtres-ouvriers.

Dans ses mémoires [1], Paul-Henry évoquera notre proximité intellectuelle et une attraction physique immédiate. « C'est celle-là que je voulais », dira-t-il. Sans dénier du charme à cet homme de dix ans mon aîné et en constatant un certain trouble en sa présence, je resterai longtemps moins sûre de mes sentiments. Quelque chose me retient et cette réticence vient de moi et non de sa personne. Et puis je suis engagée avec B.

À Pâques 1947, il rentre d'Indochine. Il tient toujours autant à notre mariage. Moi, je ne sais plus. Pendant un an, nous avons continué à correspondre mais de manière de plus en plus relâchée. Les lettres que je lui ai envoyées décrivant mon évolution intellectuelle ne semblaient pas l'accrocher. Sitôt revenu,

---

1. *Chronique d'un pilote ordinaire. Qui avons-nous sauvé ? Qui avons-nous tué ?* Éditions du Félin, 2007.

B. a été repris par ce milieu auquel je me sens désormais étrangère. Je ne peux plus me faire à la futilité de ces gens, à leurs convenances. Prise de doutes, je m'enfuis chez les Assatiany tandis que B. se rend au Petit-Clamart où il rencontre Paul-Henry. Ils décident que c'est à moi de choisir entre eux deux.

L'été qui suit, je décide de rompre avec B. Moment pénible, déchirement violent. Paul-Henry attend ma décision.

— Est-ce que tu vas te fiancer ? me demande-t-il.

— Non, c'est fini.

Je le vois se fendre d'un immense sourire. Une communion profonde s'établit alors entre nous. En signe de confiance, je lui confie le cahier où j'ai consigné mes souvenirs de Ravensbrück. « Celui-là, il comprendra », me dis-je.

Je lui fais alors rencontrer quelques vrais amis comme Line de Toma qui a dactylographié mon manuscrit. Il rencontre aussi les Toupet.

Nous nous marions peu après, en octobre 1947. J'ai vingt-quatre ans et lui trente-quatre. La cérémonie se déroule en petit comité, sans nos familles. Paul-Henry est fâché avec une partie de la sienne, une vieille souche de droite du nord de la France. Je rencontre sa mère, qui s'est retirée au Pays basque. Elle m'accueille chaleureusement. Elle est cultivée et aime dialoguer avec moi. Mais un frère de Paul-Henry, Jacques, un résistant qui finira dans les rangs de l'OAS, se montre moins disposé à me voir entrer dans le sérail. « D'où sort-il cette fille-là ? demande-t-il. Elle n'est pas du monde. » Et d'ajouter : « Si elle revient en bon état des camps, c'est qu'elle a été la maîtresse du commandant. » Une formule que j'entendrai tant et tant de fois par la suite. Des camarades auront également le droit à cette remarque infamante. Nous en rirons entre nous : si ces braves gens savaient à quel point, dans notre état, nous n'étions pas baisables...

Paul-Henry, furieux de la réaction de son frère, ne l'invite pas à notre mariage. Par souci d'équité, je renonce également à inviter les miens. Paul-Henry rend cependant visite à ma mère à Bréhat et tombe à son tour sous le charme de l'île. Il rencontre Annie et Nellie qui enchaîne les maternités (elle aura cinq enfants). Son mari, Paul, a repris l'entreprise familiale après la mort en déportation de Maurice Poge. Mais il rêvait d'une vie plus aventureuse, aurait aimé faire carrière dans les colonies. Le ménage bat de l'aile. Paul est d'une jalousie maladive[1] et Nellie malheureuse.

Nous partons en voyage de noces dans le désert algérien. Nous y sommes encore quand s'ouvre à l'automne 1947 le procès de l'homme qui m'avait vendue aux Allemands. Appelée à témoigner lors de l'enquête de police, j'ai appris sa véritable identité : Roger Martin s'appelait en fait Roger Diebold. Après avoir fait tomber plusieurs réseaux en Bretagne, se sentant brûlé, il avait quitté la région et continué sa vile besogne en Normandie. Il avait été arrêté après la guerre, alors qu'il se faisait passer pour un paisible garçon de café. Ce fils de magistrat prétendait avoir

---

1. Le pauvre homme entrera en dépression, fera faillite et se suicidera.

été un résistant retourné mais les audiences démontre-
ront qu'il n'avait agi que par goût du lucre. Diebold
est condamné à mort par la Cour de Justice de la
Seine le 5 décembre 1947 mais sa peine sera com-
muée en travaux forcés à perpétuité par un décret du
13 février 1948. Nos délateurs ont connu des fortunes
diverses. Trois d'entre eux ont été pendus par la Résistance. D'autres ne seront jamais démasqués. Un des
Allemands de l'Abwehr qui nous avait traqués poursuivra ensuite une belle carrière d'espion auprès des
Alliés, au sein du réseau Gehlen [1].

Ma mère assiste au procès mais n'en aura pas pour
autant fini avec Diebold. J'ai déjà évoqué les 90 louis
d'or enterrés dans le jardin au moment de la débâcle.
Londres tardant à envoyer de l'argent, ma mère les
avait confiés à Roger Martin afin qu'il puisse les changer à Paris et payer les membres du réseau. Bien sûr,
la Résistance n'avait jamais reçu le moindre liard.
Après la guerre, Roger Diebold niera avoir volé les
louis, prétendra les avoir égarés. Dans un courrier que
j'ai conservé, il promettra même de rembourser la
somme, « étant un honnête homme qui n'a jamais
dérobé quoi que ce soit ». Ce qu'il ne fera jamais,
évidemment, prétextant son insolvabilité, ses biens
ayant été entièrement confisqués. Je n'aurai plus
jamais de nouvelles de Roger Diebold. Est-il mort en
prison ? A-t-il été libéré comme tant d'autres collaborateurs, refaisant leur vie en toute discrétion ?

---

1. Du nom d'un général allemand qui faisait du renseignement sur le front de l'Est. Arrêtés par les alliés, Gehlen et ses
collaborateurs furent ensuite utilisés par les services d'espion-
nage américains dans leur lutte contre le communisme.

J'avais suivi de très loin le procès de Nuremberg[1]. J'ai confirmation par les témoignages des rescapés d'Auschwitz de ce que nous avait laissé entendre Marie-Claude Vaillant-Couturier en arrivant à Ravensbrück. Par rapport à ce que nous avions vécu, il existait un cran supplémentaire dans l'abomination. Des hommes, des femmes, des enfants même, ont été exterminés. Un génocide était en cours. Marie-Claude a parlé magnifiquement à la barre des témoins : « Nous n'avions qu'une volonté, pendant des mois et des mois, c'était de sortir à quelques-unes vivantes pour pouvoir dire au monde ce que c'était que les bagnes nazis, partout, à Auschwitz comme à Ravensbrück. » Puis elle s'est levée et, passant devant eux, a toisé un à un les accusés sur leur banc.

Fin 1946, s'est ouvert à Hambourg le premier d'une série de procès impliquant les bourreaux de notre camp. Seize gardiennes et gardiens, kapos ou médecins SS ont été jugés. Germaine Tillion a été désignée par les autres déportées françaises pour les représenter[2].

Peu avant l'ouverture de ce premier procès, les deux principaux responsables de Ravensbrück, le commandant du camp, Fritz Suhren, et son second, Hans Pflaum, se sont évadés de Neuengamme où ils étaient détenus. Ils sont repris en 1949 et jugés en février 1950 à Rastatt, près de Baden-Baden, dans le secteur militaire français. Cette fois, je suis convoquée

---

1. Qui s'est tenu de novembre 1945 à octobre 1946.
2. Onze accusés, dont Binz, furent condamnés à mort le 3 février 1947.

comme témoin. Je me retrouve dans un train et repasse la frontière. Assis à mes côtés, des voyageurs parlent en allemand, de choses banales, j'imagine. Mais aux seuls sons de cette langue, je sens monter en moi une boule d'angoisse.

Après une mauvaise nuit à l'hôtel, je suis appelée à la barre, le 20 février 1950. Sur le banc des accusés, Suhren conserve cette froideur et ce même regard vide d'être déshumanisé. Mais, en même temps, je le trouve soudain fade, médiocre dans son costume étriqué. Je suis d'abord interrogé sur Pflaum. Je raconte comment je l'ai vu massacrer de ses poings deux femmes juives. Les moribondes furent transportées l'une dans une brouette, l'autre dans une couverture. Une autre rescapée explique comment il fonçait pour rien sur les détenues avec son vélo puis les frappait, les piétinait avec ses bottes, les traînait par les cheveux. Pflaum se met à rire à cette évocation. Le rappel de ce jeu cruel semble toujours autant l'amuser. Nous expliquons comment il participait aux sélections des malheureuses envoyées vers la chambre à gaz.

À chaque accusation, Suhren, lui, répond « non coupable » ou « ordre supérieur ». À la barre, je raconte notamment comment il a fait fusiller sept Polonaises, dont six « lapins ». Les vêtements avaient été récupérés, les trous des balles recousus avant d'être donnés à de nouvelles arrivantes. Je dis ce que j'ai vécu au *Revier* et dans la *Kinderzimmer*. Il répond que les conditions étaient mauvaises partout, même pour les enfants allemands. Interrogé sur la stérilisation des Tziganes, il admet sans difficulté avoir ainsi agi contre des femmes, des enfants. Il semble surpris que cela

choque. « Ce n'était que des Tziganes », plaide-t-il.
Fritz Suhren et Hans Pflaum sont condamnés à mort
et exécutés en juin 1950.

À cette époque, je me réjouis de ces peines capi-
tales. Je suis pour que ces hommes et ces femmes,
collabos, nazis, payent de leur vie tout le mal qu'ils
ont fait. J'ai ensuite évolué sur ce point jusqu'à devenir résolument hostile à la peine de mort. Comme
l'écrivait ma camarade de Ravensbrück Lise Lesèvre,
torturée par Klaus Barbie et qui avait perdu son mari
et son fils en déportation, il me fallait « désapprendre
la haine ».

D'ailleurs, ces procès, ces condamnations, la punition des criminels ne m'apportent pas le soulagement
que j'espère. Ils ne font au contraire qu'aviver les souvenirs. Je porte toujours en moi les images de la *Kinderzimmer.*

L'apaisement, je le trouve ailleurs. Juste après la
guerre, je suis restée en contact avec Geneviève de
Gaulle, que je n'avais finalement qu'entraperçue à
Ravensbrück. Elle s'était mariée à Bernard Anthonioz
et avait donné naissance à son premier enfant,
Michel. Elle avait son bébé dans les bras quand elle
m'avait dit : « Vois-tu, Marijo, pour nous les femmes,
c'est en donnant la vie que la vie nous est rendue. »
Comme cela était juste.

Je suis rentrée enceinte de mon voyage de noces.
Le 5 septembre 1948, naît à Bréhat Marie, que nous
surnommons aussitôt « la joie du Sahara ». La gros-
sesse, l'accouchement avec l'aide de ma mère et plus
encore les premiers mois de mon enfant sont des
moments difficiles. Je passe par de terribles angoisses.

Quand je porte ma fille, des images insupportables remontent à la surface. J'ai la hantise de la perdre, sentiment qui me réveille sans cesse la nuit. Mais Marie a le bon goût de se comporter en bébé modèle. Elle ne me cause aucun réel tourment qui aurait ajouté à mon anxiété irrationnelle. Je me souviens du sourire de Marie-Claude Vaillant-Couturier, me découvrant avec un bébé contre la poitrine. Elle m'avouera plus tard qu'elle était persuadée que je ne pourrais pas avoir une vie de femme normale après ce que j'avais vécu dans la *Kinderzimmer*. L'arrivée de Noëlle, née le 9 octobre 1949, se passe plus sereinement. J'apprivoise ma peur.

Je trouve également un soulagement à la fin des années 1940 auprès du psychothérapeute Robert Desoille. Avant la guerre, il a travaillé sur le « rêve éveillé dirigé », une méthode pour explorer l'affectivité subconsciente. Il s'agit d'aller chercher, entre veille et sommeil, le siège de nos angoisses et de nos désirs. Il me demande de lui servir de cobaye : j'ai tellement rêvé durant mes neuf mois de solitude en prison, avant la déportation, que je fais un sujet de choix. Je suis avec lui cinq ou six séances, de deux heures chacune. Allongée, je crée des rêves que nous analysons ensuite ensemble. Je suis ainsi à la fois le patient et un sujet actif. La thérapie repose sur des techniques de descentes et de montées. Le thérapeute vous accompagne vers les choses les plus noires de votre être puis la remontée se fait avec des choses agréables. Le processus est censé apporter des images de ce qu'on a vécu ou de ce qu'on est soi-même. Il fait ainsi passer de l'angoisse à la résurrection. Il me revient plusieurs de ces rêves.

Je descends dans une grotte de plus en plus noire, avec des objets visqueux, des serpents. Je rencontre ensuite un tigre dont l'œil incarne le mal, la cruauté, le nazisme, le SS. Au fond, je découvre un prisonnier qu'il s'agit de libérer. Le prisonnier, c'est bien sûr un aspect de moi mais je suis un homme et même un homme primitif, avec une fourrure sur le corps. Je libère le prisonnier. Je rencontre en remontant une femme un peu provocante. Puis je tombe sur un bassin avec un petit personnage, une grenouille. C'était là un rappel de mes cauchemars d'enfant : il y avait sur ma table de nuit une grosse grenouille qui m'angoissait. Puis, je rencontre un moine avec une robe, qui incarne un personnage un peu sage qui va me prendre par la main. Mon personnage me fait remonter et nous arrivons à un champ avec des fleurs au printemps. Mon guide me dit d'admirer le paysage. En tournant le dos, je découvre une zone d'ombre et de nuage noir. C'est le mal qui est de l'autre côté. Une autre fois, à la remontée, il y a une femme à qui on donne un vase d'où jaillit une lumière magnifique. Elle se promène en robe blanche. Cette lumière, c'est la liberté, l'amour.

Une autre séance et je suis en Grèce. Le guide m'a menée jusqu'à un couvent des Météores, perché au-dessus du vide. Là-haut, je me trouve face à un sol recouvert de braises rouges. Il me faut les traverser, vaincre ma peur. Ces braises, c'est à nouveau le mal et mes souvenirs du camp. Je me lance et marche sur les braises rouges. J'ai mal mais je continue d'avancer, il le faut, je dois aller de l'autre côté. Je réussis à passer. Au bout, une grande ouverture donne sur un superbe spectacle de nature. J'avance jusque-là. C'est la fin. J'éclate physiquement, sans souffrance.

À cette époque, je fais également de vrais rêves où apparaissent souvent des tigres, incarnations du mal. Dans l'un d'eux, un jeune couple, mon mari et moi, sort de la forêt pour aller vers la savane. Parmi les herbes sombres, surgit le tigre, avec son regard terrible.

Un autre rêve, je suis dans ma maison à Bréhat. Au rez-de-chaussée, des chercheurs travaillent dans un laboratoire. Dans des cornues, bouillonnent des produits qui ont de jolies couleurs, des bleus transparents, des rouges éblouissants. J'entends un bruit assourdissant à l'extérieur. Je sors et découvre sur un grand tertre blanc un personnage qui a été parachuté. C'est *l'Ange au sourire* de la cathédrale de Reims, sculpté au XIIe siècle. Mais l'ange est en métal noir, et non pas en pierre blanche, et il a, cette fois encore, le regard du tigre, le regard du mal. Son apparence humaine est trompeuse. C'est le mal absolu. L'ange est un traître et ma sœur Annie, la religieuse, me crie : « Agenouillez-vous, c'est le mal qui revient. » Je multiplierai ainsi, toutes ces années, des cauchemars symbolisés. Dans la plupart de ces rêves, il y a la notion d'une traversée. Elle imprègne tous les souvenirs des déportées. Germaine Tillion a intitulé son livre *La Traversée du mal*, Geneviève de Gaulle *La Traversée de la nuit*.

Les séances avec Desoille me permettent d'extérioriser mes angoisses, de les dompter mais non de les faire disparaître. Près de sept décennies après, Ravensbrück, la *Kinderzimmer* sont toujours là en moi. Il y a trois ans encore, après une discussion avec un interlocuteur qui avait découvert mon texte, la *Schwester* Marijo est remontée dans un rêve. L'infirmière sortait de moi et je la voyais assise sur une chaise. En me réveillant, je me suis demandé s'il fallait que je réintègre cette infirmière ou non. Je l'ai finalement ré-intériorisée. Je ne pouvais pas la chasser aussi facilement. Elle faisait pour toujours partie de moi.

Dans l'immédiat après-guerre, Paul-Henry et moi nous sommes liés d'amitié avec l'écrivain Vercors et Rita, sa femme d'origine anglaise. Nous fréquentons leur bel appartement sur les bords de Seine et, le week-end, ils nous invitent avec nos enfants dans un charmant moulin que le couple possède dans la grande banlieue. Ils nous rendent également visite à Bréhat. Il situe d'ailleurs tout près de là son grand roman de la déportation, *Les Armes de la nuit*, qu'il publie en 1946. Je me reconnais pleinement dans sa description de la destruction de l'humanité chez ce personnage. C'était là les mots que j'aurais aimé trouver dans l'amphithéâtre de Rennes, quand on me demandait de témoigner. « J'ai perdu ma qualité d'homme », hurle Pierre, le héros de Vercors, rescapé d'un camp. Comment mieux dire cette ultime avanie que nous avions toutes et tous le sentiment d'avoir subie ? Geneviève de Gaulle disait pour le taquiner que Vercors, ce grand résistant, regrettait de ne pas avoir été déporté pour être allé au bout de l'horreur et des tréfonds de l'âme. *Les Armes de la nuit* sera suivi d'un second roman, *La Puissance du jour*, qui raconte la ré-humanisation de Pierre par l'amour d'une femme. Mais il ne recèle pas à mes yeux la même force. Les deux tomes seront réunis sous le titre *Le Tigre d'Anvers*. Le tigre, toujours, cette métaphore du mal, ce symbole qui hante mes nuits et mes séances avec Desoille.

Après notre mariage, c'est donc une femme tourmentée qui rejoint Paul-Henry dans la maison du Petit-Clamart. En ces temps de pénurie du logement, les autres locataires ont accepté de se serrer pour m'accueillir. Nous vivons dans deux pièces sans chauffage et sans eau chaude. Je suis bien décidée à travailler, malgré la naissance de Marie. Il n'est pas question pour moi de rester mère au foyer, comme le voulaient encore les mœurs du temps. Je rencontre le médecin Jean Trémolières, qui appartient aussi au groupe de la Jeunesse de l'église. Il accepte de me prendre dans son laboratoire de l'hôpital Bichat. Il vient de fonder l'école nutritionniste qui, dans cet après-guerre où on manque encore de tout, pose les bases de la diététique moderne.

Paul-Henry ne s'oppose pas à ce que je travaille mais insiste pour que je reprenne d'abord mes études. J'abandonne le poste que je viens d'accepter. Je m'inscris en ethnologie. Les années suivantes, sur les conseils de Paul Rivet, directeur du musée de l'Homme, je suis d'autres certificats : anthropologie, biologie, psychosociologie. Dans ces années d'après-guerre, les classes rassemblent des jeunes étudiants et des hommes ou des femmes dont la scolarité a comme la mienne été perturbée par les événements. Nous recevons un enseignement de Bernard Champault ou de Claude Lévi-Strauss. Ce dernier est un professeur intransigeant mais passionnant. Il nous passe ses films tournés au milieu des peuples de la forêt amazonienne. Parmi mes professeurs figure également Paul-Henry…

Quand je ne suis pas son enseignement, j'apprends à taper à la machine et je mets au propre sa thèse sur « La vie quotidienne des familles ouvrières ». En 1948, il fait également paraître un livre où il réunit ses travaux et sa passion. À partir de photos aériennes qu'il a lui-même réalisées, il décrit la structuration sociale d'une ville. En 1949, il fonde également le Groupe d'ethnologie sociale qui s'intéresse particulièrement au milieu ouvrier.

En cette fin des années 1940, la politique est omniprésente. Le Parti communiste domine la vie intellectuelle. Tandis que Paul-Henry démontre une certaine méfiance intellectuelle envers le marxisme, je ne suis pas indifférente aux idées du PC. J'envisage même d'adhérer à ce parti. J'ai tant d'amis qui y sont. Marie-Claude vient d'être élue députée à Vitry-sur-Seine. Je garde en outre l'image formidable de France Bloch et de son sacrifice. Je fréquente encore sa famille, notamment ses deux sœurs qui passent des vacances à Bréhat. Je ne peux dissocier cette figure héroïque et les idées auxquelles elle adhérait.

Le milieu déporté est traversé par les mêmes dissensions que le reste de la société française. Depuis 1945, la Fondation nationale des déportés et internés résistants patriotes (FNDIRP) est d'obédience communiste. L'Amicale de Ravensbrück est également sous influence. Geneviève de Gaulle et Germaine Tillion

ont, elles, lancé à la même époque l'Association nationale des anciennes déportées et internées de la Résistance (ADIR), qui refuse cette emprise idéologique.
La situation se tend quand filtrent les premières informations sur le goulag. La publication en 1947 du
livre de Victor Kravtchenko [1], dénonçant le système
carcéral soviétique, le procès qui suivit, divisent profondément mes compagnes. David Rousset, ancien
déporté lui-même, est un des premiers à s'insurger
contre l'existence d'un modèle concentrationnaire en
Union soviétique. Il est soutenu par Germaine
Tillion, face aux virulentes attaques des communistes
français. Marie-Claude Vaillant-Couturier proteste,
elle, contre une opération de propagande et de désin-
formation à l'encontre d'un système pénitentiaire à
ses yeux on ne peut plus classique. Nulle mauvaise foi
de sa part. Juste la foi. Je me souviens de discussions
où elle ne voulait simplement pas croire cela possible.
Moi-même, j'hésite devant l'énormité de la chose. Peu
à peu, je me rends à l'évidence. La répression du sou-
lèvement à Budapest en 1956 mettra fin à mes doutes.
Je me sentirai naturellement, irrépressiblement soli-
daire des gens qui se soulèvent pour leur liberté. Mais
je garderai d'excellentes relations avec Marie-Claude.
À l'occasion, elle m'appellera pour me demander de
signer telle ou telle pétition, précisant aussitôt : « Je
sais que tu vas refuser. » Les choses seront toujours
claires entre nous.

Je parviens à conserver des relations amicales avec
les unes et les autres. Comme beaucoup de cama-

---

1. *J'ai choisi la liberté*, Self, 1948.

rades, j'adhère aux trois associations : l'Amicale de Ravensbrück, la FNDIRP et l'ADIR [1]. Mon mari et moi nous rendons régulièrement avec nos enfants dans la résidence parisienne ou dans la maison de week-end de Geneviève de Gaulle et Bernard Anthonioz. Quand nous sommes à Bréhat, nous poussons parfois jusqu'à Plouhinec, dans le Morbihan, au bord de la ria d'Étel, où Germaine Tillion a une maison de vacances. Je revois également Denise Vernay en famille. Je garde également des contacts suivis avec d'autres anciennes de Ravensbrück comme Anise Postel-Vinay. Ce sont maintenant nos enfants qui nouent des relations amicales. Là encore, comme avec mes camarades polonaises, nous parlons de tout et de rien mais nous faisons en même temps vivre le passé et celles qui ne sont pas revenues. Elles sont là, sans qu'il soit besoin d'en parler.

Les antagonismes politiques n'empêchent pas les solidarités et même les amitiés. Lorsque le négationniste Paul Rassinier accusera en 1964 Marie-Claude d'avoir dépouillé ses compagnes du camp, Germaine Tillion et Geneviève de Gaulle viendront témoigner et défendre avec véhémence leur camarade injustement salie, lors du procès en diffamation qu'elle intentera [2]. Dans bien d'autres occasions, les liens personnels dépasseront les clivages politiques.

Au Petit-Clamart aussi, les débats sont vifs, notamment autour du parti communiste. Ils virent même à

---

1. Germaine Tillion et Geneviève de Gaulle-Anthonioz faisaient partie de l'Amicale de Ravensbrück et Marie-Claude Vaillant-Couturier était membre de l'ADIR...
2. Rassinier sera condamné.

l'aigre et la cohabitation devient bientôt impossible. Le groupe de la Jeunesse de l'Église explose. Il faut quitter les lieux où nous sommes de toute façon trop à l'étroit. Nous avons avec nous nos enfants Marie, Noëlle et depuis le 4 août 1952 Jean-Marie (Pascal arrivera le 31 mars 1957). La promiscuité devient critique. Des prêtres-ouvriers nous dénichent heureusement un logement plus grand, à Ivry. La maison où nous emménageons en janvier 1953 nous fait l'effet d'un château, avec son jardin.

Les tensions politiques et les conflits personnels sont une des raisons de mon éloignement avec ma mère dans ces années. Maman est farouchement anticommuniste. Elle a publié un livre de mémoires, *Pour la France*. Il est préfacé par le général Audibert qui en fait une charge contre l'attitude de certaines de nos camarades du camp. Elle accuse Paul-Henry de me pousser dans les bras du PC quand c'est en fait l'inverse : il me retient. Moi, je n'apprécie pas ses nouvelles fréquentations, après la mort de mon père. Je suis injuste. Je n'ai pas compris qu'à cinquante-cinq ans, rentrant des camps, maman se sentait encore jeune, quand moi je la voyais déjà comme une vieille femme. Elle ne pouvait rester dans un deuil éternel, comme ma grand-mère. Sans doute était-ce pour cette raison qu'elle avait quitté la Bretagne et s'était installée dans un petit appartement à Paris, près de la Sorbonne. Nous finissons heureusement par nous retrouver. Au début de 1957, elle est victime d'un accident vasculaire cérébral. Après cette attaque, son état ne cesse de se dégrader. Je passe tous les jours pour m'occuper d'elle. Annie et une ambulance viennent finalement la chercher et la ramener à l'hôpital de Ploërmel. Elle meurt quelques semaines plus tard.

En 1953, ayant terminé ma licence en sciences humaines, je souhaite entrer au CNRS. Je propose un sujet de recherche : « Le déconditionnement de la douleur. Application sur l'accouchement chez la femme. » Je suis appuyée par le professeur Soulairac, psychophysiologue du laboratoire de l'évaluation, dont j'avais suivi la formation. Comme parturiente à trois reprises déjà, je n'avais pas trouvé le sujet inintéressant... À l'époque, règne encore la *doxa* qu'une naissance ne peut s'accomplir que dans les affres, comme il est écrit dans les Évangiles. Fernand Lamaze, un militant de la défense des femmes et un avant-gardiste de l'accouchement sans douleur, accepte de m'accueillir dans la maternité des Bleuets, à Paris, un établissement pionnier fondé par la CGT de la métallurgie. Mais, à mon grand désappointement, le CNRS refuse mon sujet. Il le juge « trop politique » !

L'année suivante, je suis contactée par le docteur Georges Heuyer, un collègue d'internat de mon père, qui dirige le service de pédopsychiatrie de la Pitié-Salpêtrière. « J'ai besoin d'un chercheur dans mon service, me dit-il. Je suis prêt à vous engager. » Mais j'hésite à reprendre une activité avec des enfants. Cela ne va-t-il pas raviver les vieilles blessures ? Les souvenirs de la *Kinderzimmer* sont toujours là en moi, comme ces amibes dont on ne peut guérir, seulement espérer qu'elles sommeillent. J'accepte finalement. Je suis employée au service de neuropsychiatrie. J'y travaille auprès des chefs de clinique Lebovici, Diatkine et Soulé, devenus des professeurs reconnus dans leur spécialité. Plusieurs centres à Paris et Bordeaux m'ouvrent leurs portes. Je prépare ma thèse de doctorat d'État en sciences qui sera soutenue à la Sorbonne en 1960 [1].

J'ai alors trente ans, la vie devant moi. La famille, les études puis mes activités professionnelles font déborder mes journées. Mais je sens toujours en moi cette insoumission, ce ferment de révolte qui animait déjà la bagarreuse de dix-sept ans, en 1940. Je frissonne toujours de rage devant l'injustice.

Je participe en avril 1950 à une manifestation organisée par le PCF devant le siège du *Figaro*, rond-point des Champs-Élysées. Nous protestons alors contre la publication par ce journal des mémoires d'Otto Skorzeny, un ancien SS, homme des basses œuvres de Hitler, qui avait notamment libéré Mussolini en 1943 et participé à nombre d'exactions en Italie. Il s'était enfui en Espagne où il vivait en toute impunité. Une photo était même parue dans la presse en février 1950 qui le montrait à une terrasse parisienne. Un véritable pied-de-nez. Notre protestation sur la chaussée est violemment réprimée par la police. Paul-Henry est battu puis emmené, à moitié assommé. J'ai pour la première fois sorti de leur tiroir et accroché sur ma poitrine les décorations de la Résistance. Elles font quelque effet sur un policier qui m'interpelle dans la rue. « Que faites-vous avec ces juifs et ces commu-

---

1. Quand les trois professeurs rédigent et publient le *Traité de psychiatrie de l'enfant et de l'adolescent* (PUF, 1985), ils me confient le chapitre sur l'apport des sciences humaines.

nistes, vous, une authentique résistante ? » me demande-t-il. Je lui réponds avoir déjà entendu ce discours, alors que j'étais interrogée dans le passé par la Gestapo et je me sauve. Je rentre à notre domicile du Petit-Clamart. Mais aucune trace de mon mari. Il se trouve qu'Aimé Césaire est notre voisin. L'écrivain, le porte-voix de la négritude, qui était député de la Martinique et maire de Fort-de-France, a là son pied-à-terre quand il vient à Paris. L'un et l'autre un enfant dans les bras, nous nous croisons parfois dans un jardin que nous avons en commun. Nous avons sympathisé. Je me rends chez lui et lui explique la situation. Il m'accompagne dans la tournée des commissariats, ceint de son écharpe tricolore. Nous retrouvons finalement l'endroit où est retenu Paul-Henry. Les policiers se montrent révérencieux devant l'écharpe mais, dès qu'Aimé Césaire a le dos tourné, je les vois retrousser les babines et ainsi mimer de grosses lèvres africaines. Cependant, son intervention hâte la libération de mon mari.

Dans les années cinquante, alors que nous avons déménagé à Ivry, nous participons à un groupe de résistance spirituelle, créée par la revue *Témoignage chrétien*. Nous suivons notamment la situation des migrants algériens. Je découvre dans quelles conditions ils vivent, dans des bidonvilles ou parfois des caves. Je sens monter leurs revendications pour plus de dignité. Germaine Tillion, qui a gardé, depuis les missions ethnologiques qu'elle a effectuées avant la guerre, un solide réseau de l'autre côté de la Méditerranée, nous entretient régulièrement de la situation. Elle espère que des réformes permettront de maintenir la paix. Quand débutent ce qu'on n'appelait encore que les « événements », j'assiste aux premières arrestations dans la rue. L'image de ces hommes les mains sur le mur, fouillés et malmenés m'est intolérable. Germaine peste contre l'intransigeance de l'État français qui ne veut pas comprendre, refuse toute négociation et interdit toute issue pacifique. La guerre d'indépendance débute en 1954, ruinant ses derniers espoirs. À cette époque, je ne suis ni pour ni contre l'Algérie indépendante. Je ne porte pas les valises du FLN comme le feront d'autres camarades. J'estime seulement que les habitants ont le droit de voter pour décider de leur avenir. La décolonisation me semble de fait inévitable. Plus tard j'applaudirai les accords d'Évian qui, en mars 1962, mettront fin aux hostilités.

Mon combat se situe ailleurs, sur un plan purement humaniste. Il débute quand Germaine nous fait passer des documents de la Croix-Rouge qui attestent de la pratique régulière de la torture. *Témoignage chrétien* publie d'autres rapports et témoignages qui ne laissent bientôt plus place aux doutes. Nelly Forget, qui avait travaillé comme assistante sociale dans les centres créés par Germaine Tillion en Algérie, avait été torturée dans la tristement célèbre villa Sésini. Elle nous raconte son expérience. L'idée que mon pays bafoue les droits de l'homme, torture à son tour, m'est intolérable. Je me révolte.

Comme l'avaient fait la découverte du goulag ou la répression à Budapest, la situation en Algérie divise les anciennes déportées. Je m'en rends compte quand je tente de faire passer un article dénonçant les exactions de l'armée française dans *Voix et Visages*, la revue de l'ADIR. À ma grande stupeur, il est refusé par le comité éditorial. Des déportées marquées à droite, notamment des femmes d'officiers qui combattent sur place, s'opposent à sa parution. Après d'âpres négociations, il passe finalement sous une forme amendée dans une tribune libre. Anise Postel-Vinay démissionne au même moment du bureau de l'ADIR, en protestation de ce déni.

Je participe à cette époque à une manifestation contre la torture, en bas des Champs-Élysées. Nous organisons un *sit-in* qui est violemment dispersé par les forces de l'ordre. Nombre d'entre nous sont arrêtés. Louis Massignon, prêtre et universitaire, grand spécialiste de l'islam, alors âgé de près de quatre-vingts ans, est emmené par la peau du cou. Je suis également embarquée sans ménagement et conduite à l'hôpital Bichat où une grande salle a été réquisitionnée pour les interrogatoires. Après des heures d'attente, un homme de la DST me fait venir. Il tente de me convaincre que ces histoires de torture sont du bourrage de crâne, de la propagande. « Je regrette, il y a des preuves », dis-je en mentionnant le rapport de la Croix-Rouge. Il use d'arguments psychologiques puis hausse le ton, tente de m'effrayer. Cette alternance d'amabilité et de rudesse, je connais bien. Je l'interromps. « Moi, je sais comment ça se passe. On ne m'intimide pas. J'ai été interrogée par la Gestapo. Je suis une ancienne déportée. » Le policier renonce. « Allez-vous-en », m'ordonne-t-il.

Je suis finalement jetée dans un panier à salade avec d'autres manifestants. Les policiers nous relâchent à

4 heures du matin au milieu de nulle part. Heureusement, des camarades nous ont suivis en voiture et
nous récupèrent. Nous nous retrouvons chez Germaine Tillion à Saint-Mandé où j'attends le premier
métro pour rentrer à Ivry. J'arrive à la maison au petit
jour, alors que les enfants se réveillent.

Je participe également à la manifestation monstre
du 8 février 1962, appelée par le PCF contre la
guerre d'Algérie [1].

Mon engagement anticolonialiste me vaut d'être
fichée par les renseignements généraux. Est-ce une
coïncidence ou le résultat de la porosité entre certains
éléments de la police et l'extrême droite ? Je suis également repérée par l'OAS [2]. Je reçois à mon domicile
d'Ivry des avertissements. L'un d'eux est particulièrement explicite : « On se souviendra de vous en temps
utile. » Lors du putsch des généraux à Alger, en
avril 1961, la situation est à ce point tendue, les
menaces si précises à mon encontre et à l'encontre de
ma famille que nous envisageons de quitter la France.
Nous en parlons avec Germaine Tillion qui a la même
idée. Paul-Henry et moi songeons à nous exiler avec
les enfants en Belgique d'où nous émigrerions au
Canada. L'OAS poursuivra sa campagne d'attentats
jusqu'au milieu des années soixante. Je tombe sur
leurs tracts et parviens même à me procurer leur littérature. Je découvre que, au-delà de leur refus violent

---

1. Neuf personnes meurent ce jour-là, métro Charonne,
quand la police charge la foule.
2. Organisation armée secrète, qui regroupait les ultras de
l'Algérie française, s'opposant violemment à la décolonisation.

de l'indépendance algérienne, leur programme, leur idéologie sont directement inspirés du nazisme. Je suis effarée de cette résurgence, moins de vingt ans après la fin de la guerre. Je commence alors à m'intéresser à l'extrême droite. Peu à peu, je perçois comment, loin des urnes, dans des cercles encore confidentiels, ses idées sont restées vivaces et n'attendent que de resurgir. Cela deviendra un nouveau combat à partir des années soixante-dix. J'en reparlerai.

Pour refuser l'oubli, terreau propice à ce retour nauséeux, paraît, en 1965, à l'occasion du vingtième anniversaire de la libération des camps, un livre collectif chez Gallimard : *Les Françaises à Ravensbrück*. Hélène Rénal, une déportée devenue journaliste, s'est attelée à la récollection des témoignages. Mais elle vit très mal d'être ainsi replongée dans les souvenirs. J'ai donc repris ce travail, interrogeant mes camarades. Nous trions de façon très méthodique les témoignages les plus solides [1]. L'idée n'est pas de nous individualiser mais au contraire de porter une histoire commune. « La voix de la foule anonyme des résistantes, qui pourra la faire entendre sinon les survivantes ? » indique la préface. Et plus loin : « Nous avons écrit ce document comme un monument dressé à la

---

1. Anne-Marie Bauer, Marinette Dambuyant, Paulette Don Zimmet, Odette Franck-Lejeune, Geneviève de Gaulle-Anthonioz, Simone Gournay, Rose Guérin, Lise Lesèvre, Hélène Maspero, Renée Mirande-Laval, Hélène Rénal, Jacqueline Rigault, Marguerite Senil, Jacqueline Richet-Souchère, Germaine Tillion, Marie-Claude Vaillant-Couturier, Denise Vernay.

mémoire de nos camarades. » À sa parution, l'ouvrage rencontre le succès.

En 1968, l'actualité m'interpelle à nouveau avec le printemps de Prague. Une nouvelle fois, je suis en empathie avec ce mouvement d'émancipation. La situation en Tchécoslovaquie est au centre des discussions au CNRS mais également à l'École des hautes études en sciences sociales (EHESS) avec laquelle je collabore désormais. Nous avons auprès de nous deux sociologues tchèques qui nous informent de la situation. Cette actualité relance bien sûr les débats au sein de l'Amicale de Ravensbrück, qui est alors présidée par l'avocate Renée Mirande. Comme chaque automne, nous réunissons notre assemblée générale et, comme chaque fois, nous invitons des camarades venues de pays étrangers. Une Tchèque, le docteur Sdenka Nedvedova, est cette année-là notre hôte, en même temps qu'une Soviétique et une Polonaise. Je suis heureuse de retrouver cette femme qui a aidé tant des nôtres à s'en sortir quand elle était au *Revier*. L'Amicale vote à l'unanimité une première résolution s'inquiétant de la remontée de l'antisémitisme, que nous voyons resurgir un peu partout et notamment en Pologne. Plus délicate est la discussion autour de l'intervention des chars soviétiques à Prague. Après de longues délibérations, nous rédigeons un texte qui débute prudemment : « Tout en rappelant que les Soviétiques ont libéré notre camp… » Mais la suite est une condamnation sans équivoque de l'intervention de l'URSS. Sdenka se lève alors et nous remercie, émue aux larmes. Embarassée, l'ancienne déportée soviétique prononce un discours que son interprète, appointée par l'ambassade, rend incompréhensible. Ses propos seront jugés trop tièdes par l'ambassadeur qui, nous l'apprendrons, sermonnera notre camarade. À son retour en Tchécoslovaquie, Sdenka, elle, sera lourdement sanctionnée. Toutes ses responsabilités lui seront retirées. Sa fille perdra son poste dans l'hôpital de Prague où elle travaillait et sera mutée dans un dispensaire de province. Son petit-fils sera barré dans ses études. Mais le coup de grâce viendra d'une autre déportée de Ravensbrück, une communiste d'Allemagne de l'Est, qui écrira un article d'une violence inouïe contre Sdenka.

Ma pugnacité sur ce dossier me vaut quelques désagréments sans commune mesure bien sûr. Des camarades communistes m'en veulent d'avoir poussé à cette condamnation. Si Marie-Claude Vaillant-Couturier ne me fait aucun reproche, il n'en est pas de même de Rose Guérin, avec qui j'entretenais des relations cordiales jusque-là. Elle m'avait même sollicitée peu avant pour participer au printemps 1969 à un colloque sur le travail des femmes, organisé par l'Union des femmes françaises (UFF), une association féministe proche du PCF qu'elle présidait, et de l'association France-URSS qu'elle animait. Mais après l'incident de Sdenka, Rose retire mon intervention du programme. D'une certaine manière, ce camouflet ne fait que contractualiser ma rupture avec le communisme, qui était amorcée et consommée depuis bien des années déjà.

À cette époque, je suis également en désaccord fondamental avec l'Église. Avec Paul-Henry, nous avons été scandalisés du sort réservé aux prêtres-ouvriers.

Pie XII avait condamné leur travail sacerdotal en 1954. Nous avons vu des amis qui appartenaient à ce mouvement détruits par cette décision pontificale. La désignation du pape Jean XXIII et l'ouverture du concile Vatican II, en 1962, nous a redonné espoir en l'institution. Les prêtres-ouvriers ont été de nouveau autorisés. Les réformes vont vers plus d'ouverture aux changements de la société. Paul-Henry, qui voyage beaucoup en Amérique latine pour son travail, me parle également d'un courant qui émerge alors là-bas : la théologie de la libération. Elle défend l'idée que le Christ est auprès des plus pauvres et non des nantis. Nous suivrons son développement dans les années soixante-dix. L'assassinat en 1980, au Salvador, de l'archevêque Oscar Romero, défenseur des paysans sans terre, a sur mon mari et moi un profond retentissement. Puis la marginalisation de ce courant réformateur marque notre rupture définitive avec l'Église catholique, au début des années quatre-vingt. Mon mari cesse dès lors d'aller à la messe, ce que j'avais déjà fait depuis bien des années. Nous nous concentrons sur une recherche spirituelle personnelle.

VII

MON COMBAT POUR L'ENFANCE

Les recherches sur l'enfant ont irrigué trente années de ma vie professionnelle et ce depuis que j'ai décidé en 1954 de proposer comme sujet de thèse « l'enfant inadapté ». J'ai hésité au moment de choisir ce thème. Il me renvoyait péniblement à l'infirmière Marijo, responsable de la *Kinderzimmer* de Ravensbrück. Mais, en même temps, c'était là une manière de poursuivre l'œuvre de mon père, le pédiatre, et de ma mère, la sage-femme.

J'ai donc commencé à travailler en 1954 et jusqu'en 1960 au service de neuropsychiatrie infantile du professeur Georges Heuyer. Il m'a beaucoup soutenue dans mes recherches. Il m'a ouvert son service à la Salpêtrière, à Paris, m'a donné carte blanche pour que j'étudie les conditions sociales et familiales des enfants inadaptés qu'il traitait. Il m'autorisait à compulser les dossiers et à soumettre des questionnaires aux parents. Il m'admettait même dans ses consultations et me conseillait. Le docteur Henri Duchêne, qui dirigeait le service d'hygiène mental de l'Office public d'hygiène sociale, m'a également aidée et admise dans ses consultations [1].

Pendant six ans, jusqu'à ma soutenance en 1960, j'ai ainsi étudié des centaines de cas d'enfants en inadéquation avec leur environnement. Ce porte-à-faux était facteur de malaise, de conflit, voire de souffrance. J'ai constaté que, dans nombre de cas, ce mal-être était déjà profondément intégré dans la personnalité de l'enfant. Mais le milieu l'activait ensuite. Les enfants devenaient victimes d'une organisation sociale et d'une culture qui n'avaient pas pensé leur place dans la cité. Les enfants des classes populaires étaient évidemment plus soumis que les autres aux mauvaises conditions matérielles dans leur existence quotidienne. Leurs expériences et leurs connaissances culturelles étaient plus limitées : moins d'appartenance à des clubs culturels, peu d'apprentissage d'un art, moins de voyages enrichissants, accès plus tardif et limité aux livres de qualité. Ces enfants étaient moins prêts que les autres à intégrer les modèles dominants qui sont ceux des classes bourgeoises. Leur culture propre était marginalisée dans l'ensemble de

---

1. J'ai aussi reçu l'appui d'autres médecins. Ceux de l'Institut Édouard-Claparède, le docteur Clément Launay (hôpital Hérold), le docteur Aubry (polyclinique Bichat). Là encore, j'ai eu accès à des consultations et parfois aux dossiers. J'ai déjà cité trois chefs de clinique appelés ensuite à faire une immense carrière, Serge Lebovici, René Diatkine et Michel Soulé, qui me furent également d'un précieux secours. Bien d'autres encore m'ont aidée : le professeur Lagache, le professeur Soulairac, à Bordeaux, le professeur Blanc qui travaillait dans le service du professeur Delmas-Marsalet.

la société. Dans une cité, à l'école, leur tenue vestimentaire, leurs modes d'expression les mettaient en état d'infériorité. J'ai élargi mon étude au comportement d'enfants qui venaient de la campagne et constaté ce même phénomène de marginalisation sociale. Les enfants des villages, quand ils quittaient leur milieu, étaient également handicapés par leur culture propre.

Dans ces années d'après-guerre, je constatais aussi une réduction de la tolérance envers les enfants inadaptés. Rien – ou si peu – n'était tenté pour comprendre leurs problèmes ou découvrir les richesses qu'il pouvait avoir en eux. Ils étaient au contraire de plus en plus rejetés. Le champ de la normalité pour un enfant s'amenuisait. Se multipliaient déjà les institutions pour enfants inadaptés qui, pour des cas mineurs, aboutissaient souvent plus à leur marginalisation qu'à leur intégration sociale.

La réussite scolaire des écoliers des classes privilégiées était en revanche patente. Malgré leur bonne volonté, leur souci de respecter l'égalité républicaine, les enseignants voyaient dans ces enfants ceux qui ont le plus de chance de progresser rapidement. Par ricochet, cette image positive se répercutait inconsciemment sur les comportements des écoliers, dans une sorte d'« effet Pygmalion ».

Si je décris ainsi les conclusions de ma thèse, si je rappelle des travaux menés à la fin des années cinquante et publiés par le CNRS en 1960, c'est qu'ils me semblent encore largement valables. Des années plus tard, en 1978, je les ai présentés lors des entretiens de Bichat, sans qu'ils aient semblé datés. Aujourd'hui, un demi-siècle plus tard, rien n'a vraiment changé. Les études actuelles montrent toujours ce fossé qui sépare en matière de réussite scolaire les différentes catégories sociales.

À l'époque, une thèse de doctorat d'État comprenait forcément deux recherches. En sciences, un deuxième thème était imposé par un enseignant du futur jury. Le paléontologue Jean Piveteau m'a alors demandé de travailler sur « le culte des crânes et des morts au paléolithique moyen et supérieur ». Il s'agissait de découvrir si des crânes de ces époques portaient des marques de plantation sur des piquets… Le professeur Raoul Hartweg m'a donc ouvert sa collection d'ossements d'avant le néolithique qu'il conservait au musée de l'Homme. J'ai passé plusieurs mois sur une échelle à ausculter les crânes. J'ai également accompagné des camps de fouille organisés par le musée de l'Homme, notamment à la grotte des Furtins, en Saône-et-Loire. Je trouvais amusante cette manière de gratter le sol. Ça me rappelait la pêche à pied sur la grève de Bréhat.

En 1960, ma thèse soutenue, il me fallait réfléchir aux suites à donner à mes recherches scientifiques. Mes travaux sur l'enfance m'ouvraient des champs nouveaux d'investigation. Je décidai donc de poursuivre mes recherches sans savoir qu'elles allaient m'engager pour toute ma carrière.

Dans le cadre du Centre d'ethnologie sociale et de psychosociologie, un laboratoire rattaché au CNRS et dirigé par mon mari, j'ai commencé à étudier la représentation de l'enfant dans la société. J'ai analysé les textes littéraires et pédagogiques publiés du

XIXe siècle aux années soixante. J'ai étudié le cinéma, la publicité, la presse ou la radio. J'y ai bientôt ajouté un nouveau média en pleine expansion dans ces années-là : la télévision [1].

L'enfant, chaque fois, est conçu non pas comme un être de chair et de sang mais comme une pure création de l'adulte qui y projette mille choses et notamment ce qui lui a manqué. Se retourner vers son enfance est une tentative pour échapper au déroulement du temps, à cette société qui nous a emprisonnés dans un rôle précis. C'est rêver à travers lui d'une autre vie, d'une renaissance, d'une re-création. L'enfant est ainsi l'être que nous pouvons modeler dans notre esprit pour nous prolonger. Il est porteur d'authenticité. Dans la publicité, le personnage de l'enfant sert à évoquer la liberté, la nature et le vrai sens des choses. L'enfant devient ainsi le faire-valoir et la garantie d'un produit.

Les auteurs ou les réalisateurs font de lui un détenteur de vérité qui conteste le monde créé par les adultes. Les inventeurs de ces personnages expriment ainsi en filigrane la nostalgie d'un état de bonheur initial et leur rancœur envers une société qui est responsable de sa perte. C'est ainsi dans *Le Lion* de Joseph Kessel, *L'Arbre de Noël* de Michel Bataille ou *Le Tambour,* de Günther Grass. Des écrivains ont même employé le terme de « pays de l'enfance ». Du

---

1. Si j'avais aujourd'hui mené la même étude, j'y aurais évidemment ajouté l'apport d'Internet et des réseaux sociaux. Je ne crois pas que cela aurait fondamentalement changé les conclusions que je tirai alors...

Gavroche de Victor Hugo au *Petit Chose* d'Alphonse Daudet, en passant par *Poum et Zette* de Paul et Victor Margueritte, l'enfant devient ainsi un mythe. Il est une nature spécifique et un personnage symbolique. L'enfant est l'être que nous pouvons modeler dans notre esprit pour nous prolonger. Telle était de manière extrêmement parcellaire la teneur de mes travaux [1].

Dans les années soixante-dix, j'allais poursuivre ce travail sur l'image de l'enfant, tel qu'il était représenté non plus dans l'univers des adultes mais dans les médias qui s'adressaient spécifiquement à lui. Avec l'aide de Claude Bellan, un chercheur en sciences humaines, j'ai ainsi dépouillé des enquêtes conduites sur mille cinq cents personnages et auprès de mille deux cents enfants de huit à dix ans. Nous sommes arrivés à la conclusion que, dans la plupart des histoires, les actions que mènent les enfants, dans des intrigues policières ou au long de diverses aventures, avaient pour but de rétablir l'ordre initial, un instant perturbé par des « mauvais », des « méchants ». Le jeune lecteur ou téléspectateur se voyait proposer un modèle de société où l'ordre n'était bouleversé que de façon anecdotique et ce afin d'entraîner son rétablissement, qui s'opérait grâce aux valeurs morales du héros. La qualité que les enfants admiraient et désiraient le plus était le courage. Il permettait de s'affranchir des contraintes et de gagner son autonomie. Il était également un atout pour surmonter son inferio-

---

1. Ils aboutiront à un ouvrage paru en 1971 : *Un Monde autre : l'enfance. De ses représentations à son mythe*, Payot.

rité biologique, psychologique, sociale. Les enfants étaient sollicités en deux temps. D'une part sur le personnage qu'ils admiraient le plus. Dans un deuxième temps sur celui qu'ils voulaient devenir. C'était là un écueil pour les filles qui avaient forcément choisi un modèle de garçon puisqu'il lui était imposé par les médias. La possession d'un animal était presque un leitmotiv. Elle permettait au héros d'oser, car l'animal protégeait le héros et en même temps l'enfant le dominait et liait avec lui des rapports très affectifs. On pouvait citer ainsi *Belle et Sébastien*, *Skippy le kangourou*, *Flipper le dauphin*.

Outre un scientifique, Claude Bellan était un artiste peintre, comme l'était mon père. Il était aussi, dans ces années soixante-dix, un pionnier en informatique. Cette qualité nous a été d'un immense secours lors du dépouillement des données. Nos conclusions sont à leur tour devenues un livre [1].

J'avais constaté, lors de ma thèse, que l'inadaptation sociale des enfants est un phénomène dont la répartition dans l'espace urbain n'est pas aléatoire. Les enfants inadaptés qui étaient traités dans les consultations de neuropsychiatrie infantile vivaient dans des quartiers plus défavorisés, des endroits de surpeuplement, d'îlots insalubres, qu'on appelait naguère le quart-monde. Ces lieux imposaient aux familles et aux enfants des conditions de vie plus difficiles. Ce constat allait orienter mes recherches sur l'enfant dans un nouvel axe : la place qui lui était donnée dans

---

1. *Enfants de l'image : enfants personnages des médias, enfants réels* (avec C. Bellan), Payot, 1979.

l'urbanisme. Avec cette question : l'enfant est dit inadapté mais n'est-ce pas le milieu qui est inadapté à lui ?

Les temps se prêtaient à cette réflexion. C'était l'époque des villes nouvelles qui fleurissaient alors un peu partout aux périphéries des grandes villes. Des cités entières sortaient de terre, presque d'un seul tenant. Les architectes imaginaient d'autres manières de vivre. La société s'interrogeait sur les équipements à offrir aux citoyens et sur la manière d'occuper le temps libre. C'était l'époque des autoroutes et des MJC.

Dans ces années soixante-dix, j'ai donc réuni une équipe de recherches pluridisciplinaire. Elle réunissait deux psychologues (Marie Mayeur et Catherine Rieunier), une sociologue-ethnologue (Martine Perrot), un architecte (Philippe Bonnin), un géographe-urbaniste (Martin de la Soudière) et moi-même, psychosociologue et responsable de l'équipe. Ces travaux sur l'urbanisme avaient en outre l'intérêt de rejoindre ceux que conduisait mon mari, ce qui nous permettait d'échanger sur ce sujet.

Nous avons reçu le soutien d'hommes et de femmes de terrain. Parmi eux, figurait le mouvement des Francs et Franches Camarades, surnommés les Francas. Cette association d'éducateurs était particulièrement active et dynamique dans cette période. Ces pionniers multipliaient les équipements dédiés aux enfants, imaginaient des espaces de création ou lançaient les premiers centres aérés. Avec eux, nous avons étudié le rôle des enfants dans la cité [1].

---

1. Les Francas m'intégreront bientôt dans leur conseil scientifique.

Nous avons choisi plusieurs lieux très différents.

— Un quartier ancien de Paris, le quartier Saint-Paul, dans le IVe arrondissement, très démuni en espaces de jeux et équipements pour les enfants.

— Deux quartiers de villes nouvelles : la Grande Borne à Grigny, en région parisienne, et l'ensemble de l'Arlequin à La Villeneuve, au sud de Grenoble. Ces deux ensembles avaient des visées expérimentales mais avec des idéologies totalement opposées. La Grande Borne isolait l'enfant de l'adulte, lui offrait un cadre où il se situait comme individu. L'Arlequin intégrait au contraire l'enfant dans toute la vie sociale. Il avait sa place partout dans l'espace général de la ville.

— Grigny 2, nouveau quartier situé dans le même secteur urbain que la Grande Borne, représentait une opération immobilière banale, ne tenant pas particulièrement compte de la place de l'enfant. C'était une cité-dortoir.

— Des villages de Lozère, à l'économie, à l'habitat, à la vie culturelle traditionnels où la place de l'enfant était implicite. Il était intégré à la vie économique en tant que jeune agriculteur.

Sur ces différents terrains, l'équipe a multiplié pendant plusieurs mois les observations et les entretiens, collectionné les dessins et les petits textes rédigés par les plus jeunes, sondé les enfants sur les lieux dont ils rêvaient et ceux où ils vivaient. Nous avons aussi filmé les réactions des enfants, avons épié une trentaine d'entre eux dans les espaces choisis, seuls ou en groupe.

Nous avons découvert au final qu'aucun des modèles n'était satisfaisant. À la Grande Borne, par exemple, où l'enfant devrait être le roi de la ville, il avait été pensé séparé du monde des adultes. Les écoles et les centres de loisirs, malgré leur richesse, étaient isolés. Déjà, en ces années soixante-dix, l'enfant ne recevait de la vie sociale que les signes les plus anxiogènes (problèmes d'emploi, d'argent de leurs parents). La vraie vie leur semblait ailleurs. Ils fuyaient ces lieux pour les centres commerciaux et les images captatives suscitées par les publicités de la société de consommation. Ou alors, ils détournaient certains lieux à leur profit : halls d'immeubles, garages à bicyclettes, caves, etc. Comme les gardiens les chassaient, ils cherchaient l'appropriation à l'entour, dans des terrains vagues ou des terrains privés, où ils étaient en infraction.

À l'Arlequin de Grenoble, l'intense vie d'animation qui était proposée à l'enfant ne lui convenait pas mieux. L'enfant était frustré et renvoyé à sa catégorie de dominé car on était allé au-devant de ses désirs en désignant d'avance ses lieux de jeu et même ses cachettes. Il cherchait à s'approprier des espaces hors de la cité. Il traînait ainsi comme la nostalgie du terrain vague et de ses espaces libres où il pouvait s'inventer des mondes imaginaires. Et puis, la vie professionnelle était ailleurs et les enfants se retrouvaient hors de la réalité sociale.

À Grigny 2, l'enfant était parqué dans quelques espaces désignés, résidus de l'espace public. Il jouait un rôle d'appât publicitaire pour inciter les familles à venir s'installer mais cela n'allait pas plus loin. Les rares équipements étaient détériorés.

Dans le vieux quartier Saint-Paul, à Paris, la diversité des personnes croisées (personnes de tous âges, professions multiples), la variété des sollicitations (souvenirs du passé inscrits dans l'urbanisme, affiches de spectacle ou slogans politiques) créaient des stimulations intellectuelles. En revanche, la place de l'enfant n'était pas pensée dans l'espace. Sa présence était même source de difficultés. L'accroissement de la circulation rendait toujours plus dangereuse la rue, son espace de jeu depuis toujours. Dans ce quartier, un terrain d'aventure a été créé dans lequel les chercheurs ont pu observer la créativité des enfants.

En Lozère, enfin, la lisibilité totale du mode de vie villageois sécurisait profondément les enfants. La campagne offrait des possibilités de jeux multiples. Mais la société rurale devenait marginale dans la société française. Les enfants subissaient donc une acculturation à leur entrée au lycée, où ils découvraient d'autres modes de vie à la ville.

Ces nouveaux travaux ont donné deux livres *Enfant en-jeu*[1] et *Espaces d'enfant*[2]. Si je me permets d'en rappeler aussi longuement la teneur, quarante ans plus tard, c'est qu'il me semble qu'ils sont toujours d'actualité. Les problématiques qu'ils soulevaient n'ont pas été résolues aujourd'hui. Nous proposions pourtant quelques pistes à l'époque, notamment la

---

1. CNRS, 1976. Ce livre a été primé par l'Académie des sciences morales et politiques.
2. Del Val, 1987.

nécessité dans tout aménagement ou création d'espace habité de prévoir un lieu non bâti, non aménagé, laissé à la fantaisie, à la discrétion des enfants. Cela permettait de créer des espaces variés : institutionnels (centre de loisirs), équipés (aires et plaines de jeux), non aménagés (terrain d'aventures). « Si rien n'est fait pour l'enfance, si l'enfant n'est pas réellement pris en compte, il continuera à constituer une gêne pour l'adulte. Si l'enfant est mal pris en compte, il sera conduit à la marginalité. Il aura tendance à refuser la place qu'on lui offre, s'opposera aux structures », écrivions-nous. Nous ajoutions alors : « En 1979, se forme la future génération des jeunes adultes qui auront de vingt à trente ans en l'an 2000. Quel avenir seront-ils capables et désireux d'édifier ? Quels types d'hommes et de femmes sommes-nous en train de construire ? À quels rôles, à quelles fonctions les préparons-nous ? N'y a-t-il pas de discordances entre les conditions de vie et d'éducation que nous leur imposons et les projets que nous formons à leur égard ? » Les années deux mille, nous y sommes. Les questions que nous posions sont toujours d'actualité.

J'ai gardé un œil curieux sur ces zones que j'avais explorées il y a quarante ans, à Grigny ou à Grenoble. Chaque fois que je retourne sur place, je constate la dégradation des lieux et de tous les projets qui avaient été faits à l'époque. À suivre l'actualité, les faits divers ou les émeutes qui émaillent la vie de la Grande Borne ou de l'Arlequin, je me dis que nous avions alerté depuis longtemps des risques.

Dès la fin des années soixante, des éducateurs et des enseignants constataient avec nous les difficultés des enfants dans cet environnement. Des réflexions s'initiaient déjà. J'ai ainsi participé à un colloque sur l'enfant dans la ville où étaient posés les termes des débats actuels. Puis, au Centre international de l'enfance, s'est tenue une autre conférence sur l'inadaptation des enfants dans la ville. Ce thème a suscité la mobilisation de tous les praticiens de l'enfance. J'ai été présente dans ce mouvement. Nos avertissements auraient dû être plus écoutés. Les villes nouvelles créées dans ces années-là découlaient d'une utopie trop figée. Les écoles étaient ainsi ouvertes sur la cité, avec un minimum de cloisonnement.

Encore y vivait-il alors une classe moyenne blanche. On y a relogé peu à peu une population immigrée pauvre et les difficultés n'ont fait que s'accentuer. Les enfants ont été confrontés à de nouveaux modes de vie, sont passés d'une culture à une autre, s'y adaptant plus ou moins bien. Une enseignante m'a ainsi raconté que des enfants étaient incapables d'avaler la nourriture de la cantine. Leur mère leur donnait alors une boîte de sauce tomate qui, allongée d'eau, devenait une soupe. C'était la seule manière de leur faire avaler quelque chose.

Dans les années soixante-dix, j'ai eu la satisfaction de constater que je n'étais pas seule à travailler sur l'enfant et sur sa place dans notre société. Le sujet prenait même une dimension mondiale. L'ONU décidait ainsi de déclarer 1979 année internationale de l'enfant. L'Unesco a organisé cette année-là une rencontre aux États-Unis, dans les locaux de l'université d'Austin. J'y ai été invitée comme experte, découvrant au passage l'opulence des facultés texanes. Ce séjour a également été une leçon de géographie : dans la liste des pays participants, en figuraient dont j'ignorais jusqu'à l'existence, comme le Qatar... J'ai présenté un texte sur « L'avancée des recherches concernant l'enfant dans les pays occidentaux ». Mon mari se trouvait alors en déplacement à l'université de Mexico, avec des collègues. Je l'ai rejoint et nous avons passé un magnifique séjour touristique au Mexique. Nous avons loué une voiture et sillonné le pays, allant émerveillés d'un site à un autre.

Cette même année, l'ONU a décidé la création d'une convention internationale de l'enfant, qui fixerait son statut dans le monde entier. L'harmonisation des positions ne s'est pas faite sans peine. La convention de l'ONU se voulait engageante pour les pays qui la souscrivaient. Il a donc fallu négocier pied à pied son contenu, discuter beaucoup et lâcher parfois, à contrecœur, sur certains points pour arracher le consentement de tous. Tout le monde s'accordait évidemment pour dire que devaient être satisfaits les besoins primaires de l'enfant : se nourrir, se vêtir, être logé, être soigné, ne pas être soumis à l'exploitation dès son plus jeune âge, pouvoir s'attacher affectivement à des adultes, les parents le plus souvent. Mais dès qu'étaient abordées les questions de la formation, de l'instruction, de l'insertion sociale, nous nous heurtions aux différences culturelles, aux réticences de certains pays. J'ai ainsi appris les lois de la diplomatie et les vertus de la patience... Il a finalement fallu dix ans pour aboutir à la rédaction d'un texte, adopté en novembre 1989.

En France, sa mise en place a demandé bien des ajustements, juridiques en particulier. La Ligue des droits de l'homme, association à laquelle j'adhérais depuis déjà quelques années, m'a alors demandé de créer et présider une commission « Droits de l'enfant » regroupant des personnes qualifiées. Au titre de la LDH, je siégeais également à l'Institut de l'enfance et de la famille, qui réunissait divers spécialistes, et organisait des séances de formation dans tout le pays. J'ai participé à de multiples réunions afin d'expliquer la finalité et le fonctionnement de la convention. Elle s'articulait sur « trois P ». La protection qui ne posait pas de problèmes. La prestation (hospitalière, scolaire, vaccinale) qui n'était pas non plus discutée. La participation qui était l'objet de plus âpres débats dans notre pays. Comment faire participer l'enfant à sa propre formation, comment lui expliquer les règles de fonctionnement, comment construire un citoyen rigoureux ? Cela n'allait pas de soi.

Lors de mes tournées d'explication, je rappelais que l'enfant devait être à l'initiative de certaines règles mais accepter aussi les règles de la société. Ce point était chaudement discuté par les pédagogues. Depuis 1968, deux camps s'affrontaient en effet. Ceux qui considéraient toujours l'enfant comme un être soumis qui devait obéir. Ceux qui considéraient qu'il avait tous les droits, notamment celui de tout dire. Je trouvais, et trouve toujours, ces deux positions aussi catastrophiques l'une que l'autre. L'enfant doit être formé, éduqué, écouté mais il doit aussi être préparé à devenir une personne créative, un citoyen engagé.

Dans cette période de bouillonnement, de multiples projets ont germé. L'enfant allait pouvoir prendre la parole, participer aux débats. Avec Claire Jodry, je me suis mobilisée pour installer les premiers conseils municipaux des enfants [1]. Les courants pédagogiques Freinet, ainsi que l'Institut coopératif de l'école moderne (ICEM), jouaient également un rôle important.

Entre-temps, en 1986, j'ai pris ma retraite, à soixante-trois ans. J'avais multiplié les études de terrain, publié cinq livres. J'avais fini directrice de recherche honoraire et je tenais à l'École des hautes études en sciences sociales (EHESS) un séminaire sur les processus de socialisation de l'enfant et du jeune. Ce dont je n'étais pas le moins fière était d'avoir aidé à la formation d'une génération de chercheurs : Reynald Brizais, Christian Chauvigné, Marie-France Adrien, Paula Lew-Faï, Nelly Feuerhahn, tant d'autres que je retrouve aujourd'hui régulièrement avec un immense plaisir. Une dizaine de thèses a été soutenue sous ma direction.

À l'EHESS, j'ai ainsi défendu la thèse d'une jeune Colombienne, Maricel Merienne-Sierra, qui travaillait sur les enfants de la rue à Bogota. Elle s'était fait elle-même passer pour une cireuse de chaussures, appliquant au mieux la pratique du chercheur participant. Son travail de terrain a forcé mon admiration. Quelques années plus tard, quand elle est revenue à Bogota, Maricel a découvert que tous les enfants qu'elle avait étudiés étaient morts, de la drogue, de

---

1. Le premier a vu le jour à Schiltigheim en 1979.

maladies ou des exactions des Escadrons de la mort. D'autres les avaient remplacés.

Durant ces années, je me suis également battue pour le droit des femmes, sur le terrain des idées, là où je me sentais le plus utile. Je ne me suis jamais revendiquée comme féministe même si j'ai milité quelque temps, au début des années cinquante, avec les communistes de l'Union des femmes de France. Au début des années quatre-vingt, j'ai été invitée à une rencontre à Montréal dont le thème était : « Pour une culture au féminin. » Je me suis très vite trouvée en porte-à-faux avec des intervenantes qui exposaient des positions radicales. J'entendis ainsi une femme expliquer qu'une vraie féministe ne pouvait qu'être lesbienne. Cela m'a laissé coite.

Lors de mes recherches sur l'enfant, j'ai vu comment les filles souffraient souvent d'un handicap dès le départ dans la vie. Elles étaient plus soumises aux interdits par leurs parents. Les espaces qu'elles fréquentaient étaient plus restreints, leur territoire approprié plus limité que celui des garçons. Dans l'imaginaire, elles étaient souvent ravalées à des seconds rôles. Le personnage courageux, plein d'initiative, était le garçon même s'il existait quelques rares exemples féminins.

De même, j'avais observé que les femmes étaient très peu reconnues dans la Résistance. Elles n'étaient que six à avoir été acceptées parmi les Compagnons de la Libération. Six sur plus de mille membres de cet ordre... Elles n'ont pas eu droit à leur part des honneurs, des décorations. Elles s'occupaient de la logistique : loger, nourrir, assurer les liaisons, le secrétariat.

Même si certaines d'entre nous conduisirent des actions armées aux côtés des hommes, notre travail fut plus discret. Fut-il moins efficace, moins exemplaire ? Les nazis ne nous avaient-ils pas faites égales aux hommes, à parité dans la souffrance ?

Plus tard, dans le milieu universitaire, j'ai connu plus de mixité mais j'ai déjà raconté comment en 1954 mon sujet de thèse sur l'accouchement sans douleur a été considéré comme inconvenant... Comme des millions d'autres personnes, j'ai soutenu la lutte pour la contraception. Travaillant sur l'enfance, interrogeant des mères, j'étais au courant de toutes les méthodes utilisées dans la clandestinité et de leurs conséquences. Je gardais également le souvenir de maman qui, en tant que sage-femme, avait eu à connaître tout cela. Une des femmes avec qui je m'étais liée à Ravensbrück était morte un peu plus tard d'un avortement qu'elle avait elle-même provoqué. Cela m'avait bouleversée.

En 1963, dans le cadre du CNRS, j'ai participé à un livre collectif du Centre d'ethnologie sociale intitulé *La Femme dans la société*. Il était l'aboutissement d'une enquête sur la femme dans les différents milieux, sur son image et la difficulté de travailler. Nous avons conduit des entretiens auprès de cent quatre-vingts couples de différentes conditions. Pour les couples aisés, nous avions choisi les noms dans le *Bottin mondain*... Nous nous sommes ainsi retrouvés dans des intérieurs cossus du Champ-de-Mars ou de La Celle-Saint-Cloud et dans les cuisines ouvrières de la Cité nouvelle de Villejuif ou de la zone sud du XIIIe arrondissement. Nous avons interrogé les femmes, mais aussi leurs maris, sur la place qu'elles tenaient ou qu'on leur voyait tenir dans le couple et plus généralement dans la société.

L'image traditionnelle dominait encore largement. Elle présentait la femme comme un être second, relatif, situé uniquement par rapport à l'homme. Il y avait encore l'« évidence » d'une « nature féminine » qui tendait à tout justifier. Les qualités féminines typiques souvent évoquées étaient le dévouement et le don aux autres, l'intuition, le sens des relations humaines, la pondération, une certaine « sagesse », l'adresse, l'agilité, le sens des détails. Les défauts de la femme étaient le manque de logique et d'esprit de synthèse, l'infantilisme, la nervosité, la fatigabilité, l'incapacité au commandement. Elle était au mieux l'inspiratrice, l'être de charme, de fantaisie, d'évasion, faite pour accueillir, obéir et servir.

Pour les couples les plus rétrogrades, les femmes devaient être cantonnées au rôle d'épouses et de mères. Pour les autres, elles pouvaient avoir des activités hors du foyer. Mais elles devaient être limitées à des spécialités professionnelles. Ceux qui pensaient qu'elles pouvaient faire tous les métiers considéraient qu'elles amenaient une note différente de celles des hommes, des « qualités féminines » qui humanisaient le travail et les rapports sociaux. Rares étaient ceux qui pensaient qu'aucune opposition entre hommes et femmes n'était souhaitable, pour des principes de justice et d'égalité.

Les femmes étaient bien sûr plus favorables à tout ce qui favorisait leur émancipation, mais certaines avaient peur de porter atteinte à leur bonheur, fondé avant tout sur la réalisation d'un couple où les rapports étaient très sentimentaux. Elles étaient prêtes, pour le préserver, à faire des concessions importantes. Les hommes, de leur côté, comprenaient que les femmes aiment à « sortir de leurs casseroles » mais ils voyaient moins l'intérêt d'un engagement professionnel. Ils rejetaient la femme qui va travailler pour « se mal conduire » et celle qui voulait ainsi se libérer des tâches domestiques présentées comme « un devoir ».

La femme égale de l'homme mais identifiée à lui, la femme différente de l'homme au risque d'une infériorité, telles étaient les deux tendances qui apparaissaient dans la majorité des réponses. « La différenciation aboutit facilement aux inégalités et l'égalisation fait naître la crainte de l'uniformité et de l'ennui dans le dialogue des sexes », ai-je alors écrit. Aujourd'hui encore, ce débat entre égalité et polarité me semble toujours valide.

En juin 1963, Françoise Giroud et Christiane Collange m'ont conviée à un débat organisé par l'hebdomadaire *L'Express* sur la condition des femmes. Il était intitulé : « Les femmes et leur avenir ». J'y abordais notamment la tentation que pouvaient avoir certaines femmes d'arrêter de travailler et de retourner à leur vie de femmes au foyer, notamment en cas de crise. « Il ne s'agit plus d'ouvrir les portes aux femmes pour les mettre dans des structures faites par l'homme pour l'homme, ce qui les écrase souvent encore plus, mais de changer ces structures pour que la femme puisse vraiment être l'égale de l'homme et réellement libre. » Je préconisais également des mesures comme l'extension des gardes et haltes d'enfants. Je disais également ma réticence devant un certain féminisme qui entendait opposer les femmes aux hommes. Je militais pour qu'il y ait plus de femmes à l'Assemblée nationale et au Sénat. À mon grand regret, je crois que je pourrais faire peu ou prou les mêmes remarques cinquante ans plus tard.

Je m'investis toujours dans ce débat, quand on me le demande. Il y a deux ans, j'ai participé à un colloque sur le viol des femmes comme arme de guerre. Le 27 mai 2014, j'étais au Sénat où se tenait une journée sur les femmes résistantes d'hier et d'aujourd'hui. J'étais invitée par Najat Vallaud-Belkacem, quand elle était encore ministre des Droits des femmes. Elle avait invité quarante jeunes, filles et garçons, en année d'engagement civique. Certaines personnes partaient en Afrique pour aider à la convalescence et à la réinsertion de femmes violées.

Il me semble qu'aujourd'hui, alors que les droits des femmes sont toujours contestés, ce combat est plus que jamais à mener.

VIII

TÉMOIGNER TOUJOURS

Au moment de la guerre d'Algérie, je me suis procuré une feuille de propagande de l'OAS. L'organisation y résumait sur une double page son programme.
J'ai découvert qu'il était d'inspiration ouvertement
fasciste. Ces gens ne militaient pas seulement pour
l'Algérie française mais pour l'instauration pure et
simple d'un régime autoritaire, abolissant les libertés
publiques et les règles démocratiques. Quinze ans
après la Libération, les mêmes idées ressurgissaient
ainsi. Les horreurs de la Deuxième Guerre mondiale
n'avaient pas suffi à vacciner définitivement contre le
totalitarisme. « On s'occupera de vous », m'avait
promis l'OAS dans une lettre anonyme. De nouveau,
les mêmes ou presque me menaçaient.

Des recherches ultérieures m'ont permis de constater que les idées d'extrême droite avaient survécu à
leur défaite. Des groupuscules fascistes et même nazis
s'étaient reconstitués très vite. On trouvait dans cette
mouvance un neveu du collaborateur Déat, Gastaut,
dit Charles Luca, chef de la Phalange, dont le futur
négationniste Henri Roques sera un temps le secré-

taire général. Pierre Sidos, fils d'un dirigeant de la Milice fusillé à la Libération, dirigeait Jeune Nation, qui sera dissoute pour ses violences, puis l'Œuvre française. Dominique Venner a contribué à l'organisation de l'OAS. Puis ce furent Occident, Ordre nouveau, la Fédération d'action nationale et européenne (FANE), les Groupes nationaux révolutionnaires (GNR), etc. Depuis 1945, différentes organisations luttaient ainsi pour reconstituer les forces hostiles aux principes qui, après la victoire sur le nazisme, ont présidé à la création de l'ONU ou à l'universalisation des droits de l'homme. Le phénomène s'est accentué dans les années quatre-vingt.

En septembre 1973, le coup d'État du général chilien Augusto Pinochet a nourri un peu plus mes inquiétudes. Mon mari avait des échanges avec des chercheurs d'Amérique latine qu'il avait accueillis dans notre laboratoire ou rencontrés lors de ses voyages là-bas. Des amis avaient des contacts au Chili ou en Argentine. Ils nous tenaient au courant de ce qui se passait là-bas. En 1978, je proposai un article au *Monde*, qui le publia en page 2, où je dénonçais l'usage de la torture et les exécutions d'opposants. Le texte m'a valu un droit de réponse de l'attaché culturel de Pinochet à Paris. À l'entendre, le CNRS ne faisait que colporter des « sottises ». Il me menaçait de poursuites devant les tribunaux. Je me suis également solidarisée en Argentine avec les « mères de la place de Mai » qui, pendant la dictature, manifestaient avec un incroyable courage pour connaître le sort de leurs enfants enlevés après le coup d'État de mars 1976.

À cette époque, j'accumulais de la documentation sur les mouvements d'extrême droite. J'étudiais leur résurgence dans le paysage français. En 1970 et 1980, j'ai écrit plusieurs articles, notamment dans *Le Patriote résistant*, la revue de la FNDIRP. J'ai publié une première synthèse de mes travaux en 1980, sous le titre : *Complot contre la démocratie*. En 1982, j'ai été invitée en Italie, à Cuneo, par l'Institut de l'histoire de la Résistance. Je suis intervenue lors d'un colloque qui traitait de « la nouvelle droite et des cultures réactionnaires ». J'y exprimais mes inquiétudes. L'historienne Madeleine Rebérioux m'a alors demandé de participer à la commission de la Ligue des droits de l'homme (LDH) qui suivait l'extrême droite. Mes réflexions ont abouti à un nouvel ouvrage, que j'ai publié pour la LDH en 1987 : *Vigilance. Vieilles traditions extrémistes et droites nouvelles*.

J'essayais d'alerter l'opinion sur le péril. Je constatais dès cette époque des similitudes avec l'entre-deux-guerres, notamment l'aveuglement des démocrates. Lors de la montée du nazisme et du fascisme, dans les années vingt et trente, peu de gens avaient mesuré le danger que représentaient ceux qu'on assimilait encore à de simples exaltés sans avenir. De nouveau, on se leurrait en traitant comme quantités négligeables ces mouvements. En France, en fait, les conceptions qui ont engendré de nombreux crimes contre l'humanité sont très anciennes. Mais à chaque époque des gens se sont dressés pour défendre les droits de l'homme et les principes fondateurs de la République française. Ainsi, en 1898, à l'occasion de l'affaire Dreyfus et du cri de Zola, « J'accuse », s'est créée la Ligue des droits de l'homme.

Dans son manifeste publié en 1899, l'Action française martelait : « L'État républicain est contrôlé par "quatre États confédérés", l'État métèque, l'État juif, l'État franc-maçon, l'État protestant de la grande finance. » Le régime de Vichy puisait ses racines dans ce vieux fonds français. Aujourd'hui encore, le « juif » et le « métèque » sont désignés à la vindicte. Il existe ainsi des permanences idéologiques mais également des continuités dans la méthode pour prendre le pouvoir. Comme dans les années trente, ces organisations se battent de trois manières, apparemment distinctes mais qui se rejoignent au final. Premièrement, les activistes les plus radicaux choisissent la violence de rue, les attentats. Deuxièmement, des partis politiques légalement installés optent pour la stratégie de la prise de pouvoir par la voie électorale. Ils édulcorent le discours mais gardent les mêmes objectifs. Troisièmement, les « anti-1789 » luttent sur le terrain de la culture et des idéologies. Il s'agit notamment de mettre à bas les idéaux de la Révolution française, Liberté, Égalité, Fraternité. Benito Mussolini affirmait en 1926 : « Nous représentons l'antithèse des immortels principes de 1789 » et Joseph Goebbels, le ministre de la Propagande d'Hitler, assurait : « L'an 89 sera rayé de l'Histoire. »

Les trois niveaux où combat l'extrême droite – la rue, les urnes, les idées – s'interpénètrent plus ou moins au gré des époques et des circonstances. Les activistes deviennent les membres du service d'ordre d'un parti. Les intellectuels nourrissent son programme. En 1984, quand Jean-Marie Le Pen a pris de l'importance dans la sphère politique, l'extrême droite la plus dure a disparu. Elle s'est intégrée dans le FN. Les idéologues du Grece et les anciens du Club de l'Horloge ont fait de même.

Dès le début des années quatre-vingt, j'écrivais : « À certaines époques, l'extrême droite abandonne l'activisme, car il s'est avéré inopérant pour changer le régime, les structures sociales, les valeurs. Il s'agit désormais pour elle de s'attaquer au domaine de la culture afin de transformer les modes de pensée. Toujours nationaliste, elle se présente soit comme révolutionnaire, soit comme conservatrice, soit comme libérale. Il peut s'agir de prendre place sur l'échiquier politique. Les organisations qui choisissent cette voie souhaitent ou bien devenir la composante la plus extrême de la droite traditionnelle, ou bien figurer comme une des droites parmi les autres, en tentant d'édulcorer leur image antérieure pour ne pas inquiéter l'électorat, au risque de se faire taxer de traîtres et d'opportunistes par les organisations sœurs ou concurrentes. Les partis d'extrême droite entrent alors en compétition avec les partis de la droite traditionnelle. Ils s'efforcent de s'arracher des voix, ou encore concluent des alliances, sources de conflits ultérieurs, de compromissions. »

La situation actuelle ne fait que conforter mon opinion. Marine Le Pen tente de se débarrasser de la frange la plus dure de l'extrême droite pour draguer un plus large électorat et nouer des alliances avec la droite traditionnelle. Du coup, une partie de l'extrême droite a retrouvé son autonomie, par exemple sous la forme des identitaires. Je suis extrêmement inquiète de leur montée en puissance. Comme je le fais chaque fois, je me suis procuré leur programme, leurs manifestes et leurs slogans. Ils s'adressent à la jeunesse, lui disent de faire table rase du passé, de construire quelque chose de neuf sur du néant. D'une certaine manière, ils reprennent les thèmes des *Hitlerjugend* qui prônaient une rupture générationnelle radicale pour créer un homme nouveau. Ils me semblent dangereux. J'ai lu qu'ils étaient en train d'infiltrer le Front national.

Régulièrement, j'ai retrouvé ces gens devant les tribunaux où je suis venue leur apporter la contradiction. En octobre 1980, cinq associations avaient ainsi porté plainte contre Mark Fredriksen, fondateur d'un parti néonazi, la FANE. Depuis plusieurs mois, l'extrême droite conduisait des plasticages, notamment contre la Ligue des droits de l'homme ou le Mouvement contre le racisme et pour l'amitié entre les peuples (MRAP). L'avocat Henri Noguères m'avait demandé de venir témoigner. À la barre, j'ai donc raconté la réalité du nazisme, vue de l'intérieur. Puis je suis allée m'asseoir dans la salle, juste devant des militants nazis venus soutenir leur chef. Une jeune fille portait des boucles d'oreilles avec des croix gammées. Un grand gars se dandinait sur le banc, avec le crâne rasé et un blouson. Mon mari était absent. Mon fils s'est approché de moi. « Ne viens pas », lui ai-je dit. Je pensais qu'ils hésiteraient à s'attaquer à une vieille dame mais qu'ils ne craindraient pas de s'en prendre à un jeune homme. Plus tard, mon fils et des amis venus en renfort m'ont emmenée dans une voiture. J'ai passé la nuit hors de la maison. Quelques jours plus tard, quand je suis revenue à Antony, nous avons trouvé la maison sens dessus dessous. Le buffet et les armoires avaient été renversés et vidés. Des couteaux à découper avaient été artistement disposés autour de notre lit. Du bon travail : les visiteurs portaient des gants et la police n'a décelé aucun indice. Les auteurs de cette intimidation n'ont jamais été retrouvés.

Nous étions ainsi un groupe de militants, de la LDH ou du MRAP, qui luttions contre les néonazis. Je me souviens ainsi avoir soutenu deux policiers qui avaient dénoncé un collègue engagé à l'extrême droite. Ils avaient été traînés devant les tribunaux pour cela. J'ai également été impliquée dans une affaire qui concernait un lycée militaire d'Aix : deux professeurs d'histoire avaient été exclus parce qu'ils contestaient la présence d'un noyau d'extrême droite qui introduisait dans l'établissement de la propagande et des affiches. Quand en 1985, le président Ronald Reagan a visité avec le chancelier Helmut Kohl le cimetière de Bitburg en Allemagne où sont enterrés des membres de la Waffen SS, nous nous sommes retrouvés au camp du Struthof dans une marche de protestation, avec Robert Chambeiron, grand résistant, proche de Jean Moulin. Député européen, il a participé en 1984 à la création d'une commission d'enquête au sein du Parlement sur la montée du fascisme et du nazisme sur le Vieux Continent[1]. J'ai été

----

1. La commission fut créée malgré le vote défavorable de Jean-Marie Le Pen.

invitée comme experte. Le rapport qui a découlé de ces travaux mériterait d'être exhumé tant il raconte au plus juste ce que nous vivons aujourd'hui.

J'ai également travaillé sur l'extrême droite au sein d'un groupe qu'avait créé le PS. Mon mari et moi avions adhéré à ce parti en 1979 ou 1980. Le 14 juillet 1981, nous avons été invités dans les jardins de l'Élysée par le nouvel occupant, François Mitterrand. Mais je préférais à l'engagement partisan ceux que j'avais avec la LDH ou les associations de déportés. Je n'ai pas renouvelé ma carte.

Dès les années soixante-dix, mes recherches sur l'extrême droite m'ont naturellement conduite à m'intéresser aux travaux des négationnistes. Je dis bien *négationnistes* et non *révisionnistes*, comme aiment s'appeler ces gens. « Réviser » est en effet un travail scientifique d'historiens, parfois salutaire, quand leur combat à eux n'est qu'idéologique. Le négationnisme est ancien. Maurice Bardèche, beau-frère du collaborateur Robert Brasillach, qui avait été fusillé durant l'épuration, avait dès les années cinquante entrepris une opération de subversion des culpabilités : les vainqueurs étaient les tueurs réels et les nazis les victimes. Alors que nous étions encore des dizaines de milliers de survivants, il réfutait déjà la fiabilité des témoignages et contestait l'existence des chambres à gaz. Les Alliés et surtout les juifs avaient inventé les camps de la mort, supercherie montée de toutes pièces pour s'exonérer de leurs propres crimes. Les atrocités constatées étaient le fait des déportés eux-mêmes. On considère que c'est Bardèche qui a lancé le courant négationniste. Lors de son décès en 1998, Jean-Marie

Le Pen a salué en lui un « historien d'avant-garde ».
Puis a suivi Paul Rassinier, ancien déporté antisémite.
Ensuite Robert Faurisson est devenu la figure emblé-
matique des négationnistes.

Ces falsificateurs de l'histoire minimisent ou bana-
lisent le crime quand ils ne le nient pas. L'approbation
de la collaboration, le dénigrement des résistants font
partie de leur stratégie. Elle n'a pas pour but la vérité
historique mais seulement la réhabilitation du
nazisme en l'exonérant de ses crimes ou en les relativi-
sant. Ils s'efforcent d'abattre le prestige des vainqueurs. Symétriquement, ils idéalisent les héros nazis.
Dans les années soixante-dix et quatre-vingt, des
revues pseudomilitaires faisaient ainsi l'apologie des
guerriers SS. En Allemagne, un courant « relativiste »
estime que les crimes nazis n'ont fait que répondre à
ceux du stalinisme.

J'ai découvert au fil de mes recherches qu'une
partie de la gauche rejette également la vérité historique. Des libertaires nient le génocide au nom d'une
démarche de libre contestation. Une autre ultra-
gauche s'appuie sur une théorie a priori, selon laquelle
les systèmes démocratiques bourgeois, le stalinisme et
l'hitlérisme menaient tous des luttes contre le proléta-
riat et étaient donc tous de la même nature, sans que
l'un soit mieux que l'autre. L'antifascisme dissimule-
rait, selon eux, une même unité profonde de l'État,
sous des formes dictatoriales ou démocratiques, visant
uniquement à opprimer le peuple.

En 1984, une thèse de Henri Roques, soutenue à
Nantes devant un jury de complaisance, niait l'existence des chambres à gaz. Il s'appuyait sur les petites

variations qui apparaissaient entre les différents témoignages de Kurt Gerstein, un militant chrétien engagé dans la SS, qui avait dénoncé les chambres à gaz. Ces petites variations devenaient, aux yeux des négationnistes, suspectes et, par un odieux glissement, le signe d'un grand mensonge. En Suisse, Mariette Paschoud, une enseignante en histoire, soutenait les théories de Roques. J'ai participé à la campagne qui a permis d'invalider la thèse de Roques, de faire suspendre Faurisson et interdire d'enseignement Paschoud en 1986.

En janvier 1989, les négationnistes ont tenté d'organiser un colloque à Paris. Jean Pierre-Bloch, ancien résistant et membre de la Ligue internationale contre le racisme et l'antisémitisme (LICRA), m'a téléphoné. Nous avons alors organisé une conférence de presse pour dénoncer cette réunion. J'ai été de ceux qui ont pris la parole pour s'insurger. Henri Roques a soudain fait irruption, tentant en vain d'entraîner avec lui les journalistes mais il a été expulsé. Notre protestation n'a pas été vaine : le colloque a été annulé. Mais ce combat gagné m'a valu de nouvelles menaces. Un matin, j'ai trouvé dans ma boîte à lettres un petit mot de Faurisson ainsi libellé : « À Marie-José Chombart de Lauwe, délatrice et tricoteuse [1] qui aurait voulu m'envoyer à l'échafaud. »

Plus récemment, en 1996, dans un collège à Montoir-de-Bretagne, une ancienne déportée de Ravensbrück, Christiane Cabalé, venait raconter son expérience du camp quand elle a été violemment

---

1. Référence aux femmes qui pendant la Révolution assistaient aux exécutions publiques tout en tricotant la laine.

contredite par un professeur d'histoire-géographie négationniste, Michel Adam. Ce dernier niait la réalité de ce qu'elle avait vécu. Les autres enseignants et les parents d'élèves ont protesté et fait évacuer le perturbateur qui a été révoqué de l'Éducation nationale l'année suivante. Le même homme s'est invité en 2004 à Lamballe à une conférence que nous faisions avec Valérie Igounet, une historienne qui avait soutenu une thèse sur « l'histoire du négationnisme en France ». Il a à nouveau pris la parole et nous a traitées de menteuses. Il nous a en outre accusées de l'avoir réduit au chômage. En 2014, il a récidivé encore lors d'une autre conférence.

En 2002, deux tomes d'un ouvrage intitulé *La Controverse sur l'extermination des juifs par les Allemands* ont été envoyés dans des lycées. Ils étaient accompagnés d'une lettre reproduisant le logo de la Fondation pour la mémoire de la déportation et signé de mon nom un peu modifié : Marie Chambart de Mauwe. Il s'agissait bien sûr d'un ouvrage négationniste. J'ai porté plainte auprès du procureur de la République. Les coupables n'ont jamais été identifiés.

Je suis ainsi demeurée vigilante sur la montée de l'extrême droite et j'ai voulu en informer mes camarades déportées. En 2010, j'ai publié un document intitulé : *Réhabilitations du nazisme... Attention danger !*, édité par la Fédération nationale des Déportés et Internés, Résistants et Patriotes (FNDIRP). Cet ouvrage recense les données essentielles à connaître pour les militants, avec des références pour ceux qui veulent approfondir les données historiques. Mon attitude vigilante repose sur le fait que je parle en tant que témoin de l'horreur nazie.

Longtemps, j'ai décliné les invitations quand l'Amicale des déportées de Ravensbrück se rendait en pèlerinage dans l'ancien camp, alors situé en République démocratique d'Allemagne (RDA). Il n'y avait de toute façon pas grand-chose à voir. Le lieu était occupé par une caserne soviétique.

Il a fallu attendre la chute du Mur pour que j'y retourne enfin, convaincue par des camarades. J'ai refait à pied la route recouverte de mâchefer qui menait au camp. L'entrée était la même mais, une fois à l'intérieur, tout avait changé. J'ai dû faire un effort de mémoire pour retrouver des bribes d'architecture, l'emplacement de tel ou tel block. J'ai repéré l'endroit où avait été plantée la tente-mouroir où s'entassaient vers la fin les nouvelles arrivées mais on n'y avait pas accès. J'avoue n'avoir éprouvé aucune émotion particulière. Tout était trop différent. Bien sûr, il y avait les ombres qui peuplaient ces lieux. Mais n'étaient-elles pas en moi en permanence ? En mémoire de nos camarades, nous avons inauguré une stèle. Nous avons jeté des fleurs dans le lac, notamment des roses baptisées « Résurrection. La rose de Ravensbrück ». Avec une camarade, Marcelle Dudach, nous avions demandé en 1975 à Truffaut de créer une fleur dédiée aux déportées. L'entreprise avait accepté et créé pour nous cette variété[1].

---

1. Cette rose fleurit notamment les plates-bandes du mémorial de la Déportation, près de Notre-Dame, avec ce mot : « Je suis la vie qui reprend ».

Je suis retournée à Ravensbrück peu après, à la demande d'une cinéaste allemande, Ute Wagner-Oswald, qui a fait un documentaire, intitulé *Résister toute une vie*. Il me mettait en scène avec une déportée allemande, Gertrud Müller.

Je suis encore revenue d'autres fois à Ravensbrück. J'y ai accompagné la résistante Lucie Aubrac, dans le cadre d'une rencontre organisée par la Fondation Jean-Moulin et le musée de la Résistance de Berlin. J'ai eu bien des fois l'occasion de me retrouver à ses côtés. Je me souviens notamment d'une séance organisée au lycée d'Antony en région parisienne. J'étais impressionnée par son dynamisme à tous crins. J'ai également accompagné des groupes d'élèves en Allemagne, à Ravensbrück ou Mauthausen, ou en Alsace, à Natzweiler-Struthof. Je suis également allée à Auschwitz avec des jeunes. J'en ai vu pleurer en rallumant des bougies. Leur émotion m'a bouleversée et rassurée.

Car c'est pour eux que je fais ces voyages, c'est pour eux que je raconte. Pour ne pas que l'oubli enveloppe doucement la vérité, pour ne pas que ceux qui nient ce qui s'est passé dans les camps l'emportent par amnésie collective. Je ne me considère pas exactement comme un témoin qui répète son histoire à l'infini mais plutôt comme un chercheur qui contribue à entretenir la connaissance d'un fait. Lutter contre l'ignorance, toujours.

Je dois ici faire part d'une autre inquiétude. La déportation politique a toujours quelques difficultés à exister dans nos livres d'histoire. Après la guerre, il fut un temps où l'opinion faisait peu de cas des différences de traitement entre camps de prisonniers (*stalag*), camps de concentration et camps d'extermination. Il a fallu attendre des films comme *Le Chagrin et la Pitié*, de Marcel Ophuls, *Français, si vous saviez*, d'André Harris et bien évidemment *Nuit et Brouillard*, d'Alain Resnais et *Shoah*, de Claude Lanzmann pour que s'établissent des distinctions et une échelle de l'horreur. Mais, à cette période de confusion, succède aujourd'hui le sentiment que le génocide des juifs, parce qu'il incarne le mal absolu, écrase ou occulte toutes les autres peines endurées. J'ai raconté comment Marie-Claude Vaillant-Couturier, transférée d'Auschwitz à Ravensbrück, nous avait décrit ce qu'elle avait vu en Pologne et que nous nous étions soudain trouvées presque chanceuses d'être à cet endroit. Je sais que moins de cinq pour cent des juifs sont revenus des camps quand la moitié des déportés politiques sont rentrés vivants. J'ai été soulagée que Jacques Chirac admette la responsabilité de l'État français dans la persécution des juifs : il fallait en finir avec cette hypocrisie. Mais, sans la tentation morbide de comparer les fardeaux, je me dois de rappeler le sacrifice de mes camarades mortes pour avoir résisté à l'occupant. Je ne veux pas qu'on les passe par pertes et profits. Ce serait pour elles comme une seconde mort.

Alors je témoigne, partout où on me le demande, contre la tentation d'oublier de la majorité et contre les mensonges d'une minorité. D'ailleurs, la négation de la réalité de la déportation prend parfois des sentes insoupçonnées, presque cocasses avec le recul. Dans les années quatre-vingt-dix, j'ai reçu de Siemens des papiers à remplir en vue d'une indemnisation. Mais il ressortait que nous, déportées, abêties à la tâche, exterminées par la faim et l'épuisement, étions des travailleurs qu'on avait simplement oublié de payer... Ce dernier affront m'a mise dans une colère folle. Je n'étais pas la seule dans ce cas. D'un commun accord, nous avons refusé de rentrer dans le processus, tant qu'il n'était pas reconnu que nous avions été des esclaves. Nous avons demandé en outre que la somme soit versée collectivement pour l'entretien du musée que nous avions ouvert à Ravensbrück. Siemens a refusé.

En 1988, à la demande du professeur Hazard, j'ai accepté d'intégrer le Comité national consultatif pour les sciences de la vie et de la santé, qui avait été fondé par le professeur Jean Bernard. J'étais considérée comme une personne qualifiée. Comme universitaire mais également comme ancienne déportée. J'avais vu dans les camps comment la science pouvait être dévoyée, comment des prisonnières avaient été victimes d'odieuses expérimentations. J'ai vu les médecins nazis traiter les sujets d'expérience comme des animaux de laboratoire. J'en avais appris assez sur les dérives de la recherche. Pendant trois ans, j'ai suivi avec passion les débats éthiques qui naissaient à chaque réunion. Je me souviens ainsi de nos discussions sur le statut de l'embryon.

En 1990, j'ai participé à la création de la Fondation pour la mémoire de la déportation. Alors que l'un après l'autre, les déportés s'éclipsaient, il s'agissait de pérenniser la mémoire de leur calvaire. En conservant le patrimoine historique et mémoriel de l'internement et de la déportation. En transmettant les témoignages. En protégeant la vérité des affabulateurs, de ceux qui multiplient les amalgames, quand ce ne sont pas les insultes et les mensonges.

Marie-Claude Vaillant-Couturier a été la première présidente de la FMD. Peu avant d'être emportée par la maladie, elle m'a demandé de reprendre la suite, en 1996. J'occupe toujours aujourd'hui ce poste, épaulée par Yves Lescure, cheville ouvrière de la FMD et ami. Je suis assez fière de nombre de nos travaux. Suivant l'admirable exemple de Serge Klarsfeld avec les soixante-seize mille juifs déportés de France, la Fondation a notamment établi un mémorial avec la liste complète de tous les convois de déportés « non raciaux ». Près de quatre-vingt-neuf mille noms, avec des dates, des numéros, des lieux de décès, comme une stèle à ceux qui ne sont pas revenus. La FMD et la Fondation pour la mémoire de la Résistance réalisent également le concours national de la Résistance et de la Déportation, ouvert aux collégiens de troisième et aux lycéens. Les participants doivent réaliser un travail individuel ou de groupe. Des prix sont remis mais là n'est pas l'essentiel : il s'agit d'une action civique. Les rencontres avec les survivants, le travail sur la mémoire de la Résistance et de la déportation visent à transmettre aux générations suivantes la mémoire ce qui s'est passé il y a soixante-dix ans maintenant.

Témoigner, toujours. Il faut le faire. Alors je le fais. À Rennes, Lille, Annecy, Belfort, Morlaix, parfois plus loin. En 1994, j'étais à Turin où était organisé un colloque sur la déportation féminine. J'ai témoigné de ce que j'avais vécu à Ravensbrück, du cas des NN, du sort des bébés, des stérilisations mais aussi des profits économiques que faisaient les SS. Depuis vingt ans, il n'est guère une semaine où, dans mon agenda, ne se glisse le nom d'une ville où je suis invitée, souvent à l'initiative des Amis de la Fondation, une association qui nous aide au quotidien. Mes forces diminuent mais mon programme ne cesse de se charger de toujours plus de rendez-vous. C'est que les camarades qui partageaient cette œuvre de mémoire avec moi s'en vont une à une. Hommes ou femmes, nous ne sommes plus très nombreux, une poignée. La nature m'a faite robuste. Il m'incombe donc de prendre toujours un peu plus d'obligations.

Le plus souvent, je m'adresse aux jeunes dans les écoles ou les universités. Mais je suis allée récemment parler à la prison de Fleury-Mérogis. J'ai également participé en 2007 à une action en banlieue organisée par Foot Citoyen, l'association de Lilian Thuram, l'ancien champion du monde, et suis devenue marraine d'honneur de cette association. Sans tenir de calculs précis, j'estime toucher ainsi plusieurs milliers de personnes chaque année. À Grenoble, dernièrement, j'ai visité six établissements scolaires et rencontré mille deux cents élèves.

À la longue, mon discours est forcément rodé. Je vois bien que mes quatre-vingt-dix ans, mes cheveux blancs peuvent devenir un handicap pour mes interlocuteurs. Ils créent une distance avec eux. Ils les renvoient à un monde ancien et, peut-être à leurs yeux, révolu. Alors, je m'assois sur le rebord d'une table et je débute ainsi : « Je vais vous raconter une histoire

qui s'est passée quand j'avais à peu près votre âge. »
Ensuite je leur raconte une journée ordinaire du
camp. J'adapte ma parole à l'âge de l'auditoire.
Quand je suis avec des petits, je gomme le pire.
J'élude la révolte des « lapins » qui furent opérées dans
des cachots, j'omets le triste sort d'Odette Fabius, rat-
trapée après une tentative d'évasion, qui fut torturée.
L'idée n'est pas d'impressionner mais de donner à
réfléchir. Je suis chaque fois frappée de la qualité de
l'écoute. Parfois, on me demande : « Vous êtes
juive ? » Je réponds que non et j'explique la différence
entre déportés raciaux et politiques. Les jeunes posent
des questions, s'étonnent. Je sens que je les interpelle.
Je n'en demande pas plus. Je ne suis là que pour ça :
semer quelque chose dans leur esprit qui germera
plus tard.

Je témoigne ainsi pour tenir la promesse que nous
avions faite à nos camarades qui se savaient condamnées et nous conjuraient de survivre pour témoigner.
Mais, aux jeunes, j'explique aussi qu'il ne faut pas se
fier à mes cheveux blancs pour remiser d'office mon
récit au rayon Histoire. Je n'en reste pas à une simple
description. Redevenant le témoin chercheur, je
raconte de quoi Ravensbrück était le nom. Ce camp
était une société nazie par excellence. Bien sûr, il avait
des institutions banales : bureaux du travail, entreprises utilisant une main-d'œuvre louée, bureau politique, hôpital, prison, comme dans les diverses
sociétés européennes. Mais toute cette organisation
était marquée par le mépris total de l'être humain et
irriguée par la prétendue hiérarchie des races. Car la
société nazie comprend intrinsèquement et non par

dévoiement le danger des pires crimes contre l'humanité. Ces derniers sont dans ses principes mêmes. Au nazisme, sont consubstantiels « l'assassinat, l'extermination, la réduction en esclavage, la déportation, les persécutions pour des motifs politiques, raciaux ou religieux », tout ce qui est défini depuis le procès de Nuremberg comme crimes contre l'humanité. Il a en lui l'élimination de populations, hommes, femmes et enfants, pour le simple fait qu'ils sont considérés comme nuisibles ou inférieurs.

J'explique comment à Ravensbrück, moi et les autres femmes, nous avons expérimenté la déshumanisation, le rapport du dominant SS et du dominé esclave. Nous avons connu la situation d'exclues de l'humanité. Dans l'univers nazi, le « supérieur » a le droit de dire à un autre : « Toi, tu n'appartiens pas à la même espèce humaine que moi et j'ai tous les droits sur toi, t'exploiter, te torturer, te tuer. » Cette exclusion constitue un noyau qui est à la base d'autres crimes passés et présents : l'esclavage ou le génocide au Rwanda par exemple.

La déportation et le système concentrationnaire nazi représentent l'application extrême d'un mal dont les germes demeurent présents. Un mal qui peut resurgir à tout moment, en particulier en cas de crises économiques et sociales graves. Il faut se souvenir des mécanismes qui ont amené au pouvoir Hitler et comment une majorité du peuple allemand a accepté de le suivre. Mais je rappelle aussi que des gens se sont levés pour défendre les valeurs fondamentales de la liberté, de la justice, du respect de tout être humain.

Je sillonne ainsi le pays pour porter la parole, j'assiste aux cérémonies du souvenir, je réponds aux demandes des journalistes, je m'active au sein de la Fondation. Ma petite voiture ne reste pas longtemps garée devant chez moi.

Témoigner, toujours. C'est cette nécessité qui m'a poussée à exhumer mes souvenirs du camp en 1998 et à les publier une première fois. Vers 2010, j'ai été contactée par une romancière, Valentine Goby. Elle préparait un livre tiré de mon expérience de la *Kinderzimmer* et de celle des enfants qui y étaient nés et avaient survécu. Parmi ces miraculés, se trouvaient trois Français : Jean-Claude Passerat, Sylvie Aylmer et Guy Poireau. Il y avait également trois enfants qui étaient fille et fils d'un prisonnier de guerre français et, pour cette raison, conduit à Ravensbrück plutôt qu'à Auschwitz : Lily Rosenberg et ses deux frères, Robert et André. Je les ai revus les années suivantes. J'ai même été membre du jury de la thèse qu'André a soutenue et qui traitait des enfants juifs et Tziganes pendant la déportation. Leur histoire de Ravensbrück est sans doute plus lourde à porter que la mienne. Au moins savais-je pourquoi j'étais là. Eux n'avaient que le tort d'être nés, comme les juifs exterminés.

Le roman de Valentine Goby, *Kinderzimmer*, est paru en 2013 chez Actes Sud. Ce livre a pu susciter la polémique. Pouvait-on aborder un sujet aussi dramatique par la littérature ? J'ai lu le manuscrit avant sa publication et l'ai trouvé au contraire remarquable de justesse. Il faisait passer énormément de choses. J'ai donc défendu son auteur. Une comédienne, Claudie Rajon, a monté un spectacle à partir de mon histoire.

Quelque chose d'elle apporte une dimension poétique. Dès la première représentation, j'ai découvert comment elle touchait par son art à une vérité profonde.

Témoigner toujours, sous toutes les formes, jusque dans ces lignes maladroites, écrites par une femme de quatre-vingt-douze ans, dans sa maison d'Antony. Elle est devenue bien grande, cette maison, depuis que j'y vis seule.

Mon mari est mort en 1998. Il souffrait d'anomalie sanguine depuis dix ans. Nous avions alors dû arrêter les séances d'escalade dans la forêt de Fontainebleau, sorties dont nous revenions moulus, fourbus et heureux. En 1996, Paul-Henry a fait une mauvaise chute à la maison et s'est brisé la jambe. Il a été hospitalisé et est resté en convalescence à Bréhat. Il est revenu à Antony mais ses facultés intellectuelles se sont émoussées. Il se perdait dans la rue, lui, esprit hier étincelant. Il est mort un 30 janvier. Les deux week-ends précédents, nous avions invité nos enfants puis nos amis. Dans les moments où la lucidité lui revenait, son visage s'illuminait de joie. Je m'aperçois que je n'ai pas assez parlé de lui dans ces pages. Nous avons été un couple qui a tenu le coup pendant cinquante et un ans. Un joli bout de route en commun. Même nos divergences, minimes, nous unissaient. Elles nous enrichissaient mutuellement.

Malgré ses relations complexes avec la religion, Paul-Henry a demandé une messe d'enterrement. Il a été enterré à Bréhat, où il s'était fait tant d'attaches. Il a trouvé une place à côté de mon fils, Jean-Marie, mort en 1979. J'ai également perdu ma fille aînée,

Marie, en juin 2012, emportée par un cancer du pancréas [1]. Tant d'autres sont partis. Ma sœur Annie est morte à Saint-Brieuc dans les années soixante-dix, Nellie en 2013 à Plérin.

Ma place est prête à Bréhat, ma plaque gravée avec cette seule mention : « Résistante, déportée ».

Je ne veux pas de cérémonie religieuse. Je reste braquée contre cette Église qui ne remplit pas à mes yeux son rôle de justice. Je reste la jeune fille qui en 1940 pensait que Jésus devait être du côté des pauvres. Aujourd'hui je me décrirais comme agnostique, c'est-à-dire avec plus de questions que de réponses. Je suis interpellée par les mystères de l'existence, par la quête de l'univers. Je n'en ai pas la clé.

J'ai eu quatre enfants, deux sont décédés. Ma fille Noëlle renoue la lignée des médecins interrompue par ma déportation. Mon fils Pascal est architecte. Suivent neuf petits-enfants, dix-huit arrière-petits-enfants et un arrière-arrière-petit-fils. Mes descendants sont aussi médecin ou maçon tailleur de pierre, photographe ou juriste, heureux pour la plupart dans ce qu'ils font et j'en suis ravie. Ce sont des gens de leur temps, confrontés comme tout un chacun aux vicissitudes économiques ou affectives. Ils vivent dans ce monde que j'ai, à mon modeste rang, contribué à sauvegarder. Ce n'est pas ma moindre fierté. Je crois être une sorte de point d'ancrage familial, celle qu'on vient parfois voir quand il faut régler un problème. Je revois en eux la jeune fille que j'étais, fougueuse, déterminée. Je retrouve en l'un la sensibilité artistique

---

1. Elle est enterrée au cimetière du Montparnasse.

des Wilborts, en l'autre l'engagement moral des Saint-Martin. Ils connaissent mon passé sans s'y enfermer. Une de mes petites-filles avait tenu à m'accompagner à Ravensbrück. J'étais heureuse qu'elle s'intéresse ainsi à cette histoire qui était aussi son héritage.

Nous avons dû revendre à contrecœur *Ker Avel.* Nous avons gardé la maison annexe, agrandie pour y recevoir tout le monde. La famille s'y retrouve régulièrement. Bréhat reste le nid familial, le rocher sur lequel nous nous retrouvons tous avec plaisir.

En 2006, j'écrivais : « La mémoire du XXᵉ siècle comprend à la fois celle du mal absolu : massacres, génocides, volonté de déshumanisation des déportés dans les camps de concentration et d'extermination nazis, et celle d'une prise de conscience par l'humanité tentant de s'opposer aux conceptions du système qui a engendré ces atrocités [1]. » Le nouveau siècle semble confronté au même choix essentiel. À mes interlocuteurs, je dis toujours que le pire peut recommencer. Et je n'ai pas beaucoup à chercher dans l'actualité pour les en convaincre. Il suffit de voir ce qui se passe en Hongrie où des hommes défilent avec des insignes nazis, en Grèce où le parti Aube dorée se réclame ouvertement des pires théories. Il suffit de regarder la France, de constater la remontée de l'antisémitisme ou la propagation des idées négationnistes. Il suffit d'entendre Jean-Marie Le Pen parler des chambres à gaz comme d'un « point de détail » de la guerre, Éric Zemmour réhabiliter Pétain ou Dieudonné fouler aux pieds nos souffrances. Il suffit

---

1. *Réhabilitations du nazisme… Attention danger !, op. cit.*

d'écouter comme on parle aujourd'hui des migrants ou des Roms, comme s'il s'agissait de « déchets humains », de « choses », comme nous considéraient nos gardiens. Il suffit de lire les élucubrations sur le « grand remplacement », l'idée paranoïaque qu'une population de substitution gangrènerait la France, pour comprendre que le racisme est toujours là.

J'ai suivi comme tout le monde avec horreur les attentats commis à Paris, au début du mois de janvier. J'ai regretté que mes mauvaises jambes m'empêchent de participer à la marche républicaine du 11 janvier. J'étais de tout cœur avec ceux qui étaient là dont plusieurs membres de ma famille. Les extrémistes islamistes sont parfois assimilés aux nazis. D'un point de vue doctrinal, cette comparaison est abusive. Le nazisme n'avait pas de référence religieuse quand les islamistes s'arrogent le droit au nom de Dieu, justifient leurs crimes par la référence à une puissance supérieure. En cela, ils sont plus proches de l'Inquisition.

Je suis surpris par ce que je vois aujourd'hui. Je me souviens avoir discuté, lors de la conférence de l'ONU à Austin, en 1979, avec Mohamed Sijelmassi, un médecin et écrivain marocain. Il m'avait parlé de l'islam, des musulmans, comme d'un monde ouvert. Les amis algériens que nous présentait Germaine Tillion ne disaient pas autrement. Comment en est-on arrivé à ces dérives ? Je vois la conséquence d'une jeunesse tiraillée entre la culture de la famille et les modèles extérieurs.

Mais au moment d'achever ce livre, j'espère que les jeunes du XXIe siècle sauront éviter les drames que ma

génération n'a pas su éviter et a dû si douloureuse-
ment surmonter. La solidarité, le dialogue avec l'autre
sont vitaux pour y parvenir. Seuls, ils permettent de
construire.

TABLE

Du même auteur

Psychopathologie sociale de l'enfant inadapté. Essai de sélection des variables du milieu et de l'hérédité dans l'étude des troubles du comportement, CNRS, 1959.

Un monde autre : l'enfance. De ses représentations à son mythe, Payot, 1971.

Enfant en-jeu, les pratiques des enfants durant leurs temps libre en fonction des types d'environnement et des idéologies (avec M. Mayeur, M. Perrot, M. de La Soudière, Philippe Bonnin), CNRS, 1976.

Enfants de l'image : enfants personnages des médias, enfants réels (avec C. Bellan), Payot, 1979.

Complots contre la Démocratie. Les Multiples Visages du fascisme, FNDIRP, 1981.

Vigilance : Vieilles Traditions extrémistes et droites nouvelles (avec M. Rebérioux), EDI, 1986.

Espaces d'enfants, Fribourg, Del Val, 1987.

Toute une vie de résistance, Graphein, 1998 ; Pop'com, FNDIRP, 2002.

Réhabilitations du nazisme... Attention danger !, FNDIRP, 2006, 2010.

Mise en page par Meta-systems
59100 Roubaix

Achevé d'imprimer par Dupli-Print (95)
en novembre 2015

N° d'édition : L.01ELKN000560.A002
Dépôt légal : avril 2015
N° d'impression : 2015111451
Imprimé en France